노자

老子

김경탁 역

明文堂

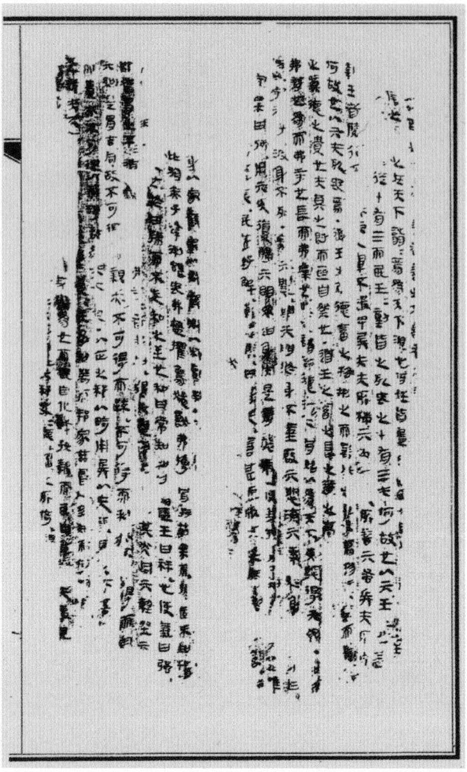

▲ 백서노자갑본(帛書老子甲本)

◀ 노자와 청우(靑牛) 송(宋) 조보지(晁補之) 그림

▼ 돈황색담사본도덕경잔권서영(敦煌索紞寫本道德經殘卷書影)

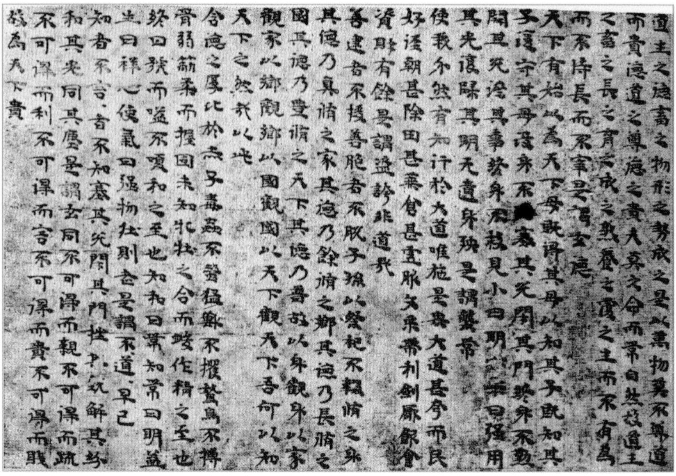

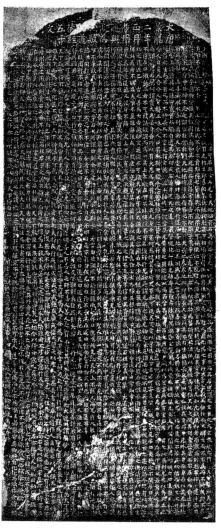

▲ 당(唐) 경룡(景龍) 2년 역주(易州) 용흥관 도덕경비(龍興觀道德經碑)

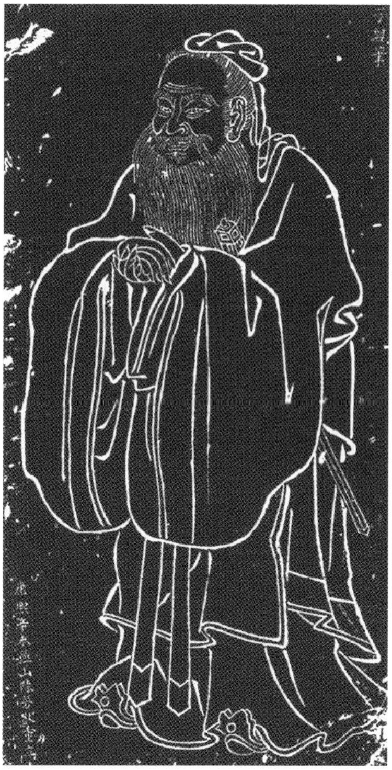

▲ 오도자(吳道子)가 그린 노자상(老子像)

▶ 장자상(莊子像)

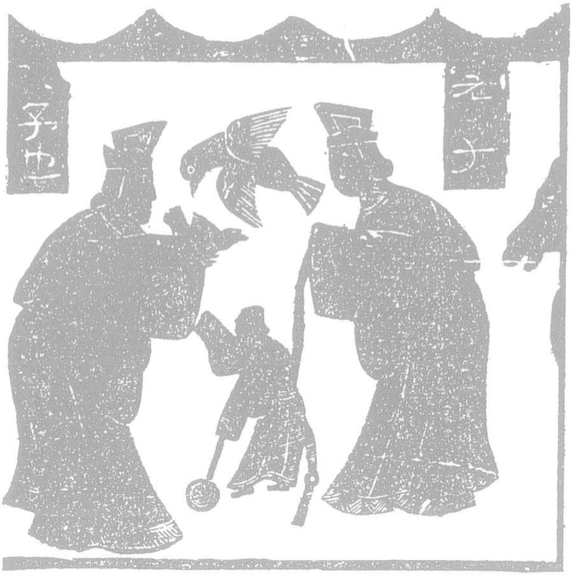

▲ 노자(老子)와 만나는 공자(孔子)

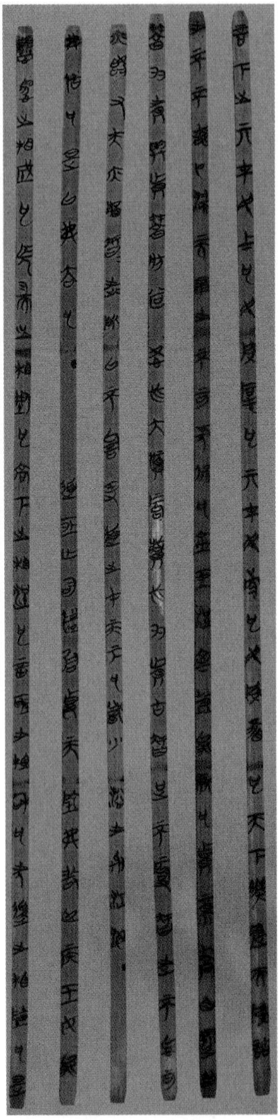

▲ 노자(老子) 죽간(竹簡)

▼ 형벌도(刑罰圖)

신조(新組) 개정판(改訂版) 발간사

1960년대 중반을 지나면서 본사에서는 국내 최초로 사서삼경(四書三經)의 완역본(完譯本)을 탄생시켜, 학계(學界)는 물론 일반 독자들에게 대호평을 받았으며 곧이어 1970년대에 들어서면서는 사서오경을 완간시키니 이 또한 타의 추종을 불허하는 국내 최초 완역판의 쾌거였습니다.

그후 신정판(新訂版)으로 거듭 내면서 제자백가(諸子百家) 등을 속속 번역하여 목마른 우리 동양학(東洋學) 발전에 크게 공헌하였으며 1980년대 들어서서는 본격적으로 동양고전(東洋古典) 전반에 관한 작품들을 계속 출간하여 이를 '신완역(新完譯)' 또는 '신역(新譯)'이라는 체제로 간행해 왔습니다.

이 '신완역'이란 난해한 구절을 평이(平易)하게, 그리고 원전(原典)에 주석(註釋)을 완벽하게 달아 전문(全文)을 완전 번역했다는 뜻입니다. 또 '신역'은 원전에 애매모호하거나 정설에 합당치 않고 꼭 들어가지 않아도 될 부분은 일부 삭제하여 독자들에게 진수를 거의 완벽하게 전달되도록 하여 연구교재(硏究敎材)에 불편함이 없도록 편찬한 것입니다.

따라서 동양고전 번역서 발간이란 측면에서는 우리나라 출판계에서 선구적·독보적 역할을 해왔음을 자부하며 그동안 본사의 출판물을 애용(愛用)해 주신 독자 제현께 이 기회를 빌어 심심한 감사의 말씀을 올립니다.

이제 새로운 21세기를 맞으면서 우리나라는 정치·경제·사회·문화의 모든 영역에서 눈부신 변천이 있었습니다. 출판계도 예외가 아니어서 조판 체계가 전산화되었고 활자의 모양이 바뀌었으며 본문 활자의 크기가 커졌고 편집 체제도 변하였습니다.

무엇보다도 동양전래의 종조(縱組) 조판이 서양식 횡조(橫組) 조판으로 바뀌어진 것은 큰 변화가 아닐 수 없습니다. 이에 본사에서는 사서오경을 필두로 본사의 모든 종조로 조판된 동양고전들을 시대의 요구에 부응하여 횡조로 새로이 조판함과 동시에 역자 제현께서 추고(推稿)하시는 수고를 아끼지 아니 하시어 더욱 알찬 개정판(改訂版)을 내놓기에 이르렀습니다.

독자 제현께서 배전(倍前)의 관심과 애용이 있으시기를 간절히 바라며 신조(新組) 개정판(改訂版) 발간의 인사 말씀을 올리는 동시에 신간(新刊)을 꾸준히 발간해 온 본사에서는 앞으로도 알찬 내용의 신간을 계속 발행할 것을 약속드리오니 관심을 가지시고, 혹시 미흡한 점이 있을 시 알려주시면 즉시 시정토록 다짐하며 거듭 인사의 말씀에 갈음합니다.

2010년 早春
發行人 識

일러두기

1. 이 책은 '노자서'의 전문을 번역한 것이다.

2. 이 책은 번역문 · 원문 · 직역 · 주석 · 고증 · 해설로 구성되어 있다.

   이 번역의 중심은 번역문에 있다. 현대의 한국어로서 누구나 읽어서 알 수 있도록 하는 데 가장 힘을 기울였다. 그리고 비교적 자세하게 해석한 것은 중국사상에 익숙하지 못한 독자들을 위한 것이며, 지나친 고증이나 사적 연구, 학설 따위는 삼갔다.

   직역 · 주석 · 고증은 권위있는 학설에 따른 것이므로 한문 교양이 많은 분에게도 크게 도움이 될 것이다. 그러나 교양으로 읽을 경우 이에 구애될 필요가 없고, 무시해도 좋을 것이다.

3. 끝에 노자의 영역(英譯)과 영역본 원문을 실었다.

차 례

노자서(老子書) 해제(解題)

1. 주체성 확립을 위해서

오늘날 민족의 주체성 확립이란 말이 자주 오르내린다. 쉽게 말하면 민족이 남의 종살이가 아니라, 주인으로서의 제 구실을 할 수 있도록 제정신을 찾아야 한다는 말이다.

그러나 민족의 주체성이란 어떻게 확립되는 것인가? 그것을 생각해 보면, 너무나 막연한 듯싶다. 다만 여기 확실한 사실은 민족의 주체성 확립이란 실로 주체성을 확립한 한 사람 한 사람으로부터 시작된다는 것이다.

그러기에 어느 시대나 인간의 주체성을 확립한다는 것은 되풀이되어 온 문제였던 것이다.

사람에게 있어서 참으로 주체성을 가지고 산다는 것은 무엇인가? 주체성이란 있는가? 있다고 하면 어떻게 그것을 가질 수 있는가?

실로 노자(老子)는 이러한 문제를 정면으로 대결했던 고대 중국의 위대한 사상가였다. 우리는 노자라고 하면 '자연에 돌아가 하는 것 없이' 숨어 살라고 주장한 은자적(隱者的) 사상가라고 그릇된 인상을 가지기 쉽다. 그러나 노자의 사상은 이를테면 깊은 '고요' 속에서 더욱 큰 행위에 대한 의욕이었고, 항상 내적 반성과 상황판단을 냉철히 하려는 비판정신의 표현이었다.

실로 이 위대한 책 《노자》를 낳은 중국 춘추전국(春秋戰國) 시대는 전쟁과 흥망으로 밤이 지고 날이 새는 격동의 시대였다. 우국지사와 온 천하를 구하려는 사상가들이, 저마다 이상을 이루려고 동분서주하고 있었다. 그리스의 소피스트와도 비할 수 있는 제자백가(諸子百家)들이 난무하였다. 이 난무 속에서 실로 인류의 가장 위대한 사상의 굵은 줄기인 도(道)의 사상이 꽃피었다.

얼핏 보면 천하를 구하겠다고 동분서주하던 유가(儒家)를 비롯한 제자백가들에 비하여, 마치 노자는 방관자처럼 보인다. 그러나 《노자》의 저자는 무엇을 하겠다고 애를 쓰면 쓸수록 사람은 자신의 주체성을 잃기 쉽다는 것을 알고 있었다. 그리하여 그는 냉철한 비판을 통하여, 그리고 자연과 인간에 대한 냉엄한 관찰을 통하여 '하는 것이 없었으면서도 하지 않음이 없는' 자유자재로운 새 인간상을 창조했던 것이다.

그는 현상의 세계에서 본체의 세계로, 유한의 세계에서 무한의 세계로, 상대의 세계에서 절대의 세계로, 곧 생과 존재와 가치의 절대계로 눈을 돌린다. 모든 사상가가 이 세상 문제에 매여 있을 때, 그는 초월한 궁극의 세계를 지향한다. 그리하여 마침내, 변화와 존재와 유(有)의 절대적 근원인 '도'에 이르러 확고한 주체성을 확립한다.

그러나 유감스럽게도 노자의 위대한 사상은 올바르게 계승되거나 발전되지 못했다. 너무나 현실적이었던 중국 민족의 전통 때문일까? 그와 같은 계열에 드는 장주(莊周 : 莊子. 기원전 4세기 사람)조차 생사를 비롯하여 모든 대립에 대해 초연한 처세법을 주장하고, 비판자의 입장만을 굳게 지킨 나머지 행위의 세계를 완전히 버렸던 것이다. 또한 한비(韓非 : 기원전 232년 죽음)도 노자에게 깊이 매혹되어 《한비자(韓非子)》에서 〈해로(解老)〉·〈유로(喩老)〉의 두 편을 남겼으나, 그는 장자와 달리 노자의 심원했던 사상을 시대의 요구에 편승시켜 냉혹한 인간조종(人間操縱)의 술책으로 꾸며, 군주독재 정치 확립에 기여했다.

곧 소크라테스에게 플라톤이 있고, 예수에게 바울이 있었던 행복을 노자는 가지지 못하였다. 더욱 유학이 중국(아니 한국·일본 및 모든 한자문화권 내의 모든 나라에 있어서)의 정통사상으로 득세하자, 마치 노자의 사상은 이단사설처럼 박해를 받아 왔고, 그리하여 위대한 사상은 너무나 오래 외면되었다.

그러기에 오늘날 인간의 주체성이 상실한 위기에 있어서 노자에 대한 이해는 정녕 크게 의의 있는 일이 아닐 수 없다.

2. 저자와 그 저작 연대에 대하여

노자에 대한 사료(史料)로서 한나라 시대 사마천(司馬遷)의 《사기(史記 : 기원전 90년경 성립)》에 〈노장신한열전(老莊申韓列傳)〉이 있다. 그것을 요약하면 다음과 같다.

'노자는 초나라 고현의 여향(厲鄕) 곡인리 사람이다. 성은 이씨(李氏), 이름은 이(耳), 자는 백양(伯陽), 후에 시호는 담(聃)이라 하고, 주나라 수장실의 사(史 : 종묘에 딸린 藏室을 관리하는 관리)였다.

공자(孔子)는 일찍이 노자를 만나 가르침을 청하였다. 노자는 공자의 학문방법과 태도에 대하여 엄한 충고를 했다. 공자는 돌아와 노자를 용(龍)에 비유하여 찬양했다.

노자의 학문은 재능을 숨기고 이름이 세상에 알려질까 두려워했다. 오래 주(周)나라에 살다가 주의 덕이 시드는 것을 보고, 그곳을 떠나 함곡관(函谷關, 또는 산관이라고도 한다)에 이르렀다. 그곳 관령(關令)인 윤희(尹喜)가 권하는 대로 상하 두 편을 써서, 도와 덕의 학설을 5천여 마디의 글자로 기술하고 떠났다. 그러나 그의 최후를 아는 사람은 없다.

노자는 160여 세를 살았다고도 하고, 2백 세까지 살았다고 말한다.

노자의 아들은 종(宗)이라 하고 원나라 장군이 되었다. 종의 아들은 주(注), 주의 아들은 궁(宮), 궁의 현손은 가(假)라 한다. 가는 한나라 효문제(孝文帝 : 기원전 52년 죽음)를 섬겼다.

일설에 의하면 초나라 출신으로서 15편의 책을 쓰고, 도가(道家)의 효용을 말한 노래자(老萊子)란 사람이 있는데, 공자와 같은 시대였다고 한다. 이 사람이 노자일지도 모른다.

또 공자가 죽은 후 229년 사관(史官)의 기록에 주나라 태사(太史) 담(儋)이 진나라 헌공(獻公)을 뵙고 진나라가 패자(覇者)가 되리라고 예언했다고 있다. 사람에 따라서는 이 담이야말로 노자라고 말한다. 그러나 어느 것이 진실인지 아무도 모른다.'

이 기록에서도 알 수 있듯이 한나라 시대에 벌써 노자는 수수께끼에 싸인 인물이었고, 따라서 그 저자에 대해서도 예로부터 이론이 분분함을 알 수 있다.

우리가 노자서(老子書)를 연구하는 데 있어서 대개 두 가지 문제가 있다. 하나는 노자는 어느 때 인물인가? 또 다른 하나는 노자서는 어느 때의 작품인가? 나는 이제 이 두 문제를 밝히기 위하여 먼저 대표적인 학자들의 학설을 인용하여 설명한 뒤에 결론을 내리려 한다.

(1) 호적설(胡適說)

호적은 노자는 실제 인물로서 공자보다 20세나 나이가 많은 사람이라 하였다. 또 노자 책에 대해서는 비록 나중의 사람들이 멋대로 덧붙이거나 고친 곳이 있기는 하나 역시 춘추시대에 노자가 지은 책이라고 하였다. (중국철학사대강 권상, 47~50)

(2) 오강설(吳康說)

오강은 지금 있는 노자 책은 공자와 같은 시대인 노담(老聃)이 쓴 것으로 장자(莊子)보다 먼저 나왔다고 하여 대개 호적설을 지지하였다. (노장철학예언)

(3) 풍우란설(馮友蘭說)

풍우란은 노자 책은 전국시대 때 사람이 지은 책이라 하여 세 가지 이유를 들었다. 첫째, 공자 이전에는 개인의 저술이 없다는 것이요, 둘째, 노자 책의 문체는 문답체(問答體)가 아니므로 마땅히 논어(論語)・맹자(孟子) 이후에 나온 것이라는 것이요, 노자의 글은 간단명료한 경(經)의 문체이므로 전국시대 때의 작품이라 하였다. 또 노자란 인물에 대하여 전국시대 때의 이이(李耳)요, 전설 속에 나오는 옛날의 넓고 큰 참사람[古之博大眞人]은 바로 노담이라고 하였다. (중국철학사 上冊, 210)

(4) 전목설(錢穆說)

전목은 노자 책이 논어 뒤에 나왔을 뿐 아니라, 마땅히 장자 뒤에 나온 것이라고 말한다. 노자 책 가운데 허다하게 많은 중요한 점은 거의가 장자 가운데서 가려 뽑아낸 것이다. 순자(荀子)가 '노자는 굽히는 것만 보고, 펴는 것은 보지 못하였다'고 인용하였으니, 노자 책은 대개 장자 뒤에, 순자보다는 조금 앞서 이름없는 사람이 지은 것이라고 했다. (중국사상사, 51)

(5) 다케우치 요시오설(武內義雄說)

다케우치 요시오는 '노자는 공자의 손자 자사(子思)와 같은 시대인데 공자보다 뒤의 사람이다. 도덕경(道德經) 5천언(五千言)은 옛날부터 노자의 저술로서 귀하게 여겼지만, 실은 전국시대 말 진나라 초무렵에 법가(法家)의 학자가 모은 책이다. 그 가운데는 법가의 말, 병가(兵家)의 말, 종횡가(縱橫家)의 말 및 후세 사람이 부연한 말이 많다'고 했다. (노자의 연구 序, 2)

(6) 츠다 소우키지설(津田左右吉說)

츠다 소우키지는 '노담은 후세에서 도가의 학(學)이라고 불려지는 따위 사상을 가진 노자 책의 저자가 그의 설에 권위를 세우기 위하여 가설한 가공의 인물이다'고 하였다. 또 노자 책에 대하여는 맹자보다는 뒤요, 순자보다는 앞이라고 하였다. (도가의 사상과 그 전개, 31)

(7) 저작 연대와 저자에 대한 결론

우리가 앞에서 본 바와 같이 노자와 노자 책에 대하여 일정한 학설을 보기 어렵다. 그러나 필자의 생각은 다음과 같다. 중용(中庸)에 자사(子思)가 지은 어록체(語錄體)가 있고, 진한(秦漢) 때 사람들의 해설체가 있는 것과 같이, 노자 책에도 노담의 어록체가 있고, 전국 때 사람들의 해설체가 있다고 본다. 노자 책 가운데 거의 각 장마다 '고(故)' 또는 '시이(是以)'가 있는데 대개 '고'나 '시이' 앞은 어록체요, 그 뒤는 해설체라고 생각한다. 그러므로 맹자와 장자보다는 나중이요, 중용보다는 앞선다.

만일 어록체가 없었다면 어떻게 논어에서 노담의 말을 인용하였겠는가? '혹왈(或曰) 이덕보원하여(以德報怨何如) 자왈(子曰) 하이보덕(何以報德) 이직보원(以直報怨) 이덕보덕(以德報德)' 이것은 노자 책 제63장의 '원수는 덕으로 갚는다[報怨以德]'와 같다. 즉 원수는 직으로 갚는다[以直報怨]는 공자의 사상이요, 원수를 덕으로 갚는다[以德報怨]란 것은 노담의 사상이다.

또 공자는 논어에서 '하는 것 없이 다스린 분이 순임금이시다. 그는 무엇을 하였던가? 남쪽을 향해 공손히 앉아 있을 뿐이었다(無爲而治者 其舜也 夫何爲哉 恭己正南面而已矣)－태백편'라 하였다. 생각하건대 이것은 공자가 자기의 '하는 것을 다스리다[有爲而治]'가 극(極)에 이르면 노담의 '하는 것 없이 다스린다[無爲而治]'는 경지에 올라간다는 것을 의미한 것이라 말할 수 있다.

또 공자가 남방 초(楚)나라에 갔을 때 초광접여(楚狂接輿)와 장저(長沮)와 걸익(桀溺)과 장인(丈人)－이상 미자(微子)－과 신문(晨門)

―헌문(憲問)― 같은 은자(隱者)들을 만나 조롱당한 것을 보면, 공자 당시에도 초나라를 중심으로 하여, 노담을 숭배하는 사람들이 꽤 많아 하나의 사상적 조류를 이룬 듯하다. 공자를 중국 북방 사상가의 한 대표자라고 한다면, 노담은 남방 사상가의 한 대표자이다.

대개 천하가 혼란할 때에는 자연히 한편으로는 적극적 사상과 또 한편으로는 소극적 사상이 일어나는 법이다. 노담은 비록 지금 있는 노자 책의 저자는 아닐지라도 격언적이요, 어록체인 노자 책의 저자라 생각한다.

이러한 사조가 흘러 내려오다가 양주(楊朱)에 이르러 묵자(墨子)의 겸애주의(兼愛主義)를 반항하기 위하여 귀아주의(貴我主義) 사상이 일어났다. 다시 전국 말년에 이르러서는 사맹학파(思孟學派)를 대항하기 위하여 지금 있는 노자 책이 나오게 되었다.

그러나 이 책의 내용으로 보아 그것은 어떤 한 개인의 저작이 아니다. 도가(道家)의 영향을 받은 법가・병가・종횡가 및 후세 사람들의 해설이 덧붙여지고 만들어진 공동 작품일 것이다.

3. 도가사상(道家思想)의 생성

노자에 나타난 도가사상은 중국 춘추 전국시대에 걸쳐 형성 발전하였다. 《회남자(淮南子)》에는 '춘추 242년 동안 망한 나라가 52요, 임금을 죽인 자가 36'이라 하였다. 온 천하가 도살장처럼 투쟁의 소용돌이 속에서 사람들은 힘의 법칙에 대한 인식을 가지지 않을 수 없었다. 전설적인 병법학자 손무(孫武)가 난 것도 이 무렵이었다. 오나라에 패한 초나라가 탁월한 경제정책을 살려 나라를 재건하고, 패권을 잡았거니와, 오나라의 중심이었던 범려(范蠡)는 이미 '천(天)'을 자연법칙으로 파악했다.(《國語》 참조)

이러한 동란과 전쟁이 계속되고 흥망성쇠가 거듭될 때 한편에는 헤아릴 수 없는 몰락한 귀족과 뜻을 잃은 지식인들이 많았으리라는 것은 상상할 수 있는 일이다. 《논어(論語)》에는 이러한 사람들의 예로 장저 · 걸익 · 접여 · 하조장인(荷蓧丈人)들의 언행이 기록되어 있다. 그들은 유가들은 모두 천하를 바로잡을 수 없다는 것을 알면서도 행동하는 자라고 비난하였고, 소극적으로 숨어 사는 인생태도를 신조로 삼고 있었다.

이 은자(隱者)들의 사상이 춘추에서 전국에 걸쳐 심화되었다. 그러나 거의 개인 사상으로 머물러 있었고, 아직 학파를 형성하지 못했던 것 같다. 그러나 이와 같은 자연법칙(사회, 인간을 포함하여)에 대한 자각과 반사회적인 고고한 비판 정신이 서로 교류하여 전국시대의 도가사상은 형성되었다.

전국시대 초기는 유가와 묵가의 사상이 휩쓸고 있었다. 이 양가는 모두 인간의 이성(理性)과 능력을 믿었고, 사회정의를 내세워 천하를 바로잡으려는 정통사상이었다. 그런데 이에 대하여 회의를 품고 비판하면서 반정통적인 입장에서 사상을 전개한 사람들을 후세에 '도가'라고 부르게 되었다.

도가가 사상에 있어서 큰 세력을 이루어 다른 학파의 주목을 끈 것은, 전국 초기의 양주학파(楊朱學派)가 처음이다. 맹자는 양주와 묵가를 타도해야 할 두 대사상으로 꼽았다.

양주는 노담의 후학이라 한다. 이 학파의 주장은 비록 위서라 하지만 《열자》 양주편, 《노씨춘추》 중기 · 귀생 · 정욕 · 진수 여러 편에서 엿볼 수 있다. 그들은 육신이나 물질도 모두 자연의 존재라 하였고, 인간에 있어서 가장 뜻있는 삶이란, 타고난 자연의 성정을 다하는 것이라고 생각했다. 그리하여 간섭주의를 배척하고, 사람에게 절대의 자유를 주면 천하는 스스로 다스려진다고 주장하였다. 그러나 양주학파는 전국 말기에 일어난 노장학파(老莊學派) 위로 발전해 갔다.

제나라 위왕(威王 : 기원전 320년 죽음)이 세운 직하(稷下)의 학원은 이들 민중의 기반이 없었던 도가 학자들에게는 좋은 환경이 제공된 셈이었다. 송견(宋鈃)・윤문(尹文)・신도(愼到)・전병(田駢)・환연(環淵)・접자(接子)들은 여기서 그들의 주장을 밝게 드러냈다.

먼저 송견・윤문은 인간의 욕망은 본시 작은 것이었는데, 그것을 한없이 발전시킨 데 잘못의 근원이 있다고 주장한다. 그리고 전쟁을 없애기 위해서는 사람들이 치욕을 달게 받을 마음을 가져야 한다고 생각하고 비전론(非戰論)을 외치며 천하를 유세했다.

다음 전병・신도는 만물을 차별하지 않고, 동일한 상(相)에서 보려고 하였다. 지(知)를 버리고, 자아(自我)를 떠나 성현을 무시하고, 마음이 없는 흙덩어리 같은 존재가 된다면, 도를 다할 수 있다고 주장한다. 신도는 다시 이 사상을 발전시켜 개인의 지(知)・정(情)・의(意)를 넘은 '법(法)'에 의한 지배를 주장했다.

이들의 사상 경향을 우리는 노자에서 볼 수 있다. 노자의 사상이 먼저 있어서 이들에게 영향을 주었는지, 아니면 이러한 사람들의 주장이 모여 노자가 되었는지 지금으로서는 알 길이 없지만, 어쨌든 이리하여 동양사상에 큰 영향을 준 도가의 사상은 형성되었다.

4. 노자 책의 사상

그다음 도가 사상을 연구하는 데는 먼저 '도(道)'의 개념을 명백히 파악하지 않으면 안 된다. 이제 도의 발전사를 훑어보면 다음과 같다.

먼저 결론부터 말하면 도의 관념은 덕(德)의 관념에서 나왔고, 덕의 관념은 하늘[天]의 관념에서 나왔고, 하늘의 관념은 하느님의 관념에서 나왔다고 말할 수 있다.

(1) 하느님과 하늘의 관념

하느님, 곧 신(神)의 사상을 탐구하려면 마땅히 중국 고대 문헌 가운데서 가장 오랜 《상서(尙書)》에 따라야 하겠지만, 그 가운데 있는 우서(虞書)와 하서(夏書) 같은 것은 다 전국시대 유학자들의 손으로 꾸며진 작품들이다. 만일 그때에 그렇게 훌륭한 책이 있었다면 맹자가 어찌하여 《시경(詩經)》은 자주 인용하면서 우서와 하서 같은 것은 인용하지 않았겠는가? 여기에 있어서 고대 문헌 가운데 비교적 믿을 수 있는 《국어(國語)》 가운데서 신의 관념을 찾아볼 수밖에 없다.

우리가 이 책〔楚語〕에서 초소왕(楚昭王)과 관사보(觀射父)가 문답한 것을 보면, 비록 역사적 사실은 아니라고 하더라도 중국 고대인의 신앙상태를 대략 짐작할 수 있다. 무당이 신을 위하여 '처(處)'와 '위(位)'와 '차주(次主)'를 만들었으니, 다신(多神)이었던 것을 알 수 있고, 신이 강복(降福), 향수(享受)할 수도 있었으니, 인격적 신이었던 것을 알 수 있다. 이것은 마치 서양 그리스인의 신과도 같다고 말할 수 있다. 다시 말하면 이때는 다신론(多神論) 시대였다.

그러나 은상(殷商) 이후에는 다신론의 세력이 차츰 희박해지고, 일신론(一神論)이 일어나게 되었다. 1898년에 하남성(河南省) 안양(安陽) 소둔(小屯) 지방에서 파낸 갑골문자를 보면 귀갑(龜甲)과 짐승뼈 위에 복사(卜辭)가 조각되어 있다. 복사는 바로 무꾸리한 기록이다. 은인(殷人)은 미신을 가장 소중히 여기기 때문에 큰일이나 작은 일이나 모두 점을 쳤다. 무꾸리하는 재료는 거북의 복갑(腹甲)과 소의 늑갑골(肋甲骨)과 또는 늑골이었다. 거기에는 무꾸리한 사람 이름과 소재지가 쓰여 있고, 또 때로는 무꾸리한 효험도 적혀 있다.

이것으로 보면 은나라 사람이 매우 미신적이었던 것을 알 수 있다. 그러나 은나라 사람이 무꾸리한 까닭은 자기네의 힘이 미약하여 어떤 행사의 길흉을 판단할 수 없으므로 자기보다 위대한 어떤 힘이 있는 그 무엇에 의지하여 고문(顧問)을 삼았던 것이다. 이 고문의 대상이 무엇이었을까?

그것은 제왕의 역량보다는 더욱 위대한 것이다. 그것은 바로 '천(天)'이다. 우리가 주서(周書) 대고(大誥)를 보면, 은나라 사람이 무꾸리한 대상은 반드시 '천'이었다. 이때의 천은 오직 한 분이신 지극히 높은 하느님의 관념을 가지고 있었다. 복사 가운데는 '제(帝)'자가 흔히 나온다. 이 '제'자의 관념은 지극히 높은 하느님의 관념과 같다. 시경(詩經)이나 서경(書經) 가운데서 일컫는 모든 '제'자는 다 천제(天帝)나 상제(上帝), 곧 '하느님'을 가리킨 말이다.

그러나 복사 가운데는 '지극히 높은 하느님'을 '천'이라고 하지 않았다. 지극히 높은 하느님을 '천'이라고 한 것은 은나라 무정(武丁) 이후에 비로소 생긴 관념이다. 그러므로 은나라 시대에 관한 고전 가운데서 지극히 높은 하느님을 '천'이라고 한 곳은 다 믿을 수 없는 것이다. 그러나 무정 이후에는 다 '제'를 '천'이라고 일컬었다.

앞에서 본 바와 같이 은나라 시대에 들어오면서부터 오직 한 분인 지극히 높은 하느님 관념이 생겼다. 처음에는 '제'라고 하던 것을 그 뒤에 상제라 하였고, 또 그 다음 은주(殷周) 무렵에는 지극히 높은 하느님을 '천'이라 하였다. 이렇듯 은나라 사람의 하느님은 의지가 있는 인격적 신이었으므로 사람에게 명령도 할 수 있고, 호오(好惡)의 감정도 있고, 사람에게 길흉화복도 내려 줄 수 있는 하느님이었다. 그러므로 이것은 이스라엘의 민족신 '여호와'의 관념과 완전일치된다. 그러나 이 은나라 사람의 하느님은 동시에 은민족(殷民族)의 조상신이니, 하느님은 바로 은나라 민족의 하느님이었다.

(2) 덕(德)과 도의 관념

그러나 주나라 시대에 들어오면서부터는 인격적 신의 관념이 차츰 희박해졌다. 《예기(禮記)》 표기(表記)에 따르면, '하(夏)의 도는 명을 존중히 여기며 귀신을 섬기고 하느님을 공경하면서 이것을 멀리하였고, 은나라 사람은 신을 소중히 여기고 백성을 이끌음으로써 하느님을 섬겼고, 주나라 사람은 예(禮)를 소중히 여기고 실시하여 귀신을 섬기고 하느님을 공경하면서 이것을 멀리하였다'고 하였다.

우리가 앞에서 논한 바와 같이 은상(殷商) 이전은 다신론 시대이니, 그것은 근거가 없는 말이요, 은나라 사람과 주(周)나라 사람에 대한 말은 사실에 가깝다. 은나라 사람은 귀신을 섬겼다고 하지 않고, 하느님을 존경하였다고 하였으니, 이것은 일신론(一神論)을 말한 것이요, 주나라 사람은 예를 존중히 여겼다고 하였으니, 이것은 종교보다 문화를 소중히 여겼다는 말이다. 참으로 주나라 시대에 이르러 천(天)에 관한 새로운 사상이 많이 진척되었다.

주나라 사람은 은나라 사람의 문화를 이어받았으므로 천의 사상도 은나라에게서 이어받았다. 주나라 초기에 있어서는 상제(上帝)에 대한 태도가 은나라 사람과 완전히 일치되었던 것이다. 《상서(尙書)》 다사(多士)에 따르면 은나라가 망한 것도 하늘의 명이요, 주나라가 은나라를 대신하여 흥한 것도 천명(天命)이라 하였다.

그러나 이것은 주나라 사람이 은나라 사람을 대할 때에 정책상으로 상제를 내세운 것이요, 주나라 사람 자신들끼리는 이와는 태도를 달리하여 회의적 태도를 가졌다. 《상서》 군석(君奭)에 의하면 '천은 믿을 수 없다. 우리는 그 오직 문왕(文王)의 덕만이 연장된다[天不可信我其惟文王德延]'라 하였다. 이 '덕'의 사상은 주나라 사람의 독특한 사상이다.

다시 말하면 은나라 사람은 천을 하느님으로 보았는데, 주나라 사람은 천을 도덕의 근원으로 보았다. 문왕과 같이 덕있는 군자라면 하늘이 도와주고, 주(紂)와 같이 포악한 군주면 하늘이 망하게 한다는 것이다. 승민(烝民)에 의하면, '하늘이 뭇 백성을 낼 때에 물(物)이 있으면 칙(則)이 있다. 백성이 병이(秉彝)하여 이 의덕(懿德)을 좋아한다'고 하였다. 이것은 모든 서민은 다 하늘이 낸 것인데, 물(物)이 있으면 법칙이 있는 것과 같이, 백성에게는 덕을 좋아하는 성질이 있다는 것이다.

이 '덕'자는 글자로 보면, 본래 '종치종심(從値從心)'이니, 즉 '직심

(直心)'이다. 공자의 '인(仁)'도 이 직심에서 기인한 것이다. 그러므로 《논어》 가운데 자주 직(直)을 말하였다. '사람은 날 때에 직하다'-옹야(雍也)-하였고, '우리 당의 직한 것은 이와 다르다'-자로(子路)-하였고, '누가 미생고(微生高)를 직하다 하겠느냐?'-공야장(公冶長)-고 하였다.

이것으로 보면 인(仁)은 마음이 직하지 않고는 있을 수 없다. 그러므로 '교언영색(巧言令色)은 인을 하기 드물다'고 하였다. 인 뿐만 아니라 유가(儒家)의 중요한 덕목인 충(忠)과 서(恕)도 그렇다. 공자가 '우리 도는 하나로 꿰뚫는다'고 할 때에 증자(曾子)는 '부자(夫子)의 도는 충서(忠恕)일 뿐'이라고 하였다. 다시 말하면 공자의 '도'는 사람으로서 마땅히 걸어가야 할 길이요, 또 당위법칙인 것이다.

(3) 노자의 도와 자연관

그러면 노자의 '도'는 어떠한가? 앞에서 말한 바와 같이 초(楚)나라 사람은 일반적으로 예식적(禮式的)인 주나라 시대 문화를 싫어하고, 질박한 은나라 시대 문화에 대하여 호의를 가졌다. 노자도 역시 초나라 사람인 만큼 그러한 태도였다. 그러나 그는 은나라 사람이 숭배하던 인격적인 천(天)을 부정하고 천을 다만 자연으로 보았다. 그러므로 그는 '하늘과 땅은 인하지 않다[天地不仁]'(제5장) 하였고, 또 '하늘은 곧 도다[天乃道]'(제16장)라 하였고, 또 '사람은 땅을 본받고, 땅은 하늘을 본받고, 하늘은 도를 본받고, 도는 자연을 본받는다[人法地 地法天 天法道 道法自然]'(제25장) 하였다.

그러므로 노자의 도는 유가에서 말하는 인(仁)의 도가 아니요, 충서(忠恕)의 도도 아니요, 바로 자연인 것이다. 자연이라 함은 하느님의 의지나 또는 사람의 행위로서 만물을 창조, 또는 시켜서 그러한 것이 아니요, 자연적인 법칙으로서 그렇게 된다는 것이다. 그러므로 노자의 도는 바로 자연법칙이다.

그러나 노자는 도를 자연법칙으로만 본 것이 아니요, 형이상학적인 우주의 본체로 보았다. 그러므로 노자는 말하기를 '혼성(混成)된 물(物)이 있으니 천지보다 먼저 생(生)하였다. 고요하여 독립하여도 개변(改變)하지 않고, 주행(周行)하여도 위태하지 아니하여 천하의 모체가 될 수 있다. 나는 그 이름을 모르므로 억지로 글자로 써서 도라 하고 억지로 이름하여 대(大)라 한다'(제25장)고 하였다.

이미 혼성된 물이라 하였으니, 관념적 산물이 아니요, 천지보다 먼저 생(生)하였다고 하였으니, 성운(星雲)과 같은 물(物)이요, 적요(寂寥)하다고 하였으니, 형상이 없는 물이요, 독립하여 개변하지 않는다 하였으니, 파괴할 수 없는 물이요, 주행하여 위태하지 않다 하였으니, 우주에 두루 차 있어 운행할 수 있는 물이요, 천하의 모체라 하였으니, 만물이 다 여기서 생성하는 것이다.

그러면 이 모든 형용사를 표현할 만한 물(物)은 무엇일까? 그것은 자연의 대기(大氣), 즉 현대 물리학에서 말하는 '에너지'가 아닐 수 없다. 이것을 형이상학적으로 말하면 하나의 원기(原氣), 즉 도라 하고, 형이하학적으로 말하면 음기와 양기다. 음기는 정적이요, 소극적인데 반하여 양기는 동적이요, 적극적이다. 그리고 이 음기와 양기의 대립관계는 서로 부정하는 이율배반이 아니요, 서로 긍정하는 이율대대(二律對待)라 함은 서로 호응하고 서로 보충하는 관계를 말하는 것이다. 그러므로 노자는 또 '도는 1을 낳고, 1은 2를 낳고, 2는 3을 낳고, 3은 만물을 낳고, 만물은 음과 양을 안고, 충기로 조화를 이룬다(道生一 一生二 二生三 三生萬物 萬物負陰而抱陽 沖氣以爲和)'(제24장)라 하였다.

'도'는 물화(物化)하기 이전의 기체요, 1은 우주에 충만하여 있는 1기(氣)요, 2는 음양이기(陰陽二氣)요, 3은 음양이기에 충기를 가한 것이다. 형이상학적 세계에 있던 도, 곧 기(氣)가 1기가 되어 현상계로 나타날 때에는 1기로 되고, 또 이기의 화합으로 충기가 생긴다. 이것은 음양충(陰陽沖) 3기로 인하여 만물이 변증법적으로 생성한다는 노자의 우주관이다.

(4) 인간관과 윤리관

노자는 생명도 물질도 다 도에서 나온다고 생각했다. 사람도 그렇다. 그러나 그 모든 것 가운데, 사람만이 자각하는 존재이다. 자기와 세계의 근본이 되는 근거를 자각할 수 있다.

그런데 사람을 자각하는 지(知)의 활동은, 사람을 그릇된 앎으로 빠뜨릴 수도 있다. 사람에게는 지가 있기 때문에 생성하는 자연 필연한 과정 속에서, 그것을 거슬러 무엇을 하려는 마음을 일으키거나(제37장), 스스로 죽음을 불러오는 잘못을 범하는 과실을 범하거나(제50장) 하는 것이다.

노자는 그의 윤리설을 통하여 이 지(知)를 어떻게 대처할 것인가를 전개한다.

(5) 무지설(無知說)

만물의 근원인 도는 만물에게 본성을 준다. 이것을 노자는 덕(德)이라 했다. 저마다의 덕을 지키고 자연을 다할 때, 사람은 자재(自在)한 도의 활동과 일체가 될 수 있다.

그러므로 가장 뛰어난 지(知)는 덕을 자각하고, 도를 요해하는 것이다. 이런 지를 얻기 위해서는 자기 내부를 보아야 한다. 왜냐하면 자기 안에도 만물에 내재하는 도가 내재하기 때문이다. 그러므로 이런 지를 얻기 위해, 바깥 사물에 사로잡힐 필요는 없는 것이다.

'지식을 밖에서 구하여 달리면 달릴수록 지식은 위태로워진다.'(제47장)

이 도를 요해하는 능력을 노자는 일반적인 지와 구별하여 '명(明)'이라고 하였다.

이와 달리 지각에서 나오는 판단을 '지(知)'라고 하였다. 사람의 지각은 나타나는 현상만을 잡을 수가 있는 것이다. 따라서 지각으로 할 수 있는 판단만을 고집한다면 도를 요해할 수는 없는 것이다. 그러므로 지식의 인식 한계를 깨닫는 것이야말로 참된 인식으로 가는 첫걸음이었다.(제71장)

노자는 지식의 한계를 깨닫고, 지각에 사로잡힌 판단을 넘어서 참된 요해에 도달해야 한다고 주장했다. 참된 요해에 이르는 것, 이것이 이른바 무지(無知)이다. 곧 노자가 강력하게 주장한 무지란 전혀 아는 것이 없다든가 우매하다는 뜻은 아닌 것이다. 곧 노자는 같은 내용을 '무지' 또는 '명(明)'이라고 달리 표현하였다.

(6) 무위설(無爲說)

앞에서도 말했지만 노자의 우주관에 따르면 우주의 모든 현상은 다 도가 나타난 것이며, 도에 내재한 자연이법(自然理法)에 지배된다. 모든 것은 필연법칙에 의해 지배되고, 여기에 사람의 사사로운 뜻(의지)이나 어떤 인위적 행위가 개입할 여지가 없다. 따라서 이런 견해를 가졌던 노자는 나란 것을 내세우지도 말고, 또 무엇을 하겠다는 의욕도 버리라고 주장했다. 그렇다면 노자는 인간의 행위를 완전히 부정하였던 것인가? 아니다. 노자는 인간을 자유로운 존재라고 생각하였던 것이다.

사람은 '스스로 움직여 죽음의 자리에 갈 수 있는'(제50장) 존재이다. 또 '오래 살 수'(제44장)도 있다. '욕망에 사로잡혀 구원을 얻지 못하는' 자도 있는가 하면, 자각에 사로잡혀 '종신 구원을 받지 못하는' 자도 있다(제52장). '그것을 떠나 이것을 갖는다'라는 선택의 표현을 노자 책에서 자주 볼 수가 있지만, 그것은 노자 사상이 사람을 행동의 주체로 보았기 때문이었다.

그래서 노자는 '다섯 가지 색이 사람의 눈을 소경으로 만들고'(제12장) '얻기 힘든 재화는 사람의 행위를 거스른다'(제12장)고 하여, 지에 사로잡혀서 자연법칙을 무시하는 어리석은 집착을 경계하여, 그런 집착은 사람을 미혹에 빠뜨리고, 사람의 주체성을 잃게 한다고 경계하였던 것이다.

그러니까 사람은 결코 이 주체성을 잃어서는 안 된다고 노자는 주장한다. 그렇다면 사람은 어떻게 주체성을 가져야 하는가? 노자는 하려는 것이 없어야 한다고 했다. 이것이 노자 책에 나오는 무위(無爲)란 말이다.

그러나 노자가 말하는 무위는 팔짱을 끼고 어떻게 해야 할지 모르는 그런 태도가 아니다. 자기 주체성을 버리고 되어가는 대로 내맡기는 체념을 말하는 것도 아니다.

사람이 거대한 자연법칙을 깨닫게 될 때, 자연히 그 법칙을 운영하려는 의욕이 생긴다. 곧 무위란 도를 요해하고, 도의 활동과 하나가 되는 것이다. 바꾸어 말하면 사람은, 법칙을 파악하고, 그 법칙을 끝까지 이용해야 한다. 이것이 노자의 무위다.

노자는 법칙의 비정성(非情性)을 잘 알고 있다. 그러나 그렇다고 노자는 그 법칙에 맹종하라고는 설교하지 않는다. 오히려 법칙을 역이용해야 한다는 굽힐 줄 모르는 의지를 주장한다. '줄이고 싶으면, 또 뻗게 한다.'(제36장)

그는 '수컷의 본질을 파악하고 암컷의 입장에 서라.'(제28장)고 하였다. 그것은 무슨 뜻인가? '만물의 현상이 극도에 도달하면 되돌아오는 것은 도의 운동이다.'(제40장)란 법칙을 따라 수컷은 암컷이 되고, 암컷도 수컷이 되고, 끊임없는 반복이 되풀이된다. 그러니까 운명에 농락되지 말고 운명을 조종할 줄 아는 지혜를 가져야 하는 것이다.

곧 노자가 말하는 무위란 결코 아무것도 하지 않는다는 뜻이 아니다. 무위란, 법칙에 대하여 철저히 인식하고, 그 인식에 서서 능동적으로 하는 행위를 말한다. 여기 냉정한 비판정신과 굽힐 줄 모르는 실천의욕의 통일이 있고, 인간의 주체성 확립을 보장하는 인간행위의 극치가 있는 것이다.

(7) 정치론

노자는 말했다.

"나를 이해하는 사람이 적을수록 그만큼 나라는 존재는 귀한 것이다."

노자의 학(學)은 결코 대중적인 것이 아니었다. 지적 엘리트를 대상으로 했다. 그의 글에 나오는 '성인', '도를 가진 이', '선인'이란 도를 체득한 철인 정치가를 말하는 것이다.

노자는 이런 철인 정치가에 의하여 무위의 정치를 할 때, 민중은 미혹된 꿈에서 벗어날 수 있다고 생각했다. 그는 민중으로 하여금 그릇된 모든 욕망, 재산과 권력과 명예에 대한 탐욕에서 벗어나게 할 때, 이상적 사회는 형성된다고 거듭 역설했다. 민중은 이런 이상적 사회에서 행복을 누릴 수 있으나, 그 건설에 주동적 구실을 할 수는 없는 존재이다. 그리하여 그는 철인 정치가의 참된 구실, 위대한 사명을 역설한다.

이런 주장에서 노자는 우민정치가(愚民政治家)라는 비난을 받기도 하였고, 사실 그의 학설을 따랐던 한비(韓非)들이 진한(秦漢) 같은 독재정치의 이론적 배경이 되기는 했으나, 그것은 노자의 주장을 역이용, 심하게 말하면 악용한 데 지나지 않는다.

그는 다만 백성이란 사랑해야 할 대상이지만, 이 사회 건설의 주인공으로 믿지 않는 데 지나지 않았던 것이다.

5. 노자와 현대

노자 책은 5천여의 한자로 된 작은 책이다. 하지만 앞에서 소개한 것처럼 거기에는 도가의 자연철학에서 직관론(直觀論), 윤리설, 정치학에서 군사학에 이르기까지 모든 영역을 논하고 있다. 노자는 웅대한 그의 체계를 압축할 수 있는 데까지 압축하여, 겨우 5천 어에 담았던 것이다.

그 자신이 '어떤 의견이든 행위든 저마다 기본원리를 가지고 있다'(제70장) 하였지만, 노자의 저자는 이 세계와 인생을 지배하고 있는 원리를 철저하게 추구하고, 탐구하였던 것이다. 한없이 큰 세계를 지배하는 미묘한 법칙을 포착하고 간결하게 그의 한없이 큰 사상 체계를 세우는 데 성공했다.

그의 사상의 특징은 그의 물활론적(物活論的) 성격과 존재 일반에 대한 변증법적 파악에 있지만, 특히 그의 변증법적 인식은 시간·공간의 한계를 넘어 오늘도 생생하게 살아 있는 것이다.

오늘 우리의 시대가 일상성 속에 인간성 상실이라는 위기 속에 놓여 있다는 것이 사실이라고 하면, 이 위대한 사상은 실로 오늘의 위기를 극복할 수 있는 '그 무엇'을 우리에게 주리라.

老子道德經
노 자 도 덕 경

제1장
도(道)는 무한정자(無限定者)다

말할 수 있는 도(道)는 언제나 변하지 않는 도가 아니요, 부를 수 있는 이름은 언제나 변하지 않는 이름이 아니다.

이름이 없을 때에는 우주의 근원이요, 이름이 있을 때에는 만물의 어머니다.

그러므로 항상 무위무욕(無爲無欲)함으로써 그 미묘한 본체(本體)를 살펴보고, 항상 유위유욕(有爲有欲)함으로써 그 순환하는 현상을 살펴본다.

이 두 가지는 다 같은 근원에서 나오고서도 이름을 달리 부르지만, 둘 다 현묘(玄妙)한 것이라고 한다. 현묘한 가운데 또 현묘한 도는 모든 사물의 묘리(妙理)가 거기서 나오는 문호(門戶)가 된다.

• • • • • • • • • • • • • • •

도가도 비상도 명가명 비상명 무명 천지지시
道可道, 非常道①, 名可名, 非常名②, 無名, 天地之始③,
유명 만물지모 고상무욕 이관기묘 상유욕 이관
有名, 萬物之母④, 故常無欲⑤, 以觀其妙⑥, 常有欲⑦以觀
기요 차량자 동출이이명 동위지현 현지우현 중묘
其徼⑧, 此兩者⑨同出而異名, 同謂之玄⑩. 玄之又玄, 衆妙⑪
지문
之門.

말할 수 있는 도는 상도(常道)가 아니요, 부를 수 있는 이름은 상명(常名)이 아니다. 이름이 없을 때에는 천지(天地)의 시원(始源)이요, 이름이 있을 때에는 만물의 모체(母體)다. 그러므로 항상 무욕(無欲)함으로써 그 미묘함을 관찰하고, 항상 유욕(有欲)함으로써 그 순환함을 관찰한다. 이 양자(兩者)는 같이 나오고서도 이름을 달리하니, 한가지로 이것을 현묘(玄妙)라고 이른다. 현묘한 가운데 또 현묘한 것은 모든 묘리의 문(門)이다.

• • • • • • • • • • • • •

주석

① 常道(상도) : 항구불변(恒久不變)의 도(道), 즉 우주의 근본이 되는 원기(原氣)를 말한다.
② 常名(상명) : 항구불변의 이름, 즉 무명의 도를 말한다.
③ 始(시) : 우주가 생길 때의 맨 처음, 즉 시초(始初), 시원(始源)을 말한다.
④ 母(모) : 만물을 양육하는 도를 말한다.
⑤ 無欲(무욕) : 무위(無爲)의 뜻. 《중용(中庸)》에서 말하는 '미발(未發)'이라는 말과 같다.
⑥ 妙(묘) : 미묘의 뜻. 불가사의한 도체(道體)를 말한다.
⑦ 有欲(유욕) : 유위(有爲)의 뜻. 《중용》에서 말하는 '기발(旣發)'이라는 말과 같다.
⑧ 徼(요) : 도가 순환하는 현상계(現象界)를 말한다.
⑨ 兩者(양자) : 왕필(王弼)은 시(始)와 모(母)라고 하였다.
⑩ 玄(현) : 현묘(玄妙), 오묘(奧妙). 또는 신묘. 즉 신비(神秘)의 뜻이다.
⑪ 衆妙(중묘) : 모든 사물의 묘리(妙理)를 말한다.

고증

① '무명(無名), 천지지시(天地之始), 유명(有名), 만물지모(萬物之母)'를 '무(無), 명천지지시(名天地之始), 유(有), 명만물지모(名萬物之母)'로 구두점을 찍는 사람도 있다.

② 고(故) : 경룡비문(景龍碑文)과 개원당본(開元幢本)에는 이 '고(故)' 자가 없다. 다케우치 요시오(武內義雄)는 '상무욕이관기묘(常無欲以觀其妙), 상유욕이관기요(常有欲以觀其徼)'의 2구(句)는 후인(後人)이 부가(附加)한 것으로 그리하여 '고'자가 덧붙게 된 듯하다고 하였다.

▶**하상공(河上公)은 이 장을 '체도장(體道章)'이라고 이름을 붙였다.**

해설 1. 도(道)자의 개념 발전

이 도(道)자의 뜻이 어떻게 발전하여 왔는가 한번 살펴보자. 도란 본래는 사람이 걸어다니는 '길'의 뜻이었다. 설문(說文)에 의하면 '한쪽으로만 통행하는 외길'을 도라고 하였다[一達謂之道]. 우리는 걸어다닐 때에는 반드시 '길'을 따라서 걷지 않을 수 없다. 대문 밖에만 나가도 골목길이 놓여 있다. 거리에 나가면 차도(車道)와 인도(人道)가 있고, 또 산에 가면 산길이 있고, 바다에 가면 바닷길이 있고, 공중에 올라가면 공로(空路)가 있다.

어떻든 우리가 발로 걸어다니든지, 차를 타고 가든지, 비행기를 타고 날아가든지, 거기에는 반드시 다 길이 있다. 만일 길이 없으면 새로 개척할 것이요, 좁은 길은 넓힐 것이요, 굽은 길은 바르게 터 놓을 것이다.

또 길을 걷는 데는 아무렇게나 걷는 것이 아니요, 거기에는 반드시 법칙이 있다. 첫째 방향을 정할 것이요, 둘째 똑바로 걸을 것이요, 셋째 쉬지 말고 빨리 걸을 것이다. 만일 방향을 잘못 잡으면 아무리 빨리 갈지라도, 가면 갈수록 나중에는 출발점으로 되돌아오지 않을 수 없기 때문이다. 또 만일 길을 똑바로 걷지 않고 꾸불꾸불 돌아가면, 하루 동안에 걸을 길을 여러 날 동안에 걷게 되어 목적지에 도달하기 어렵게 되기 때문이다. 또 방향을 바로잡고 길을 똑바로 간다고 하더라도 도중에서 자꾸 쉬기만 하면, 행차 지나간 뒤에 나팔 부는 것과 같아서 인간행렬(人間行列)에서 뒤떨어지기 때문이다.

2. 당위법칙(當爲法則)의 길〔道〕

그러나 '길'에는 눈에 보이는 길만 있는 것이 아니요, 눈에 보이지 않는 길도 있다. 어떤 의미에서는 이 눈에 보이지 않는 길이 참다운 길 또는 영원성이 있는 길일는지도 모른다. 윤리학자(倫理學者) 또는 인생철학자들은 이런 길을 '인도(人道)' 또 '사람으로서 마땅히 걸어가야 할 길'이라고 말한다.

예를 들면 공자(孔子)는 '아침에 도를 들으면 저녁에 죽어도 좋다〔朝聞道 夕死可矣〕' 하였고, 맹자(孟子)는 '의(義)는 사람의 길〔義人之路也〕이라'고 한 것과 같다. 이런 길도 길은 길이지만 발로 걸어가는 길이 아니요, 사람의 마음이 걸어가는 길이요, 이성(理性)이 지향하는 길이다.

하나의 예를 들면 한 대학생이 어느 날 밤 명동의 뒷골목길을 걷고 있다고 하자. 어떤 술집 앞에 이르니, 곱게 화장한 묘령(妙齡)의 미인들이 미소를 띠면서 '놀다 가셔요'하고 옷자락을 잡아끈다. 이때 이 대학생은 마침 시골에서 보내준 돈이 주머니에 들어 있었다. 눈도 펄펄 내리는 고요한 밤, 아름다운 여인이 옥같이 하얀 손으로 따라 주는 따끈한 술 한잔 마시고 얼근히 취하여 밤늦게 비틀거리면서 하숙집으로 돌아가는 것도 하나의 흥미있는 일이 아닐까 하는 생각이 간절하였다.

그러나 또 한편으로는 '아니다! 아니다! 나는 대학생의 신분을 가진 사람이다. 이런 데 들어가서 부모님의 땀 흘린 돈, 금 같은 돈을 헛되이 낭비하여서는 안 된다. 어서 빨리 돌아가서 강의 노트를 정리해야 한다'고 생각하였다. 이때 이 두 가지 생각이 머릿속에서 싸우고 있으므로 학생은 결단을 내리지 못하고 길가에 우뚝 서 있었다.

미녀들은 또 유혹한다. '왜 이렇게 도도할까! 왜 저렇게 비쌀까! 아니야, 학생이 무슨 술 먹을 돈이 있을라고!' 한다. 학생은 이런 말을 다 듣고 분연(奮然)히 술집 안으로 발을 들여놓았다가 또 '아니야! 아니야!'하고 술집 문밖으로 뛰쳐나와서 하숙집이 있는 방향으로 걸어갔다.

여기서 여러분은 이 학생이 술집 안으로 들어가려던 '길'과 술집 안에서 뛰쳐나온 '길', 이 두 가지 '길' 가운데서 어느 길이 학생으로서 마땅히 걸어가야 할 길인지 판단할 수 있을 것이다. 공자는 이 학생과 같은 경우를 '욕망적인 자기를 이기고 예로 돌아왔다[克己復禮]'고 한다. 다시 말하면 공자가 말씀한 '도'는 거의가 도덕적인 의미가 있고, 또 '사람으로서 마땅히 걸어가야 할 길', 즉 인도(人道)요, 또 도덕법칙(道德法則)인 것이다.

3. 존재법칙(存在法則)의 길

그러나 노자는 이러한 도를 말한 것이 아니다. 공자의 도는 말할 수 있는 도요, 들을 수 있는 도요, 또 실천할 수 있는 도이지만 노자의 도는 말할 수 없는 도요, 들을 수 없는 도요, 또는 불가사의(不可思議)의 도다. 왜냐하면 언어로 표현할 수 있는 도는 벌써 언어에 한정을 받은 유한(有限)한 도이기 때문에 시간과 더불어 유전(流轉)하는 도다. 그러므로 노자는 말하기를 '말할 수 있는 도는 항구불변의 도가 아니다' 하였다.

앞에서 말한 것과 같이 공자의 도를 '사람이 마땅히 걸어가야 할 길', 즉 인도 또는 인위적인 도덕법칙이라고 하면 노자의 도는 '사람이 반드시 그렇게 좇지 않을 수 없는 길', 즉 천도(天道) 또는 자연적인 존재법칙(存在法則)이다. 공자는 도가 사람과 가까이 있어서 알기 쉽다고 하였는데, 노자는 도가 사람과 멀리 있어서 알기 어렵다고 하였다. 단적으로 말하면 공자는 '길'의 개념을 의식계(意識界)로 끌어들여 가치, 즉 도덕법칙화 하였고, 노자는 이것을 자연계로 끌고 나아가 존재(存在), 즉 자연법칙화 하였다.

4. 명(名)의 개념 발전

명(名)이라는 것은 본래 사물의 이름을 말하는 것이었다. 중국 원시사회에 있어서 사람들이 날이 저물어 캄캄해지면 사람을 알아볼 수 없어서 그때에 처음으로 누구누구는 '아무개'라고 이름을 붙이기 시작하였던 것이다. 그러므로 글자를 만들 때에 저녁 석(夕) 아래에 입 구(口)를 붙여 명(名)이라고 한 것이다. 그리하여 그후부터 다른 사물에도 이름을 붙여 써 왔던 것이다.

처음에는 이름이 있으면 곧 사물이 있었고, 사물이 있으면 곧 이름이 있었던 것이다. 그후 자연과 사회변천에 따라서 이름만 남아 있고 실사물은 없어진 것이 있게 되고, 또 한편 생각에만 있는 것에, 또는 눈으로 볼 수 없는 것에 이름을 붙이기도 하였다.

예를 들면 사물에 있어서는 용(龍)·봉(鳳)과 같은 것이요, 인물에 있어서는 요(堯)·순(舜)과 같은 것이요, 사회에 있어서는 추장시대(酋長時代)와 같은 것이요, 종교에 있어서는 신(神)과 같은 것이다. 다시 말하면 아름다운 이름이 아니요, 공허(空虛)한 이름이었다. 여기에 공자는 본래의 이름과 일치되지 않는 사물이나, 또는 실사물과 일치되지 않는 이름을 거부하였다.

그러므로 그는 말하기를 '고(觚)가 고답지 않으니, 고이겠느냐? 고이겠느냐?〔觚不觚 觚哉 觚哉〕'고 하였다. 고는 옛날 제사 지낼 때에 사용하던 육각형으로 된 세 되들이 술병이었다. 그런데 그후 이 고를 남용하여 각(角)이 있든 없든 세 되들이 술병은 사람들이 모두 '고'라고 부르게 된 것이다. 즉 본래의 이름과 실물이 일치하지 않게 된 것이다. 그래서 공자는 지금 사람들이 각이 없는 술그릇도 '고'라고 부르는 것을 보고 그렇게 말한 것이다.

이와 같이 이름과 실사물을 일치케 하려는 생각을 공자의 명실일치론(名實一致論), 또는 정명주의(正名主義)라고 한다. 정명(正名)이라고 함은 이름을 바르게 한다는 말이니, 그 정(正)자는 우리말로 '답다'에 해당한다. 공자는 특히 이 개념을 인간 도덕계(道德界)에 끌어들여 더욱 발전시켰다.

그러므로 그는 말하기를 '임금은 임금다워야 하고, 신하는 신하다워야 하고, 아버지는 아버지다워야 하고, 아들은 아들다워야 한다[君君 臣臣 父父 子子]'고 하였다. 주어(主語)인 임금과 신하와 아버지와 아들은 '이름'이요, 술어(述語)인 '임금답다, 신하답다, 아버지답다, 아들답다'는 사실적인 실물(實物)이다. 즉 이름만의 임금이나 신하나 아버지나 아들이어서는 안되고, 실지로 임금다운 임금, 신하다운 신하, 아버지다운 아버지, 아들다운 아들이 되어야 한다는 것이다.

그러나 공자 이후 명학파(名學派)에 이르러서는 실사물을 소홀히 하고 이름만을 중요시하였다. 즉 사물의 이름을 의식계(意識界)로 끌어들여 이것을 추상하여 개념화하였다. 이름과 실사물을 완전히 분리시킬 뿐 아니라, 실사물은 있든 없든 그것은 상관하지 않고 다만 이름만 가지고서 일반 사물을 관념화(觀念化)한 것이다. 관념화된 것만이 진리이다.

왜냐하면 실지로 있는 모든 사물은 유전변화(流轉變化)하지만 이 '이름'만은 영원히 남아 있기 때문이다. 그리하여 공손룡(公孫龍)과 혜시(惠施)와 같은 사람은 일반상식과는 거리가 먼 학설을 주장하였다. 몇 가지 예를 들면, ① 흰 말은 말이 아니다[白馬非馬]. ② 불은 뜨겁지 않다[火不熱]. ③ 희고 굳은 돌은 두 개다[堅白石二]. ④ 물건은 존재 아닌 것이 없으면서 존재는 존재가 아니다[物莫非指 而指不指]고 한 것과 같다.

왜냐하면 ①'희다'는 것은 색(色)의 이름이요, '말'이라는 것은 형체(形體)를 말한다. 두 개의 이름이 합한 것을 어떻게 사실적으로 타고 다니는 말이라고 할 수 있겠느냐? ② 머릿속으로 생각하는 불이나 입으로 말하는 불이 만일 뜨겁다면 우리의 머리와 입술이 다 타버릴 것이다. 이것으로 보아 어찌 불이 뜨겁다고 하겠느냐? ③ 희다는 것은 눈으로 보고 알 수 있는 것이요, 굳다는 것은 손으로 만져 가지고서 알 수 있는 것이다. 그러므로 희고 굳은 돌은 한 개가 아니요, 두 개라고 하는 것이다. ④ 지(指)는 존재의 뜻이다. 이 세계의 모든 물건은 존재 아닌 것은 하나도 없다. 그러나 존재 그 자신은 존재하지 않으니, 존재는 존재자가 아니라는 것이다. 이렇게 주장하는 사람들을 세상에서는 명학파(名學派) 또는 유명론자(唯名論者)라고 불렀다.

그러나 도가(道家), 즉 노장학파(老莊學派)들은 이 유명론, 즉 유명론(有名論)을 배격하고 무명(無名)을 주장하였다. 왜냐하면 이름이라는 것은 본래 물건의 그림자와 같다. 이름이 먼저 있고서 물건이 있는 것이 아니요, 물건이 먼저 있고서 이름이 있는 것이다. 물건이라는 것은 본래 무(無)에로 흘러가는 존재다. 물건이 없어지면 따라서 이름도 사라진다. 설혹 우리 사람의 기억에 남아있다고 할지라도 그것은 사람이 죽은 뒤에 남아있는 해골과 같다. 거기에 무슨 의미인들 있으며 또 참된 것이 있겠는가?

이름이 있는 만물의 배후에는 이름을 붙일 수도 없고, 또 말이나 글자로 나타낼 수 없는 무한정자(無限定者)가 있다. 이것이야말로 항구불변의 '참[眞]'인 것이다. 모든 사물은 다 흘러가도 이것만은 흘러가지 않고 영원히 존재하는 것이다. 천지만물도 다 여기서 말미암아 나오지 않은 것은 하나도 없다. 다 여기서 나와 여기로 되돌아가는 것이다. 노자는 이것을 도(道)라고 하였다. 또 이름을 붙일 수 없다는 의미에서 무명이라 하였고, 항구불변한다는 의미에서 상도(常道) 또는 상명(常名)이라 하였고, 도가 만물을 육성한다는 의미에서 '어머니'라고 하였다.

모든 가능성을 가진 도가 형이상학적(形而上學的) 세계에서 형이하학적(形而下學的) 세계에로 발(發)하려고 하나 아직 발하지 않고〔欲發而未發〕, 움직이려고 하나 아직 움직이지 않는〔欲動而未動〕 도의 상주성(常住性)을 묘라 하고, 현상계(現象界)의 사물이 발생·성장·쇠퇴의 과정을 지나 괴멸기(壞滅期)에 이르러 장차 무위무욕(無爲無欲)의 고요한 도의 세계로 되돌아가려는 사물의 변화상을 요(徼)라고 한다.

그러므로 왕필(王弼)은 말하기를 '요(徼)는 종(終)으로 돌아가는 것이다〔徼 歸終也〕'고 하였다. 이것은 앞에서 말한 것과 같이 현상계의 모든 사물은 반드시 종말기(終末期)로 돌아간다는 것이다.

유(有)니, 무(無)니, 또는 유명(有名)이니, 무명(無名)이니 하는 이 두 가지는 다 근원자(根源者)인 도에서 나온 것으로 다만 명칭을 달리 부를 뿐이다. 유 가운데 무가 있고, 무 가운데 유가 있는 것을 다 같이 불가사의라고 하여 이것을 현묘(玄妙)하다고 한다. 현묘는 신비의 뜻이다. 미묘하게 돌아가는 모든 사물은 다 이 신비스럽고 또 신비스러운 도를 출입문으로 하여 여기서 나왔다가 여기로 되돌아간다.

제2장
변화하는 현상의 근원은 도(道)이다

세상 사람들은 누구나 다 미(美)는 언제든지 미요, 선(善)은 언제든지 선인 줄만 알고 있다. 그리하여 감정의 움직임에 따라 미가 절정에 이르면 도리어 추(醜)로 되고, 의지의 움직임에 따라 선이 절정에 이르면 도리어 불선(不善)으로 된다는 것을 모른다.

그러므로 도가 운행하고 있는 이 현상세계(現象世界)에 있어서는 도를 근거로 하여 만물은 시간과 같이 흘러서 어느덧 없어지게 된다.

아무리 어려운 일도 꾸준히 노력함에 따라 쉽게 된다. 아무리 긴 물건이라도 움직이는 힘의 속도에 따라 짧아진다. 아무리 높은 물건이라도 밑바닥이 흔들리면 저절로 아래로 떨어지게 된다. 아무리 듣기 좋은 음악이라도 소음과 조화되지 않으면 미(美)의 가치를 나타낼 수 없다. 앞에 선 것은 언제까지 앞에 설 수는 없다. 더 빠른 것이 앞에 서면 뒤떨어지게 된다.

그러므로 성인(聖人)은 상대적으로 대립되어 있는 사물 어느 한편에 가까이하지 않는다. 모든 것의 근거가 되는 무위자연(無爲自然)의 도의 세계에 살며 말로 백성을 교화하지 않는다. 묵묵히 말없는 행동으로 본보기를 보여 준다.

천지만물은 다 도에서 나왔다. 그러나 도는 만물이 생성하는 것을 간섭하지 않고 자율에 맡긴다. 만물은 고정된 현상이 아니다. 도는 만물을 낳고도 자기 것으로 생각지도 않고, 자기 힘으로 된 것이라고 믿지도 않고, 공(功)이 이루어져도 자기 공이라고 생각지 않는다. 도는 만물을 끊임없이 생성 발전시키지만 그 발전에 사로잡히지 않는다.

사로잡히지 않기 때문에 도의 활동은 자유자재로우며 영원하다.

• • • • • • • • • • • • •

천 하 개 지 미 지 위 미 사 악 이 개 지 선 지 위 선 사 불 선
天下皆知美之爲美, 斯惡①已②, 皆知善之爲善, 斯不善
이 고 유 무 상 생 난 이 상 성 장 단 상 형 고 하 상 경 음 성
已. 故有無相生, 難易相成, 長短相形③, 高下相傾, 音聲④
상 화 전 후 상 수 시 이 성 인 처 무 위 지 사 행 불 언 지 교 만 물
相和, 前後相隨, 是以聖人處無爲之事, 行不言之教, 萬物
작 이 불 사 생 이 불 유 위 이 불 시 공 성 이 불 거 부 유 불
作⑤而不辭⑥, 生而不有, 爲而不恃, 功成而不居, 夫唯不
거 시 이 불 거
居, 是以不去.

천하는 다 미(美)가 미인 줄만 아니, 이것은 악일 뿐이요, 다 선(善)이 선인 줄만 아니, 이것은 불선(不善)일 뿐이다. 그러므로 유(有)와 무(無)가 서로 생기고, 어려움과 쉬움이 서로 이루어지고, 긴 것과 짧은 것이 서로 나타나고, 높음과 낮음이 서로 기울어지고, 음(音)과 소리가 서로 조화되고, 앞과 뒤가 서로 따른다. 이 때문에 성인(聖人)은 무위자연(無爲自然)의 일에 처하여 무언의 교(敎)를 행한다. 만물이 작위(作爲)하여도 사절(辭絶)하지 않고, 생성하여도 소유하지 않고, 욕위(欲爲)하여도 의뢰하지 않고, 성공하여도 자처하지 않는다. 대개 오직 자처하지 않기 때문에 공(功)이 물러가지 않는다.

• • • • • • • • • • • • •

주석

① 惡(악) : 선악(善惡)의 악이 아니요, 추악(醜惡)의 악이다.
② 已(이) : 뿐. 조사(助詞).

③ 形(형) : 나타나다. 대학(大學)에 '차위성어중(此謂誠於中) 형어외(形於外)'의 '형(形)'자 뜻과 같다.

④ 音聲(음성) : 예기(禮記) 악기주(樂記注)에 '잡비왈음(雜比曰音) 단출왈성(單出曰聲)'이라고 하였다. 중국 음성학(音聲學)에서는 자음을 성(聲), 모음을 음(音)이라 한다. 또 궁상각치우(宮商角徵羽)를 오음(五音)이라고 하니, 음을 악음(樂音), 성을 조음(噪音)으로 의역할 수 있다.

⑤ 作(작) : 일다. 기(起)자의 뜻.

⑥ 辭(사) : 사퇴, 또는 거절의 뜻.

고증

① 유기본(劉驥本)에는 '개지선지위선(皆知善之爲善)' 앞에도 '천하(天下)' 두 자가 있다.

② 다른 책에는 유무(有無)·난이(難易)·장단(長短)·고하(高下)·음성(音聲)·전후(前後) 다음에 다 '지(之)'자가 있다. 그러나 이도순(李道純)은 '이 사이에 지자가 있는 것은 그르다'고 하였다.

③ 고(故) : 고관본(顧觀本)에는 없다.

④ 형(形) : 왕필(王弼)과 육덕명본(陸德明本)에는 '교(較)'자로 되어 있다. 이도순은 말하기를 '옛날 책에는 교(較)자가 없다. 형(形)과 경(傾)은 운(韻)이 되었으니, 교는 불가하다'고 하였다.

⑤ 성인(聖人) : 다른 책에는 성인 두 자 다음에 '치(治)'자가 있다.

⑥ 만물작(萬物作) : 하상공(河上公)과 왕필본에는 '언(焉)'자가 붙어 있다.

⑦ 사(辭) : 부혁본(傅奕本)에는 '시(始)'자로 되어 있다. 옛날에는 '시(始)'와 '사(辭)'가 동음(同音)이었다고 한다.

⑧ 불(不) : 하상공과 왕필본에는 '불(弗)'자로 되어 있다.

⑨ 거(居) : 부혁본에는 '처(處)'자로 되어 있다.

▸**하상공은 이 장을 '양신장(養身章)'이라 하였다.**

해설 1. 미(美)와 선(善)에 대한 공맹(孔孟)의 가르침

공자는 일찍이 오미설(五美說)과 사악설(四惡說)을 주장하였다. 다섯 가지 '아름다운 것'이라 함은, 첫째 은혜를 베풀어주되 재물을 허비하지 않는 것이요, 둘째 수고로워도 원망하지 않는 것이요, 셋째 해볼 의욕(意慾)을 가지면서도 탐을 내지 않는 것이요, 넷째 잘살면서도 교만하지 않는 것이요, 다섯째 위엄이 있으면서도 사납지 않은 것이다.

그 다음 네 가지 '악한 것'이라 함은, 첫째 사람을 가르치지 않고 죽이는 것이요, 둘째 일을 하도록 해놓지 않고 성과만 보려고 하는 것이요, 셋째 명령은 소홀히 하고 기한만을 절박하게 하는 것이요, 넷째 골고루 사람에게 배급하지만 출납(出納)을 인색하게 하는 것이다.

한편 맹자는 사람은 나면서부터 천성(天性)이 선(善)하다고 하였다. 왜냐하면 인(仁)·의(義)·예(禮)·지(知)의 네 가지 단서[四端]를 가지고 있기 때문이라고 하였다. '인'이라 함은 측은(惻隱)히 여기는 마음이요, '의'라 함은 부끄럽게 여기는 마음이요, '예'는 사양하는 마음이요, '지'는 옳은 것은 옳다고 하고, 그른 것은 그르다고 하는 마음이다.

2. 노자의 상대적 견해

앞에서 본 바와 같이 공자와 맹자는 미(美)와 악, 또는 선(善)과 불선을 절대불변하는 것으로 보았다. 미는 미이지 추(醜)일 수 없고, 선은 선이지 불선일 수 없다. 이것을 공맹의 가치절대관(價値絶對觀)이라고 말할 수 있다. 그러나 노자는 상대적으로 보았다. 미와 악[추악의 뜻], 또는 선과 불선 사이에는 미나 악도 아니요, 선과 불선도 아닌 사람의 정(情)과 의(意)의 움직임이 있다. 이 움직임으로 인하여 사람이 한번 아름다운 것이라고 느낀 것은 어느덧 흘러서 추한 것으로 된다. 예를 들면 같은 꽃이라도 갓 피어서 싱싱할 때에는 아름답다고 느끼지만, 그것이 시들어서 떨어질 때에는 추한 것으로 보는 것과 같다.

또 사람이 한번 좋은 것이라고 의식(意識)한 것은 어느덧 흘러서 좋지 못한 것으로 된다. 예를 들면 옛날에는 하늘은 둥글고 땅은 모나다고 생각한 것과 같다. 이와 같이 아름다운 것은 언제든지 아름다운 것이 아니요, 흘러서 아름답지 않은 추한 것으로 되고, 선은 언제든지 선한 것이 아니요, 흘러서 선하지 않은 악으로 되는 것이 바로 진실한 것이요, 바로 자연(自然)의 것이요, 또 이것이 바로 도(道)인 것이다.

3. 현상계(現象界)는 상대적이다

그러므로 미와 선만이 그러한 것이 아니요, 유와 무, 긴 것과 짧은 것, 높음과 낮음, 음과 소리, 앞과 뒤 같은 현상이 다 그러하다. 한번 현상계를 내다보면, 모든 물건치고서 없어지지 않는 것이 어디 있겠는가? 푸른 하늘에 반짝거리는 별도 없어질 때가 있다. 아니, 몇 만 년 전에 이미 없어진 것을 지금 우리가 그 남아 있는 광채만 보고 있는지도 모른다. 아무리 견고한 철옹성(鐵甕城)도 무너질 때가 있다. 서울의 한강도 뽕나무밭이 될 때가 있고, 뉴욕의 마천루(摩天樓)와 모스크바의 크렘린궁도 다 무너질 때가 온다.

긴 것과 짧은 것에 있어서도 그렇다. 우리가 흔히 말하기를 서울과 부산은 장거리라고 한다. 그러나 우리가 만일 로켓탄을 탄다면 서울과 부산은 아주 짧은 거리에 있는 두 점에 불과한 것이다. 높음과 낮음에 있어서도 우리가 흔히 백두산은 높고 크다고 하지만 비행기에서 내려다보면 작고 낮은 언덕으로 보이는 것이다.

음과 소리에 있어서도 아무리 즐거운 '재즈'라도 생명같이 아끼던 애인을 잃어버린 사람에게는 귀찮게 들리는 잡음이 되는 것이다. 앞과 뒤에 있어서도 흔히 말하기를 우리나라는 선진국보다 뒤떨어졌다고 한다. 그러나 만일 우리나라 국민들이 밤낮으로 각각 자기가 맡은 바 일을 마음 바르게 먹고 더 부지런히 해나아간다면, 몇 해 안 가서 선진국이 될 것이다.

이러고 보면 앞에서 말한 유와 무, 긴 것과 짧은 것, 높음과 낮음, 음과 소리, 앞과 뒤 같은 것은 다 절대적이 아니요, 상대적이라는 것을 알 수 있다. 그런데 여기에 있어서 노자는 뭐라고 말하였는가?

4. 무위자연의 절대적 세계

이러한 상대적 세계에 처하여 있지 말고 무위자연의 절대적 세계에 처하여 있으라고 한다. 그러면 노자가 말하는 그러한 세계는 과연 어떠한 것인가? 예를 들어 비교하면 여기에 알〔卵〕과 새〔鳥〕가 있다고 하자. 이 알과 새의 존재에 대하여 갑과 을 두 사람이 어느 것이 먼저 생겼느냐고 서로 논쟁을 한다. 갑은 '이 세상의 모든 새는 다 먼저 알이 있은 다음에 거기서 생겨났다'고 하고, 또 을은 이에 대하여 '그렇지 않다. 이 세상의 모든 알은 다 먼저 새가 있은 다음에야 거기서 생겨났다'고 한다.

그리하여 이 두 사람의 논쟁은 마치 두 아이가 해수욕장에서 물싸움하는 것과 같아서 영원히 해결할 줄 모른다. 왜냐하면 이 두 사람의 주장은 다 일리(一理)가 있기 때문이다. 즉 알의 관점에서 보면 알이 먼저 있은 다음에 새가 생겼다는 말이 옳고, 또 새의 관점에서 보면 새가 먼저 있은 다음에 알이 생겼다는 말이 옳다.

그러나 그 두 사람이 다 옳은 동시에 또 그 두 사람의 말이 다 그르다고도 말할 수 있다. 다시 말하면 그 두 사람은 다 하나만 알고, 둘은 모르는 사람들이다. 왜냐하면 갑은 알에서 새가 나오는 것만 보고 새에서 알이 나오는 것은 보지 못하였고, 또 을은 새에서 알이 나오는 것만 보고, 알에서 새가 나오는 것은 보지 못하였기 때문이다.

이 두 사람의 생각은 모든 사물은 변하지 않는다고 하기 때문에 알은 언제든지 알이요, 알이 새일 수 없고, 새는 언제든지 새요, 새가 알일 수 없다고 한다.

그러나 우리가 사유(思惟)의 세계에서 떠나 자연계에서 본다면 모든 사물은 유전(流轉)한다. 그러므로 생명이 있는 모든 알은 어떤 조건만 준다면 자연히 새가 되지 않을 수 없고, 또 생명이 있는 모든 새는 역시 어떤 조건 밑에서 자연히 알을 낳지 않을 수 없다. 다시 말하면 새가 될 수 있는 알과 알을 낳을 수 있는 새만이 진실한 것이요, 생명이 있는 것이다. 알과 새는 하나의 선 위의 두 점(點)과 같고, 또 모든 생명파(生命波)의 한 기류(起流)와 한 복류(伏流)에 지나지 않는 것이다.

그럼에도 불구하고, 갑과 을 두 사람은 알이 먼저냐, 새가 먼저냐 하고 부질없는 논쟁을 한다. 만일 노자로 하여금 이 두 사람의 다투는 광경을 보게 하였다면 그는 다만 말없이 빙그레 웃기만 하였을 것이다. 만일 그에게 억지로 말하라고 하면 그 두 사람에게 향하여 '당신네 두 사람은 어째서 알과 새에 대하여 그 근원자인 생명을 모르느냐?'고 간단히 말할 것이다.

만일 필자로 하여금 노자를 위하여 대변케 한다면 생명은 반드시 알도 아니요, 새도 아니니, 알과 새에 대하여 중간성(中間性)을 가진 것이요, 생명은 알에도 있고, 새에도 있으니, 알과 새에 대하여 공통성을 가진 것이요, 생명을 떠나서는 알과 새가 생성(生成)할 수 없으니, 생명은 알과 새에 대하여 근원성을 가진 것이요, 생명은 알과 새를 조절할 수 있으니 통일성을 가진 것이다.

눈앞에 보이는 알과 새의 세계에 머물러 있지 않고, 이것을 초월하여 그 배후에 있는 생명의 세계에 처하여 알과 새의 중간성이 되고, 공통성이 되고, 근원성이 되고, 통일성이 되는 것을 노자는 무위자연의 일을 한다 하고, 무언의 교(敎)를 행한다고 하고, 또는 '하는 것이 없으면서 하지 않는 것이 없다[無爲而無不爲]'고 한다. '하는 것이 없다'고 하는 것은 인위적으로 눈앞에 나타나는 일을 하지 않는다는 뜻이요, '하지 않는 것이 없다'고 하는 것은 자연적으로 배후에서 눈에 보이지 않는 일을 한다는 뜻이다.

눈에 보이지 않는 일은 무엇인가? 곧 앞에서 말한 생명이 모든 생물, 예를 들면 알과 새의 중간성이 되고, 공통성이 되고, 근원성이 되고, 통일성이 되는 것이다. 이러한 성질은 생기면서부터 저절로 그러한 것이요, 결코 인위적인 것이 아니다. 독자 가운데 노자의 도(道)가 무엇인지 아직 잘 이해하지 못하는 사람은 여기서 알과 새에 대한 생명의 성질과 관계를 알면 대강 어떠한 것인지 체득할 수 있으리라 믿는다.

5. 도는 생성의 근원이다

이제 다시 노자의 도를 생명으로 설명하면 도는 온갖 물건이 생기려고 일어나도 그러지 말라고 물리치는 일이 없는 것은, 마치 생명이 모든 생물에 대하여 살아나지 말라고 하지 않는 것과 같다. 도는 모든 물건을 생산하고도 자기 소유로 하지 않는 것은, 마치 생명이 모든 생물을 생성하고도 자기 것으로 여기지 않는 것과 같다. 도는 눈앞에 보이는 사람의 배후에서 눈에 보이지 않는 일을 하고 있지만, 모든 물건이 자기에게 공(功)을 갚기를 바라지 않는 것은, 마치 생명이 눈에 보이는 생활의 배후에서 일을 하고 있지만 그 공을 자랑하지 않는 것과 같다.

도가 자기 때문에 모든 물건이 다 이루어져도 그 공을 자기 것으로 생각지 않는 것은, 마치 생명이 자기 때문에 모든 생물이 다 이루어지지만 그 공을 자기 것으로 생각지 않는 것과 같다. 오직 성인(聖人)은 이 자연의 법칙인 도를, 자기의 공을 자기 것으로 생각지 않고, 남에게로 돌려주기 때문에 도리어 그 공은 드러나고 영속한다.

제3장
무위무욕(無爲無欲)의 정치 이상

만일 위정자가 정치를 할 때에 재능이 있는 사람을 잘한다고 칭찬해 주지 않는다면, 백성들은 자연히 남보다 무엇이든지 잘하겠다는 경쟁심이 없어지게 된다.

구하기 어려운 진기(珍奇)한 재물이라도 귀중하게 여겨지지 않는다면, 백성들은 자연히 남의 물건을 훔치겠다는 욕심을 없애게 된다.

백성들에게 목적을 위해서는 수단을 가리지 않고, 무엇이든지 해보겠다는 야욕을 보여주지 않는다면, 백성들의 마음이 자연히 소란하지 않게 된다.

그렇기 때문에 철인(哲人) 정치가는 정치를 할 때에, 먼저 백성들의 소유욕과 지배욕과 명예욕과 같은 모든 욕망을 없앤다. 그 마음을 자연상태로 돌아가게 하고 겸허하게 한다. 먹고사는 데는 굶주리지 않게 한다. 백성의 배를 든든하게 채워준다. 그리고 야심과 야망을 품은 의지력을 약하게 한다. 주어진 능력을 발휘할 수 있는 골격을 튼튼하게 한다.

그리하여 항상 백성들로 하여금 인위적인 모든 지식과 욕망을 없애고 천진(天眞)한 상태로 돌아가게 한다. 또 지식인들로 하여금 감히 무엇을 해보겠다는 잔꾀를 부리지 못하게 한다. 이와 같이 무위자연의 정치를 하면, 천하가 다스려지지 않는 법이 없다.

• • • • • • • • • • • • •

불상 현사민부쟁 불귀난득지화 사민불위도 불견가
不尙①賢使民不爭, 不貴難得之貨, 使民不爲盜, 不見可

욕　사심불란　시이성인지치　허기심　실　기복　약기지
欲②, 使心不亂. 是以聖人之治, 虛其心, 實③其腹, 弱其志,
강기골　상사민무지무욕　사부지자　불감위야　위무위
强其骨, 常使民無知無欲, 使夫知者④不敢爲也. 爲無爲,
즉무불치
則無不治.

현능(賢能)한 사람을 가상(嘉尙)히 여기지 않으면 백성들이 경쟁하지 않게 되고, 얻기 어려운 재화(財貨)를 귀중히 여기지 않으면 백성들이 도둑질하지 않게 되고, 야욕을 보이지 않으면 마음이 어지럽지 않게 된다. 그러므로 성인(聖人)의 정치는 백성의 마음을 겸허하게 하고 그 배를 부르게 하며, 백성의 의지를 약(弱)하게 하고, 그 골격을 튼튼하게 하며, 항상 백성들을 무지무욕(無知無欲)하게 하고, 그 지자(知者)로 하여금 감히 하지 못하게 한다. 무위자연의 정치를 하면 다스려지지 않는 일이 없다.

• • • • • • • • • • • • •

주석

① 尙(상) : 사원(辭源)에 의하면 '숭야(崇也) 귀야(貴也)'라 하였고, 왕필(王弼)은 '상자가지명야(尙者嘉之名也)'라 하였다. 예기(禮記)에 '하후씨상흑(夏後氏尙黑) 은인상백(殷人尙白) 주인상적(周人尙赤)'의 '상(尙)'의 뜻과 같다.

② 可欲(가욕) : 할만한 것, 하고 싶은 것. 맹자(孟子)의 '가욕지위선(可欲之謂善)'의 가욕과 같다.

③ 實(실) : 사원에 의하면 '충야(充也) 만야(滿也)'라 하였으니, '채우다, 차다'의 뜻.

④ 知者(지자) : 지자(智者)의 뜻.

고증

① 불귀난득지화(不貴難得之貨)의 '난득지(難得之)'는 경룡본(景龍本)과 왕필주(王弼注)에 의하여 산거(刪去)하여야 한다고 한다. [엄영봉 저(嚴靈峯著) 노자장구신편(老子章句新編) 102] 또 사민불위도(使民不爲盜)의 '위(爲)'자도 산거하여야 한다고 한다.

② 불견가욕(不見可欲)의 '가욕(可欲)'도 '소욕(所欲)'으로 고쳐야 한다고 한다.

③ 사심불란(使心不亂)은 다른 책에는 '사민(使民)' 또는 '사민심(使民心)'이라 하였으나, 이것은 후인(後人)의 개작(改作)이다.

▸하상공은 이 장을 '안민장(安民章)'이라 하였다.

해설 1. 유가(儒家)의 정치 이상

유가의 정치 이상은 현인(賢人)을 숭상하고, 재화를 귀중히 여기고, 일할 의욕을 백성에게 보여준다. 공자는 일찍이 제자 안연(顏淵)을 칭찬하여 '안연이야말로 어진 사람이로다! 도시락 밥 한 그릇을 먹고 표주박 물 한 모금 마시면서 누추한 동네에서 살고 있는 생활은 보통 사람으로는 견디기 어려운데, 안연은 그 가운데서 도를 즐거워하는 마음을 고치지 않으니, 안연이야말로 어진 사람이로다!'라 하였다.

자공(子貢)은 스승 공자에게 묻기를 '아름다운 옥(玉)을 가지고 있는데, 이것을 궤 속에 간직하여 두리까? 그렇지 않으면 선량한 상인(商人)에게 팔리까?'하자 공자가 대답하기를, '팔아야 한다! 팔아야 한다! 나도 지금 선량한 상인을 기다리고 있는 사람이로다!' 하였고, 또 호생불해(浩生不害)라는 사람이 맹자에게 '선(善)은 무엇이냐?'고 묻자 맹자는 '하고 싶은 일을 하는 것이라[可欲之謂善]' 하였다. 이와 같이 유가에서는 정치를 하는 데는 현인과 재화 및 위정자의 의욕이 필요하다고 하였다.

2. 노자의 가치관

그러나 도가(道家)에서는 반드시 그렇지도 않다고 하였다. 사람이 어질거나 못났거나 그것은 다 상대적인 것이다. 따라서 사람은 다 각각 자기 능력에 따라 일할 뿐이다. 능력이 많은 사람은 자연히 일을 많이 하게 될 것이요, 능력이 부족한 사람은 자연히 일을 적게 하게 된다. 다만 자기 능력대로 성심껏 하느냐 안하느냐가 문제다.

만일 능력이 많아서 일을 많이 하는 사람에게만 칭찬을 하고 또 표창장을 주고, 능력이 부족하나 성심껏 일한 사람을 무시하고 멸시한다면, 재능이 본래 없는 사람은 시기심을 일으키고 질투심을 일으킬 것이다. 또 재능이 없으면서도 남보다 더 잘 해보겠다는 경쟁심이 일어나서, 나중에는 동료간에 화목을 잃고 또 사회질서까지 문란하게 된다.

예를 들면 지금 우리나라 초등학교에서는 대부분 어린이들에게 남보다 나아야 한다는 경쟁심을 길러준다. 전교에서 1등으로 졸업하면 으레 교장 선생님이나 도지사, 대학 같으면 교육과학기술부 장관이나 대통령의 표창장을 타게 된다. 더욱이 초등학교에서는 한 반 안에서도 첫째냐 둘째냐 하고, 아이들로 하여금 큰 관심을 가지게 한다. 심지어는 학부형이나 자모(姉母)가 담임선생에게 청탁까지 하는 폐풍이 있기도 하다.

이때 능력이 부족한 대다수의 아이들은 질투심이 일어나 1등 하는 학생을 가리켜 '병이나 나서 거꾸러지면 내 마음이 시원하겠다.' 한다. 이렇게 재능에만 편중하는 교육은 결과적으로 아이의 천진난만한 동심을 잃어버리게 한다. 그리하여 참된 인간교육은 무너지고, 인간을 지식의 노예로 만들게 된다. 만일 우리가 노자에게 아이를 어떻게 교육할 것이냐고 물으면 아마 다음과 같이 말할 것이다.

'인위적인 상장을 받으려 하지 말고, 다 각각 자기 능력대로 성심껏 부지런히 공부하되 남보다 나을 생각을 하지 말고, 오늘의 내가 어제의 나보다 낫도록 노력하라.' 이 원리는 학교 교육뿐 아니라 공장·농장·회사 따위의 모든 사회에 적용될 것이다.

또 앞에서 공자의 제자 자공은 아름다운 옥을 궤 속에 간직해 두든가, 그렇지 않으면 내다 판다고 하였다. 간직한다는 것은 자기 한 개인이 소유한다는 말이요, 판다고 하는 것은 물건을 돈받고 팔고 사고 하는 매매(賣買) 행위를 말하는 것이다. 소유권을 인정하고 백성들이 매매 행위를 인정하는 사회에서는 재화 또는 화폐를 자기 생명같이 귀중히 여기므로 힘 안들이고 남의 물건을 빼앗으려 하게 되고, 심지어는 강도 행위까지 발생하게 된다.

이러한 사회에서는 돈만 있으면 땀 흘리고 일하지 않더라도 가만히 앉아서 잘 입고 잘 먹고 훌륭한 집에서 잘 살 수 있다. 한편 돈이 없으면 아무리 땀 흘리고 종일 일을 하더라도 제 밥벌이를 하기 어렵다. 이것은 돈 있는 사람이 돈 없는 사람의 노동력을 착취하기 때문이다.

3. 노자의 사회 경제 철학

그러나 노자가 구상하는 사회에서는 누구나 다 각각 자기 능력대로 일하고, 거기서 생산되는 물건은 누구나 다 필요에 따라 균등하게 사용한다. 물건을 땅바닥에 내버리기는 싫어할지언정 자기 한 개인이 소유하지 않는다. 따라서 물건을 사고 팔고 할 수도 없고, 또 그렇게 할 필요성도 느끼지 않는다. 물건이 길에 굴러다녀도 주워 가는 사람이 없고, 밤에 문을 열어 놓고 자더라도 도둑이 들어오지 않는다.

또 그 다음 무엇을 할 때에도 다만 자기 능력대로 성심껏 부지런히 일할 뿐이요, 남보다 더 잘하겠다든가, 칭찬을 받겠다든가, 자기 물건으로 만들겠다든가, 영웅이 되어 남을 지배해 보겠다든가 이러한 욕망이 도무지 없다. 이와 같이 일은 하지만 아무 욕망이 없으니, 자연히 마음이 안정되어 산란하지 않게 된다.

그러므로 성인(聖人), 곧 소유욕과 지배욕이 없는 철인정치가(哲人政治家)가 백성을 위하여 부득이 정치를 하게 될 때에는 먼저 백성으로 하여금 모든 야심과 야망과 야욕을 버리고, 마음을 정결공활(淨潔空濶)하게 가지도록 한다. 본래 사람의 소유욕이니, 지배욕이니, 명예욕이니 하는 것과 같은 욕망은 선천적인 것도 아니요, 또 본능도 아니다. 거울의 티끌과 같아서 씻어버리면 마음이 깨끗하여진다. 마음을 비워야 지혜가 있게 된다.

그러나 육체에 있어서 백성의 배는 굶주리지 않고, 먹고 헐벗지 않고 입을 것을 풍족케 하여 든든하게 해주어야 한다. 아무리 마음에 더러운 욕망이 없다고 할지라도 뱃속에서 쪼르륵 소리가 나면 역시 무엇이라도 훔쳐먹을 생각이 난다. 그러므로 우리 속담에도 '사흘 굶어서 도둑질하지 않는 사람이 없다'고 한다. 백성들이 다 각각 자기 능력대로 일을 성심껏 부지런히 하는데, 먹을 것이 없어서 뱃속에서 쪼르륵 소리가 난다는 것은 백성의 잘못이 아니요, 위정자의 잘못이라고 하지 않을 수 없다. 이러한 사회는 다 인위적인 병리학적(病理學的) 사회요, 자연적인 생리학적 사회가 아니다.

우리가 다 아는 바와 같이 '칼 마르크스'와 같은 사람은 사회병리학가라고 말할 수 있지만 노자와 같은 사회생리학가라고는 말할 수 없다. 노자의 눈으로 보면 지금의 돈만 아는 자본주의 사회도 병리학적 사회요, 빵만 아는 공산주의 사회도 병리학적 사회라고 할 것이다. 백성들로 하여금 마음을 비우게 하고, 뱃속을 든든하게 하여야[虛其心實其腹] 비로소 생리학적 사회를 이룩할 수 있다. 다시 말하면 빵과 자유를 다 획득하는 사회다.

4. 무위자연의 정치 철학

그 다음 또 철인정치가가 정치를 하는 데는 백성으로 하여금 정신면에 있어서는 의지력을 약하게 하고, 육체적 면에 있어서는 골격을 튼튼하게 한다. 인위적인 자본주의 사회와 공산주의 사회에서는 백성들의 의지력이 강하여야 무슨 일을 성공할 수 있지만, 무위자연의 사회에서는 그럴 필요가 없다. 실지로 일도 하지 않고 실력도 없고 몸이 약하여서 부질없이 의지력만 강하게 가지면, 이상만 높아지고 희망만 많아지고 욕망만 커지게 마련이다. 그러면 현실에 불만을 느끼고 심지어는 자연[天]에 대해서까지도 불만을 가지고 이것을 정복하려고 한다.

본래 의지력이라는 것은 사람의 신체를 건전케 하고, 골격을 튼튼케 하여 자기 능력을 발휘하는 데서 비로소 참다운 의지력이 생기고, 현실화 할 수 있는 이상이 생기는 것이다. 가만히 보면 자본주의 사회의 백성들은 쓸데없이 의지력만 강하여 일하지 않고 돈 많이 버는 것을 이상으로 삼고, 공산주의 사회의 백성들은 쓸데없이 의지력만 강하여 권세(權勢)를 잡으려고 뼈가 빠지도록 노동을 하는 것이 그들의 이상이다. 그러므로 전자의 백성들은 돈만 알고 일을 하지 않으므로 뼈가 약해지고, 후자의 백성들은 권력만 알고 일을 많이 하므로 뼈가 약해간다.

그러나 노자의 무위자연(無爲自然)의 사회에서는 돈도 필요가 없고, 권력도 필요가 없다. 돈과 권력이 필요없으므로 자연히 의지는 약하고 마음은 부드럽지만 몸의 골격들은 장대(長大)해진다. 마음은 부드럽고 골격은 강한[弱志强骨] 백성이야말로 이상적 백성인 것이다.

또 그 다음 철인정치가가 정치를 하는 데는 백성들로 하여금 지식도 없게 하고 욕망도 없게 한다. 지금의 민주주의 사회의 백성들은 지식이 너무 많아서 다스려 나가기가 힘들고, 독재주의 사회의 백성들은 욕망이 너무 많아서 역시 다스려 나가기가 힘들다. 우리가 범죄자의 통계를 본다면 법률을 아는 지식층이 더 많고, 법률을 모르는 농민층이 적은 것을 보아도 알 수 있다.

그러므로 우리 속담에도 '아는 것이 병'이라는 말이 있다. 백성들이 순진한 맛이 없고, 아는 것만 많으면 뺀질뺀질하여 이것을 다스려 가기가 어렵다. 어떤 의미에서는 이러한 백성들에게 선의(善意)의 독재가 필요할 때도 있다. 그렇다고 해서 노자는 백성들에게 우민정책(愚民政策)을 써서 무지무식(無知無識)하게 하여 다시 원시사회로 되돌아가야 한다는 것은 아니다.

5. 무지(無知)의 지(知)

노자가 말하는 무지는 처음부터 배운 것이 없는 부지(不知)가 아니요, 지식을 한번 경험하고 나온 뒤에 오는 무지다. 그러면 이러한 무지는 어떠한 것인가? 이른바 지식이라는 것은 대개 사물을 분석하는 데서 온다. 어떤 물건은 어떤 종류의 물건이라든가, 어떤 사람은 백인종이라든가, 꽃은 꽃받침과 꽃잎과 암술과 수술과 가루주머니 등등으로 이루어졌다든가, 또는 어떤 물건을 분석하면 분자로 되고, 분자는 원자로 되고, 원자는 또 전자와 양자와 중성자로 되었다는 것과 같다.

그러나 이러한 방법은 일부분의 지식은 될지언정 전체에 대한 지식은 아니다. 다시 말하면 우리가 아무리 예리하게 분석을 하더라도 최후에 가서는 그 이상 더 분석하지 못하는 것이 있다. 예를 들면 물질에 있어서는 '에너지'와 같고, 생물에 있어서는 생명과 같다. 이 생명과 '에너지'는 분석적 방법으로서는 이해할 수 없다.

노자는 물질에 대하여 '에너지'와 생물에 대하여 생명과 같은 것을 도(道)라고 하였다. 도는 모든 물질에 대하여 전체요, 또 '하나'인 것이다. 노자는 이 '하나'가 무엇인지 아는 것을 무지의 지(知)라고 한다. 노자가 백성들을 지식도 없게 하고, 욕망도 없게 한다고 하나 결코 백성들을 어린아이나 원시인으로 되돌아가야 한다는 말은 아니다. 다만 세상의 일반적인 지식을 버리고 '하나'가 무엇인지 깨달은 사람은 얼핏 보기에는 어리석은 사람과 같고, 또 어린아이나 원시인과 그 모습이 비슷할 뿐이다. 이것이 바로 노자의 이른바 '참을 지키고 순박한 데로 돌아가라[守眞返樸]'고 하는 것이다.

이와 같이 사람이 생각해낸 모든 지식과 만들어 낸 모든 사회적 제도보다 무위자연의 세계, 즉 무지의 지식과 지배욕이 없는 정치와 소유욕이 없는 경제를 더 존중히 여기는 사회에서는, 식자가 무엇을 좀 안다고 앞장서서 잘난 체 까불지 못한다. 아무리 부분적 지식과 또는 우수한 기술을 가졌다고 하더라도 '하나'를 깨달은 철인(哲人) 앞에서는 고개를 숙이게 된다. 이러한 철인정치가의 정치를 노자는 '하는 것이 없으면서 하지 않는 것이 없다' 하고, 또 '무위(無爲)로 정치를 하면 다스려지지 않는 일이 없다'고 한다.

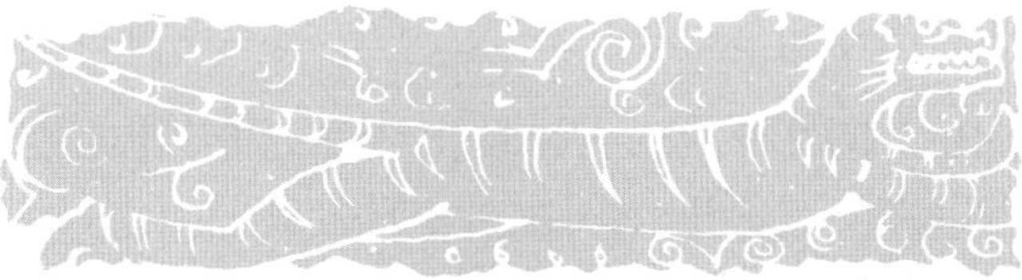

제4장
도(道)는 하느님보다 먼저 존재한다

도체(道體)는 한정없이 넓고 큰 그릇과 같다. 그 속에 온갖 물건을 다 집어넣어도 그것을 채울 수가 없다. 온갖 물건이 다 거기서 흘러나오므로 만물의 근원이다. 도는 만물을 포섭하고, 만물은 도를 내포하고 있으므로 도는 만물을 넘어서, 또 만물 안에 있는 자[超越的內在者]이다.

그 작용으로 말하면 현상계에서 뾰족한 물건을 꺾어 놓고, 어지러운 물건을 풀어 놓고, 빛이 나는 물건을 조화시키고, 티끌 있는 물건 속에 같이 있다.

그[道] 모습을 말하면 맑고 깊어서 존재하는 듯하다. 그러나 나는 그것이 누구의 아들인지 모른다. 왜냐하면 천지만물을 만들어 내었다는 신(神)보다도 먼저 형상을 가지고 있기 때문이다.

• • • • • • • • • • • • •

도충 이용지 혹불영 연혜 사만물지종 좌기예 해
道冲①而用之, 或不盈. 淵兮②, 似萬物之宗③, 挫其銳, 解
기분 화기광 동기진 담혜 사혹존 오부지수지자 상
其紛, 和其光, 同其塵. 湛兮④, 似或存, 吾不知誰之子, 象⑤
제 지선
帝⑥之先.

도체(道體)는 공허하여 이것을 사용하여도 혹 채우지 못할는지도 모른다. 연못과 같이 심원(深遠)하여, 만물의 조종(祖宗)인 것 같으니,

그 예리한 것을 좌절시키고, 그 분운(紛紜)한 것을 해소시키고, 그 광채나는 것을 조화시키고, 그 진토(塵土)와 같이 있다. 정결심원(淨潔深遠)하여 혹 존재하는 것 같다. 나는 그것이 누구의 아들인지 모르니, 신보다 먼저 상(象)이 있다.

• • • • • • • • • • • •

주석

① 冲(충) : 비다. 허(虛)자의 뜻. 본래 충(盅)자이니, 기(器)가 허(虛)함을 말한다. 노자는 '충기이위화(冲氣以爲和)' 또는 '대영약충(大盈若冲)'이라 하였다.

② 淵兮(연혜) : 깊다. 심(深)자의 뜻. 여길보주(呂吉甫註)에 '연혜자(淵兮者) 언호기심야(言乎其深也)'라 하였고, 또 굉보주(宏甫註)에는 '연심정원무유애사(淵深靜遠無有涯涘)'라 하였다.

③ 宗(종) : 조종(祖宗).

④ 湛兮(담혜) : 깊고 맑다. 적연부동(寂然不動)의 뜻.

⑤ 象(상) : 노자가 처음으로 발견한 술어인데, 이 사상이 역전(易傳)에서 발전되었다. 물상(物象)의 상(象)자 뜻과 같으니, 우리말에 저 사람의 하는 짓을 보라고 하는 '짓'에 해당한다.

⑥ 帝(제) : 상제(上帝). 인격적 신(神)을 말한다.

고증

① 충(冲)자는 부혁본(傅奕本)에 충(盅)자로 되어 있다.

② 영자(盈字)도 부혁본에는 만(滿)자로 되어 있는데, 존(存)자와 운(韻)이 같다.

③ 혹(或) : 왕필(王弼)과 하상공본(河上公本)에는 '약(若)'으로 되어 있다.

④ 오부지수지자(吾不知誰之子)의 '지(之)'자는 고본(古本)에 없다.

▶하상공은 이 장을 '무원장(無源章)'이라 하였다.

해설 1. 도는 무한한 유(有)다

도체(道體)는 공허(空虛)하다. 공허하다고 해서 아무것도 없다는 말은 아니다. 다만 그 형체를 눈으로 볼 수 없다는 의미에서 그렇게 표현하는 것이다. 그러므로 허(虛)가 바로 기(氣)요, 기가 바로 허다. 이것은 우주에 충만하여 있는 원기(原氣)를 말하는 것이다. 요샛말로 물질화하기 이전의 '에너지'라고 하여도 큰 잘못은 아니다.

맹자(孟子)는 이러한 기를 실(實)의 개념으로 파악하였다. 그는 '기는 몸에 차 있다〔氣 體之充也〕' 하였고, 또 '기는 지극히 크고 강하니, 직(直)으로 양하여 방해가 없으면 천지 사이에 충만하여 있다〔其爲氣也 至大至剛 以直養而無害則塞于天地之間〕'고 하였다. 이 기는 무한히 넓고 크므로 한정할 수도 없고, 또 한정될 수도 없다. 천지만물을 다 포괄하고 있다. 모든 것은 다 도 안에 있고, 도 밖에 있는 물건은 하나도 없다. 우주가 아무리 크다고 하더라도 역시 도 안에 있다.

비유하여 이 도를 무한히 넓고 큰 그릇으로 사용한다면 모든 물건을 다 그 속에 집어 넣는다고 하여도 오히려 그 용적에 여유가 있다. 심지어는 우주 같은 큰 물건을 집어 넣어도 그것을 채울 수가 없다.

모든 물건의 근원을 소급하여 올라가면 다 도에서 흘러나오지 않는 것은 하나도 없고, 또 도를 떠나서 존재하는 물건도 없다. 마치 두만강이나 송화강이나 또 그 강의 강물의 원류(源流)를 거슬러 올라가면 백두산 꼭대기에 있는 천지(天池)에 도달하는 것과 같다.

또 물리학적 세계에 있어서 모든 물질이 '에너지'를 떠나서 존재하는 물건은 하나도 없는 것과 같다. 그러므로 도와 만물에 대한 관계는 천지와 강물, 또는 '에너지'와 물에 대한 관계와 흡사하다고 말할 수 있다. 다시 말하면 도는 현상계에 있는 모든 물건의 근원자(根源者)요, 또 종주(宗主)다.

2. 도는 조화의 근원이다

그뿐 아니라, 도는 현상세계에 있어서 서로 반대되고, 서로 모순되는 관계에 있는 모든 사물을 조화하는 큰 힘이 있다. 그 법칙은 사물이 극도에 도달하면 다시 되돌아오게 하는 것[極則反]이다. 예를 들면 A와 B가 서로 반대되는 관계에 있다고 하자. 그러면 도는 A를 그대로 두지 않고 반드시 B로 되게 한다. 구체적으로 예를 들면 여기에 알과 새가 있다고 하자. 그러면 도는 알을 그대로 가만히 두지 않고 생명의 변화운동으로 말미암아 알이 성장하여 새가 되게 하는 것과 같다. 또 물과 수증기에 있어서도 도는 물을 그대로 두지 않고 열을 가하면 수증기로 되게 한다.

또 그 다음 생(生)과 사(死)에 있어서도 도는 생을 영원히 생하도록 하지 않고, 반드시 죽음으로 이끌어 간다. 사회현상에 있어서도 그러하다. 어린아이와 어른에 있어서도 도는 어린아이를 영원히 어린아이로 두지 않고, 반드시 자라서 어른이 되도록 한다. 또 군주주의(君主主義)와 민주주의에 있어서도 도는 군주주의를 그대로 영원히 두지 않고 민주주의로 되게 한다.

3. 도는 변화의 제일 원인이다

이와 같이 사물의 현상에 있어서도 뾰족한 물건을 그대로 뾰족하게 두지 않고, 사람이 이것을 오래도록 사용함에 따라, 끝이 뭉뚝하게 하고, 어지러운 물건을 언제든지 그대로 어지럽게 하지 않고, 정돈된 질서로 돌아가게 하고, 광채나는 물건을 언제든지 찬란하게 두지 않고, 차츰 흐려지게 하고, 티끌이 쌓인 물건을 언제든지 티끌이 쌓이도록 두지 않고, 그 속에서 밝은 빛이 생기어 깨끗한 물건으로 되게 한다. 다시 말하면 두 개의 평행선을 영원히 못 만나게 하지 않고, 어떤 지점에서 합치게 한다.

또 사람의 행위로 일어나는 사건에 있어서도 그러하다. 원수를 언제든지 원수로 두지 않고 사람의 선량한 의지의 힘으로 말미암아 마침내는 가까운 친구로 만들고, 처녀와 총각도 언제든지 처녀와 총각으로 늙어죽지 않게 하고, 연애 또는 중매로 인하여 부부가 되게 한다. 나를 두고 떠난 님은 영원히 가게 하지 않고 다시 되돌아와서 내 품에 안기게 한다.

이와 같은 현상이 다 도의 조화력으로 저절로 그렇게 되는 것이다. 만일 그와 반대 현상이 일어난다면 자연계의 질서도 무너질 것이요, 사회질서도 어지러워질 것이요, 인간 자신의 생활도 파멸될 것이다. 생각해 보라. 물에 열을 가하여 천도(千度) 만도(萬度)가 되도록 끓어서 수증기가 안 된다면 자연계가 어떻게 될까? 사람들이 나 이외에는 다 원수라면 이 세계는 어떻게 될까? 두 개의 평행선이 영원히 서로 만나지 못한다면 이 사물은 어떻게 될까? 사람이 태어나 영원히 죽지 않는다면 이 인생계는 어떻게 될까?

4. 도는 의식계(意識界)를 초월한다

이런 것이 다 도의 미묘한 움직임이다. 도의 움직임을 우리 어리석은 인간들은 감각도 못하고 인식도 못한다. 인간은 본래 안전한 존재이기 때문에 너무 큰 소리도 듣지 못하고, 너무 작은 소리도 듣지 못한다. 또 너무 밝은 것도 보지 못하고, 너무 어두운 것도 보지 못한다. 도는 너무 소리가 크므로 우리가 듣지 못하고, 너무 밝으므로 우리가 보지 못하고, 또 너무 오묘하므로 감각도 못하고 인식도 못한다고 해서, 반드시 도가 존재하지 않는다고 말할 수는 없다. 우리가 감각을 하든 못하든, 또는 우리가 인식을 하든 못하든 간에 우주가 생기기 이전부터, 또는 만일 신(神)이 있다면 신이 있기 이전부터 도는 엄연히 존재하였고, 존재하고 있고, 또 존재할 것이다. 곧 도야말로 만물의 근원이요, 생성의 힘이요, 온 우주의 제일 원인인 것이다.

제5장
천지(天地)의 도는 풀무 속의 바람과 같다

천지는 하나의 자연이요, 비인격적이다. 그러므로 사람과 같이 인정(仁情)이 있지 않다. 인정이 없으므로 만물을 그렇게 대수롭게 생각하지 않고, 길가에 굴러다니는 풀강아지[芻狗]와 같이 여긴다.

성인(聖人)도 천지를 본따서 백성들을 그렇게 대수롭게 생각지 않고, 역시 길가에 굴러다니는 풀강아지와 같이 여긴다.

하늘과 땅 사이는 공허하여, 마치 대장간에 있는 풀무[風鼓]와 같다. 그 속이 텅 비어도 끊임없이 움직이면 움직일수록 한없이 바람이 나온다. 이와 같이 자연의 기운, 즉 도는 한이 없다. 사람은 말이 많으면 많을수록 자주 이치에 궁(窮)하게 되니, 도리어 묵묵히 중도(中道)를 지키는 것만 못하다.

• • • • • • • • • • • • •

천지불인 이만물위추구 성인불인 이백성 위추구
天地不仁, 以萬物爲芻狗①, 聖人不仁, 以百姓②爲芻狗.
천지지간 기유탁약 호 허이불굴 동이유출 다언삭
天地之間, 其猶橐籥③乎! 虛而不屈④, 動而愈出, 多言數⑤
궁 불여수중
窮, 不如守中.

천지는 인(仁)하지 아니하여 만물을 풀강아지[芻狗]로 여긴다. 성인도 인하지 아니하여 백성을 풀강아지로 생각한다. 천지 사이는 그것이 탁약(橐籥)과 같도다! 허(虛)하여도 갈(竭)하지 않고, 동(動)할

수록 더욱 나온다. 말이 많으면 자주 궁하게 되니, 중(中)을 지키는 것만 못하다.

• • • • • • • • • • • •

(주석)

① 芻狗(추구) : 풀강아지. 풀로 개 형상을 만들어 제사 지낼 때 사용하는 물건이다. 엄준(嚴遵)은 말하기를, '추(芻) 초야(草也) 위속초위구(謂束草爲狗) 고인용제사(古人用祭祀) 제불불상(除祓不祥) 용이이기지(用已而棄之)'라 하였다. 또 프랑스 파리 국립도서관에 있는 당경룡삼년(唐景龍三年) 도덕경잔권본(道德經殘卷本)에는 추(芻)를 다(荾)자로 썼다.

② 百姓(백성) : 시(詩), 천보(天保)에는 '군려백성(羣黎百姓)'이라 하였고, 모전(毛傳)에도 백성을 '백관족성(百官族姓)을 말하는 것이다'고 하였다.

③ 橐籥(탁약) : 풀무. 대장간에서 땜질할 때에 바람을 일으키는 도구. 사원(辭源)에는 '탁자외지독(橐者外之櫝) 약자내지관(籥者內之管) 이고탁자(以鼓橐者) 유금지풍상야(猶今之風箱也)'라 하였고, 왕필은 '탁(橐) 배탁야(排橐也) 약(籥) 악약야(樂籥也) 탁약중공동무정무위(橐籥中空洞無情無爲)'라 하였다.

④ 屈(굴) : 갈(竭) 또는 진(盡)자의 뜻이다. 또 노자익(老子翼)에는 '굴(屈) 울야(鬱也) 억이부중지의(抑而不中之意)'라 하였다.

⑤ 數(삭) : 자주. 누(屢)자의 뜻. 어떤 사람은 '수(數)가 다하였다'의 뜻으로 해석하나 이것은 후세 상수학가(象數學家)가 하는 말이니 잘못이다.

(고증)

① 이약(李約)은 '기유탁약호(其猶橐籥乎)'의 '호(乎)'자가 없다 하고, 주득지(朱得之)는 유(猶)를 여(如)자로 써야 한다고 하였다.

② 허이불굴(虛而不屈)의 굴(屈)자는 노자도덕경고이(老子道德經考異)에 '굴(詘)'자로 썼고, 또 왕필은 '굴(掘)', 고환(顧歡)은 '굴(䘿)'자로 썼다.

③ 유출(愈出)의 유(愈)는 노자도덕경고이에 '고본(古本)에는 유(兪)자가 없었으니, 유(兪)자로 써야 한다'고 하였다.

④ '다언삭궁(多言數窮)'의 다언(多言)은 노자도덕경고이에 '언다(言多)'로 쓰여 있다.

⑤ 이 장의 '천지불인(天地不仁)'과 '천지지간(天地之間)', '다언삭궁(多言數窮)'은 각각 별개의 어구인 듯하다. 위아래의 의미가 연결이 잘 안 된다.

▸**하상공은 이 장을 '허용장(虛用章)'이라 하였다.**

해설 1. 유가(儒家)의 천지관

유가에서는 잡신과 같이 귀신을 믿지 않으나, 돌아가신 선조의 귀신, 즉 인귀(人鬼)와 하늘에 있는 하느님[天帝], 땅에 있는 지기(地祇)를 숭배하여 왔다. 그뿐 아니라, 하늘과 땅을 우리 사람과 같이 의지가 있는 인격자로 보아 인간에게 은혜도 베풀어 줄 수 있고, 형벌도 내릴 수 있다고 믿었다. 이것이 이른바 천인동류설(天人同類說)이다.

2. 천지는 비인격자다

그러나 노자는 천지를 하나의 의지가 없는 자연으로 보았다. 왕필은 '땅은 짐승을 위하여 풀을 낳는 것이 아니지만 짐승은 풀을 먹고, 사람을 위하여 개를 낳는 것이 아니지만 사람은 개를 잡아먹는다'고 하였다. 이와 같이 천지도 어떤 목적의식이 있어서 인자한 마음으로 만물을 생성하는 것이 아니다. 천지 사이에 있는 도(道), 즉 기(氣)의 운행으로 말미암아 만물이 저절로 나서 자라다가 시들어 떨어지는 것이다. 거기에 어찌 신(神)의 의사가 개재되었겠는가. 천지와 만물의 관계는 마치 옛날에 제사가 끝나면 자연히 제삿상에 놓였던 풀강아지가 길가에 내버려지는 것과 같다.

성인(聖人)도 아무 의지가 없는 천지를 본따서 무위자연의 도로 백성을 다스린다. 어떤 인위적인 목적의식을 가지고 정부가 백성에게 이래라 저래라, 이렇게 하면 상을 주고, 저렇게 하면 벌을 준다고 간섭하지 않는다. 백성들로 하여금 스스로 해가 뜨면 나가 일을 하고, 해가 지면 들어와 편히 쉬고, 밭갈아 먹고, 우물 파서 마시도록 방임해두면 그만이다.

공연히 공자, 묵자, 맹자와 같은 사람들이 세상에 나와 가지고 주제넘게 사람들에게 인(仁)을 해야 한다, 겸애(兼愛)를 해야 한다, 선정(善政)을 해야 한다고 강요하면서 천하를 돌아다닌다. 가만히 생각하면 하나의 새로운 학설이 나오면 백성의 마음을 그만큼 어지럽게 하고, 하나의 새로운 정치학설이 나오면 나라를 어지럽게 하고, 또 하나의 새로운 무기가 나오면 천하를 전쟁의 재앙으로 몰아넣게 된다. 만일 현대에 있어서 민주주의가 나오지 않고, 공산주의가 나오지 않고, 또 핵무기가 나오지 않았더라면 이 세계가 얼마나 평화스러웠을지 모를 것이다.

3. 도가(道家)의 기화운동(氣化運動)

눈을 돌려 저 높은 하늘과 이 넓은 땅을 살펴 보라! 사람들은 흔히 생각하기를 하늘과 땅 사이에는 아무것도 없이 다만 텅 비어 있다고 할는지도 모른다. 그러나 사실은 그렇지 않다. 그 끝없이 넓은 사이에는 아무것도 없는 허공이 아니요, 도(道), 즉 기(氣)가 운행하고 있다. 우리가 텅 비어 있다고 생각하는 그 허공이 바로 도, 즉 기인 것이다.

만일 하늘과 땅을 하나의 큰 풀무에 비유한다면 하늘과 땅 사이에 있는 기는 풀무 사이에 있는 바람과 같다. 우리가 풀무를 밀었다 당겼다 하면, 그 속의 바람이 무진장으로 나와 용광로의 무쇠를 녹여 여러 가지 그릇을 만들어 낸다. 이와 같이 천지 사이에 있는 도, 즉 기는 하늘과 땅의 움직임으로 인하여 모든 만물을 생성변화하게 한다. 이것을 도가에서는 기화운동이라고 한다.

4. 무언(無言)의 교(敎)

유가에서는 말을 숭상하고, 또 말을 잘한다. 그러므로 공자는 '명분이 바르지 않으면 말이 불순하고, 말이 불순하면 일이 이루어지지 못한다[名不正則言不順 言不順則事不成]'고 하였다. 이것을 보면 공자는 말을 얼마나 숭상하였는지 알 수 있다.

또 맹자는 '말을 안다[知言]'고 했다. 제자 공손추(公孫丑)가 어떻게 말을 아느냐고 할 때, 맹자는 '편벽된 말을 들을 때는 그 사람의 마음이 무엇인가에 눈이 가리어 있는 것을 알 수 있고, 음탕한 말을 들을 때는 그 사람의 마음이 무엇인가에 빠져 있는 것을 알 수 있고, 간사한 말을 들을 때는 그 사람의 마음이 무엇인가에서 떠나 있는 것을 알 수 있고, 도피하는 말을 들을 때는 그 사람의 마음이 그 무엇인가에서 굴(屈)하여 있는 것을 알 수 있다. 이런 병적인 말이 다 마음에서 일어나 정치를 해치고, 정치를 해치면 일을 해치게 된다. 아마 성인이 다시 나와도 반드시 나의 말에 찬성할 것이다'고 했다. 이것을 보면 맹자도 공자와 같이 말을 매우 숭상하였다는 것을 알 수 있다.

또 장자(莊子)는 '유가와 도가에서 서로 자기네 말이 옳다고 하여 옳은 것을 그르다 하고, 그른 것도 옳다고 하니, 만일 그른 것을 옳다 하고 옳은 것을 그르다고 하려면 밝은 도로 비추어 보는 것만 못하다'고 했다. 이 말은 무슨 뜻인가 하면 한쪽에 치우치지 말고 양쪽의 근원적인 것을 파악해서 보면 양쪽의 옳고 그른 것을 알 수 있다는 것이다.

예를 들면 갑(甲)은 흰 것은 검게 된다 하고, 을(乙)은 검은 것은 희게 된다고 각각 주장할 때, 갑의 말에도 찬성하지 말고 을의 말에

도 찬성하지 말라는 것이다. 왜냐하면 그 두 사람의 말에는 다 어폐가 있기 때문이다. 그러나 그 두 사람의 주장도 각각 일리가 없는 것은 아니다. 우리가 만일 갑에게 어째서 흰 것은 검게 되느냐고 묻는다면 그는 '아무리 흰 물건이라도 불에 태우면 검은 재가 되지 않느냐'고 대답할 것이요, 또 을에게 어째서 검은 것은 희게 되느냐고 묻는다면 그는 '사람이 늙으면 검은 머리가 흰머리로 되지 않느냐'고 대답할 것이다.

그러나 우리가 장자에게 묻기를 '당신은 흰 물건이면 희다 하고, 검은 물건이면 검다고 할 것이지 어째서 아무 말도 하지 않고 흐리멍덩한 태도를 취하느냐?'고 하면 장자는 한번 웃고 말할 것이다. '우리는 근본으로 돌아가서 말을 해보자. 도대체 흰 물건은 어떻게 되었는가 하면, 태양의 광을 반사함으로써 된 것이 아니냐? 또 검은 물건도 태양의 광을 흡수함으로써 된 것이 아니냐? 그러면 우리는 물건을 가지고서 희다 검다 하기 전에 먼저 그 근원자인 태양의 광을 파악해야 되지 않겠느냐? 그러므로 나는 아무 말이 없었다'고.

그러므로 노자는 말하기를, '말이 많으면 자주 궁하니 중도(中道)를 지키고 있는 것만 못하다[多言數窮 不如守中]'고 하였다. 이것이 바로 도가의 무언의 교요, 또 생성논리다.

제6장
도는 만물의 모체(母體)다

텅 빈 골짜기와 같이 꼴[形]이 없는 신(神)의 모습은 불생불멸(不生不滅)하므로 이것을 신비스런 암컷[牝]이라 한다.

신비로운 암컷의 생식기는 우주만물의 근원이다. 신비스런 암컷은 처음도 없고 끝도 없고 영원토록 존재하는 듯하다. 천지만물이 이것을 근원으로 하여 연이어 생성하여도 도무지 고갈할 줄을 모른다.

• • • • • • • • • • • •

곡신 불사 시위현빈 현빈지문 시위천지근 면면
谷神①不死, 是謂玄牝②, 玄牝之門③, 是謂天地根, 緜緜
약존 용지불근
若存④, 用之不勤⑤.

곡신(谷神)은 죽지 않으니, 이것을 현빈(玄牝)이라 이르고, 현빈의 문은 이것을 천지의 근본이라 이른다. 면면히 존재하는 듯하여 이것을 사용하여도 고갈하지 않는다.

• • • • • • • • • • • •

주석

① 谷神(곡신) : 골짜기 신. 노자익(老子翼)에 '곡(谷) 유야(喩也) 이기허이능수(以其虛而能受) 수이불유(受而不有) 미묘막측(微妙莫測) 고왈곡신(故曰谷神)'이라 하였다.

② 玄牝(현빈) : 신비로운 암컷. 노자익에 '빈능생물(牝能生物) 유전장

소위모야(猶前章所謂母也)'라 하고, 엄준주(嚴遵注)에는 '태화묘기(太和妙氣) 화물약신(化物若神) 공허위가(空虛爲家) 적박위상(寂泊爲常) 출입무규(出入無竅) 왕래무간(往來無間) 동무불수(動無不遂) 정무불화(靜無不化) 생이불생야(生而不生也)'라 하였다. 생각컨대 신은 인격적 신이 아니요, 역전(易傳)에서 말하는 '음양불측지위신(陰陽不測之謂神)'의 신과 같다고 한다.

③ 玄牝之門(현빈지문) : 생각컨대 현빈(玄牝)의 생식기, 즉 자궁을 말한 듯하다.

④ 緜緜若存(면면약존) : 면면(緜緜)은 연속부절(連續不絶)이요, 약존(若存)은 왕필에 의하면 '욕언존야(欲言存耶) 즉불견기형(則不見其形) 욕언망야(欲言亡耶) 만물이지생(萬物以之生) 고면면약존야(故綿綿若存也)'라 하였다.

⑤ 勤(근) : 수고롭다. 마르다. 노(勞)자, 또는 갈(竭)자의 뜻.

고증

① 곡신(谷神) : 하상공본에는 욕신(浴神)이라 하여 욕양(浴養)의 신으로 해석하였다. 또 진계유(陳繼儒)의 노자준(老子雋)에는 곡신을 신곡(神谷)으로 보아 신비로운 골짜기로 해석하였다.

② 천지근(天地根) : 필원본(畢沅本)에는 '천지지근(天地之根)'이라 하였다.

▶하상공은 이 장을 '성상장(成象章)'이라 하였다.

해설 1. 생명의 신(神)

넓고 깊은 골짜기는 본래 그 속이 텅 비어 있다. 그러나 비어 있다고 해서 아무것도 없는 것은 아니다. 우리의 눈으로는 볼 수 없지만 무형(無形)한 도(道), 즉 기(氣)가 충만해 있다. 노자는 여기서 기를 문학적으로 표현하여 곡신(谷神)이라 했다. 이것을 현대어로 고치면 생명신(生命神)이라 해도 좋다. 이것을 근원으로 삼아 이 텅 빈 골짜기에는 나무가 자라고 꽃이 피고 풀이 나고 새가 울고 나비가 날아온다.

그러나 생명신은 그것들이 스스로 자라고 피고 울고 날아오게 하는 것이요, 어떤 목적의식이 있어서 그렇게 하라고 명령하는 것은 아니다. 그저 자연히 나서 자연히 살다가 자연으로 돌아가게 한다. 꽃이 사람을 위해서 피는 것이 아니지만 사람들이 부질없이 꽃을 보고 웃는다 하고, 새가 사람들을 보고 지저귀는 것이 아니지만 사람들이 부질없이 새를 보고 노래한다 하고, 나비가 사람을 위해서 날아오는 것은 아니지만 사람들이 나비를 보고 춤을 춘다고 한다. 이것들은 다 자기 생명의 약동(躍動)에 못이겨 스스로 피기도 하고, 울기도 하고, 날아오기도 하는 것이다. 거기에 어찌 신의 섭리인들 있으며, 의사(意思)인들 있겠는가.

2. 도는 영원한 존재자(存在者)다

빈 골짜기에 있는 나무와 꽃과 풀과 새와 나비 같은 모든 생물들은 다 봄에 발생하였다가는 여름에 성장하고, 성장하였다가는 가을에 쇠퇴하고, 쇠퇴하였다가는 겨울에 사멸(死滅)하고, 사멸하였다가는 봄이 오면 사멸 속에서 다시 살아난다. 그렇다고 해서 같은 수레바퀴가 자꾸 돌아가는 것 같지만 결코 그런 것이 아니다. 금년을 2010년이라 하면 이 2010년의 해바퀴[年輪]는 영영 되돌아오지 않는다.

이와 같이 금년의 사람은 작년의 사람과 같다고 할 수 없고, 금년의 꽃은 작년의 꽃과 같다고 할 수 없고, 금년의 사건은 작년의 사건과 같다고 할 수 없다. 결국 같은 바퀴를 도는 것이 아니요, 반경(半徑)이 넓혀지는 원운동(圓運動)을 하는 것이다. 그러나 이렇게 생성 변화하는 가운데에서도 영구히 변하지 않는 것이 있으니, 그것은 바로 곡신(谷神)이다.

골짜기와 나무와 풀과 꽃과 새와 벌레들이 다 났다가 죽지만 이 신만은 불사불멸(不死不滅)이다. 골짜기는 곡신의 집이요, 나무와 꽃과 새와 짐승과 벌레들은 다 곡신의 아들딸이요, 곡신은 그것들의 어머니다.

이 어머니를 노자는 보통 말하는 어머니가 아니요, 신비스럽고 현묘(玄妙)한 어머니라 하여 현빈(玄牝)이라 이름을 붙였다. 이 현빈은 현모(玄母)라고 할 것을 문구의 운(韻) 관계로 현묘한 암컷이라고 하였다. 노자는 왜 곡신을 수컷이라 하지 않고 암컷이라 하였는가 하면 암컷은 직접 새끼를 낳기 때문이다. 노자는 암컷이 새끼를 낳아서 키우는 것과 같이 현빈은 천지만물을 다 생성(生成) 발육시킨다고 하였다. 모든 짐승의 새끼는 다 암컷에게서 나온 것과 같이 모든 만물은 다 현빈에서 나오지 않은 것은 하나도 없다.

노자는 또 현빈의 생식기는 천지의 근본이라고 하였다. 왜냐하면 모든 짐승의 새끼는 다 암컷의 생식기를 경유하여 나온 것과 같이 만물은 물론이요, 천지(天地), 즉 우주까지도 현빈의 생식기를 문으로 삼고 생성하기 때문이다. 그러므로 모든 새끼의 근본은 암컷의 생식기요, 천지만물의 근본은 현빈의 생식기다. 다시 말하면 천지만물의 고향은 현빈의 생식기다.

도(道), 곧 기(氣)의 별명인 현빈은 처음도 없고 끝도 없어서 천지만물의 근원이지만, 천지만물은 도리어 그것이 근원인 줄도 모르고 어머니인 줄도 모르고, 자기 집인 줄도 모르고, 또 고향인 줄도 모른다. 마치 어려서 집을 나간 탕자(蕩者)가 타향에서 고생하면서도 자기 고향에 좋은 집도 있고, 자애로운 어머니가 기다리고 있는 줄을 모르는 것과 같다.

천지만물이 어째서 자기의 근원자인 현빈을 모르는가? 그것은 눈앞에 나타나지 않고, 배후에 은폐되어 있기 때문이다. 왕필(王弼)의 말에 의하면, '있다고 말하려면 형상을 볼 수 없고, 없다고 말하려면 만물이 여기서 나오기 때문이다. 그러므로 있는 듯도 하고, 없는 듯도 하다'고 한다. 그러나 있는 듯도 하고 없는 듯도 한 존재이지만 도리어 천지만물이 이것을 근원으로 하여 생성하는 한, 영원히 마를 날이 없다. 노자는 여기서 도야말로 만물을 생성하는 근원이며, 영원불멸의 생성능력이라고 보았다.

제7장
영원한 생성(生成)

우주는 영원하다. 우주가 영원한 까닭은 무엇인가? 그것은 자신의 목적의식없이 저절로 생성하기 때문이다. 그러므로 영원히 존재하는 것이다.

그러기 때문에 성인(聖人)도 이러한 우주를 본받아서 자기 자신의 사심(私心)이 없다. 그러므로 자신은 뒤로 물러서고, 남을 앞세우려 하므로 도리어 남보다 앞서게 된다. 자기 자신을 넘어섬으로써 도리어 자기 자신은 현존하게 된다.

참으로 성인은 자기 자신이 없는 〔불경(佛經)의 말을 빌면 무아(無我)다〕 사람일까? 아니다. 자기 자신이 없으므로 도리어 자신을 이룩할〔成〕 수 있다.

• • • • • • • • • • • • •

천 장 지 구　천 지 소 이 능 장 차 구 자　이 기 부 자 생　고 능 장
天長地久①. 天地所以能長且久者, 以其不自生, 故能長
생　시 이 성 인 후　기 신 이 신 선　외　기 신 이 신 존　비 이 기 무
生, 是以聖人後②其身而身先, 外③其身而身存④. 非以其無
사　야　고 능 성 기 사
私⑤邪? 故能成其私.

하늘은 길이 있고, 땅은 오래 간다. 하늘과 땅이 길이 있고, 또 오래 갈 수 있는 까닭은 그것이 자생(自生)하지 않기 때문이다. 그러므로 장구할 수 있다. 이 때문에 성인(聖人)은 자기 몸을 뒤로하여 몸

이 앞서고, 자기 몸을 떠나서 몸이 있다. 그가 사(私)가 없기 때문이 아닐까. 그러므로 그 사를 이룰 수 있다.

• • • • • • • • • • • • •

주석

① 天長地久(천장지구) : 노자익여주(老子翼呂註)에 '장단(長短) 형야(形也) 구근(久近) 시야(時也) 천이시행자야(天以時行者也) 혐부족어형(嫌不足於形) 고이장언지(故以長言之) 지이형운자야(地以形運者也) 혐부족어시(嫌不足於時) 고이구야(故以久也)'라 하였다. 이것은 천(天)은 본래 시간적이요, 지(地)는 공간적인데, 천은 공간성이 부족할까 하여 장(長)이라 하였고, 지는 시간성이 부족할까 하여 구(久)라 하였다는 뜻이다.

② 後(후) : 사원(辭源)에 의하면 '선후(先後) 이시이언(以時而言)'이라 하였다.

③ 外(외) : 떠나다. 넘어서다. 초월(超越)의 뜻. 사원에 의하면 '소척지야(疏斥之也)'라 하였다. 역(易)에 '내군자외소인(內君子外小人)'의 외(外)자 뜻이다.

④ 存(존) : 사원에 의하면 '현유자왈존(現有者曰存)'이라 하였다. 현존의 뜻.

⑤ 私(사) : 자신, 개인. 공사(公私)의 사(私)자 뜻.

고증

① 능장구(能長久) : 다른 책에는 장생(長生)이라 하였다. 그러나 주득지(朱得之)의 노자통의(老子通義)에는 장구(長久)라 하였다.

② 비이기무사야(非以其無私邪) : 필원본(畢沅本)에는 '비(非)'자를 '불(不)'자로 썼고, 하상공본에는 '비(非)……야(邪)'의 두 자가 없다.

▸하상공은 이 장을 '도광장(韜光章)'이라 하였다.

해설 1. 유도(儒道) 양가(兩家)의 우주관

중국철학에 있어서 천하는 현대어로 세계의 뜻이요, 천지는 우주의 뜻이다. 그러므로 천하태평이라고는 말할 수 있지만 천지태평이라고는 말할 수 없고, 또 천지개벽이라고는 말할 수 있지만 천하개벽(天下開闢)이라고는 할 수 없다. 천하는 인류 사회를 말하는 것이요, 천지는 자연계를 말하는 것이다. 그러므로 노자 책 가운데 나오는 천지는 마땅히 우주로 해석하여야 한다.

약 2천 년 전에 출생한 노자의 우주관과 우리 현대인의 우주관과는 매우 거리가 있을 것이다. 그뿐 아니라 그 당시에 있어서 유가(儒家)의 우주관과도 매우 달랐다는 것을 알 수 있다. 천지, 즉 우주의 생략된 말이라고 할 수 있는 천관(天觀)에 있어서도 공자나 맹자는 주재적(主宰的)이요, 의지적으로 보았는데, 노자나 장자는 하나의 자연으로 보았다. 따라서 전자(前者)는 우주를 목적의식이 있는 것으로 보았고, 후자는 목적의식이 없는 것으로 보았다.

우리가 약간의 현재 지식을 보태어 우주를 관찰하면 저 공중의 달은 하루살이와 같은 존재인 우리 인생을 태우고 있는 지구를 회전하고 있다. 또 이 지구는 아홉 개의 행성(行星)을 이끌고 광활한 천공(天空)에서 태양을 회전하고 있다. 또 태양은 자기의 가족인 행성들을 이끌고 다른 천만급(千萬級)의 항성들과 같이 은하계를 회전하고 있다. 또 천억 개의 은하계는 성운계(星雲系)를 회전하고 있다. 또 천억 개의 성운계는 대우주 가운데서 떠돌고 있다.

2. 인생의 의의

이렇게 보면 하루살이와 같은 우리 인생의 수명(壽命)은 얼마나 짧으며, 광활한 우주는 우리 인생에 비하여 그 수명이 얼마나 긴 것인지를 알 수 있다. 노자가 비록 오늘날 우리 현대인의 우주관과 같은 지식을 가지지 못하였을 것이라 하더라도, 역시 우주는 우리 인생에 비하여 그 수명이 영원하다고 본 것이다. 그러므로 노자는 천지는 영원하다고 말하였다.

노자는 천지, 즉 우주가 영원히 존재하는 이유는 그것이 어떤 신(神)이 있어서 만들어 놓은 것도 아니요, 또 신의 뜻으로 만들어진 것도 아니다. 그렇다고 해서 우주 자신이 어떤 목적의식이 있어서 그러한 것도 아니라고 한다. 아마 노자는 신의 뜻이나 사람의 뜻으로 만들어진 모든 물건은 영원한 것일 수 없다고 생각한 듯하다.

그러므로 노자는 우주가 영원할 수 있는 까닭은 우주 자신이 목적의식없이 자연적으로 처음도 끝도 없이 성장하기 때문에 영원하다고 했던 것이다.

따라서 우리 인생도 우주와 같이 아무 목적의식없이 다만 자연질서에 따라서 살아간다면 우주와 같이 오래 살 수 있다. 그러므로 장자(莊子)는 '천지는 나와 같이 동시에 생겼다[天地與我竝生]'고 했다. 이와 반대로 목적의식을 가지고 자기 자신을 위하여 살려고 한다면 도리어 하루살이와 같이 수명이 길지 못하다.

그러므로 옛날 성인(聖人)은 이러한 자연법칙에 따라 살 뿐이다. 어떤 목적의식을 가지고 남과 같이 경쟁하지 않는다. 공자는 '자기가 잘되려고 해서 남을 내세운다[己欲達 而立人]'고 했지만 이 역시 목적은 자기에게 있고, 다만 자기가 잘되기 위한 수단으로 남을 내세우는 것이다.

그러나 노자는 자기가 잘되려는 목적의식없이 다만 자연질서에 따라 자기 자신을 뒤에 놓음으로써 저절로 자기 자신이 앞서게 되는 것이다. 또 공자는 '자기 자신을 죽임으로 인(仁)을 이룬다[殺身成人]' 했고, 또 맹자는 '생을 버리고 의(義)를 취한다[捨生取義]'고 했지만 이 역시 도덕적 목적의식이 있어서 그렇게 하는 것이니, 인위적이요, 자연적이 아니다.

노자는 이때에 자기 자신을 뛰어넘음으로써 자기 자신이 현존한다고 한다. 이것은 무슨 뜻인가? 자기 자신과 도덕을 초월함으로써 도를 이루고, 도를 이룸으로써 둘 다 살린다는 말이다. 그러므로 노자는 '성인(聖人)은 참으로 자기 자신이 없는 것인가? 그렇지 않다. 자기 자신이 없으므로 도리어 자기 자신을 이룩할 수 있다'고 한다.

이것은 무슨 뜻인가 하면 자기 자신을 잃어버림으로써 자기 자신을 얻게 된다는 말이다. 왜냐하면 모든 유(有)는 무(無)에서 나오기 때문이다.

제8장
성인(聖人)은 남과 다투지 않는다

선(善) 가운데서도 가장 좋은 선은 물〔水〕과 같다. 물은 모든 만물을 잘 자라게 하지만, 높고 깨끗한 곳에 있으려고 다른 물건들과 다투지 않는다. 항상 사람들이 비천(卑賤)하고 더럽다고 싫어하는 곳에 스며든다. 그래서 이러한 물의 성질은 도(道), 즉 기(氣)와 비슷하다.

이와 같이 가장 좋은 물과 같은 선에 사는 성인(聖人)은 그가 있는 곳은 선한 땅이 된다. 그의 마음은 선한 못〔淵〕이 된다. 그가 주는〔與〕 것은 선한 인(仁)이 된다. 그의 말은 선한 믿음이 된다. 그의 정치는 선한 다스림이 된다. 그의 일은 선한 재능이 된다. 그의 움직임은 선한 때〔時〕가 된다.

왜 이렇게 되는가? 그것은 성인이 오직 남보다 낫겠다고 다투지 않기 때문이다.

그러므로 성인은 무슨 일을 하든지 잘못이 없게 된다.

• • • • • • • • • • • • • •

상선약수 수선리만물이부쟁 처중인지소오 고기 어
上善若水, 水善利萬物而不爭, 處衆人之所惡, 故幾[1]於
도 거선지 심선연 여선인 언선신 정선치 사선능 동
道. 居善地, 心善淵, 與善仁, 言善信, 政善治, 事善能, 動
선시 부유부쟁 고무우
善時. 夫唯不爭, 故無尤[2].

상선(上善)은 물과 같으나 만물을 이롭게 하면서 다투지 않고, 뭇 사람이 싫어하는 곳에 처(處)하여 있으므로 도에 가깝다. 거(居)하면 선한 땅이 되고, 마음은 선한 못이 되고, 주는 것은 선한 인(仁)이 되고, 말은 선(善)한 믿음이 되고, 정치는 선한 다스림이 되고, 일은 선한 재능이 되고, 동(動)하면 선한 때가 된다. 그 오직 다투지 않기 때문에 허물이 없다.

• • • • • • • • • • • • •

주석

① 幾(기) : 가깝다. 근(近)자의 뜻.
② 尤(우) : 허물.

고증

① 심선연(心善淵)과 언선신(言善信) 사이에 '여선인(與善仁)'이 없는 책도 있다. 그리고 부혁본(傅奕本)에는 인(仁)자가 인(人)자로 되어 있다. 또 노자장구신편(老子章句新編, 130)의 저자 엄영봉(嚴靈峰)은 이 '여선인'의 구는 착간(錯簡)이라 하였다. 왜냐하면 노자의 글은 대개 짝수요, 홀수가 적기 때문이라 한다. 또 다케우치 요시오는 노자의 연구에서 거선지(居善地) 이하 7구는 의미가 연속되지 않을 뿐 아니라, 왕필본에 해석이 없는 것을 보아 고주(古注)가 찬입(竄入)된 것이라 하였다.(노자장구신편, 191)

▸ **하상공은 이 장을 '이성장(易性章)'이라 하였다.**

해설 1. 물과 우주와 인생

사실적인 물에서 가치를 발견하려고 한 것은 노자뿐 아니라 공자, 맹자도 그러했다. 공자는 '흘러가는 만물은 냇물과 같도다. 밤낮을 가리지 않는다[逝者如斯夫 不舍晝夜]'고 하였다. 주자(朱子)는 이것을 해석하여 '천지의 변화로 말하면 과거의 것이 흘러가면 미래의 것이 와서, 계속하여 한 번 숨 쉴 동안이라도 정지하는 일이 없으니, 이것은 바로 도체(道體)가 본래부터 그러한 것이다. 그러나 그것을 지적하여 쉽사리 볼 수 있는 것은 흐르는 냇물 만한 것이 없다. 그러므로 여기서 발견하여 사람에게 보여주셨다. 도가 무엇인지 알려고 하는 학자는 때때로 살펴보되 털끝 만한 간단(間斷)도 없어야 한다'고 하였다.

또 정자(程子)도 '이것은 도체를 말씀하신 것이다. 하늘이 운행하여 마지 아니하니, 해가 가면 달이 오고, 추위가 가면 더위가 오고, 물이 쉬지 않고 흐르고, 만물이 다함없이 생성하니, 다 도로 체(體)를 삼아 밤낮으로 운행하여 일찍이 쉰 적이 없다'고 했다.

또 맹자도 '근원 있는 샘물이 솟아나와 밤낮을 가리지 않고 흘러 움푹한 지대를 채운 뒤에 바다로 들어가니, 근본이 있는 물건은 다 이러하다'고 하였다. 또 율곡(栗谷)도 열아홉 살 되던 해 금강산에 들어갈 때에 자기 친구들에게 편지를 써서 '지자(智者)는 물을 즐거워하고, 인자(仁者)는 산을 즐거워한다고 한다. 산과 물을 즐거워하는 사람은 물이 흐르는 것과 산이 솟아 있는 것을 취(取)하는 것이 아니요, 그 물의 움직임과 산이 고요히 있는 모습을 취하는 것이다'고 했다.

앞에서 본 바와 같이 유가(儒家)에서는 다 물이 쉬지 않고 자유로 흘러가는 모습을 가져다가 형이상학적(形而上學的) 본체, 즉 도체를 설명하였다.

그러나 노자는 물이 높고 깨끗한 데로 올라가려고 다른 물건과 다투지 않고, 아주 낮고 더러운 곳으로 고요히 스며들어가서 모든 만물을 평등하게 잘 자라게 하는 데서 최고지상인 선(善)의 가치를 발견하였다. 노자는 이러한 선이야말로 그가 말하는 도, 즉 기(氣)와 근사하다고 하였다.

2. 성인의 선(善)

이러한 물에서 선의 가치를 발견하여 도덕률(道德律)을 삼는 성인(聖人)은 그가 있는 곳은 마치 물이 더러운 곳으로 스며들어 물건을 깨끗이 하듯이, 아무리 누추한 곳이라도 그의 덕으로 감화시키어 나중에는 선한 땅이 되도록 한다.

또한 그의 마음은 마치 시냇물이 모여들어 이루어진 좋은 못과 같이 깊고 넓어서 그 깊이를 헤아릴 수 없고, 누가 백성에게 은혜를 베풀어 주는 것은 마치 가뭄에 단비〔甘雨〕가 내려 모든 초목을 적시어 주는 것과 같아서 선(善)한 인(仁)이 되고, 그의 말은 말을 하지 않을지언정 말을 하면 반드시 맞지 않는 법이 없다.

그러므로 그의 말은 선한 믿음이 되고, 그가 백성을 위하여 정치를 하면 아무리 더럽다고 하더라도 버리는 물건이 없고, 아무리 악하다고 하더라도 버릴 백성이 없이 다 유용하게 쓰니, 선한 다스림이 되고, 무위자연(無爲自然)으로 일을 하니, 하지 못할 일이 없어서, 재능이 되고, 그의 움직임은 아무리 나쁘고 악할 때라도 선한 시대로 변화시킬 수 있으니, 선한 때라고 하지 않을 수 없다.

이것은 다 왜 그렇게 되느냐 하면 다름이 아니다. 물이 모든 물건을 이롭게 하면서도 높은 자리에 있으려고 다투지 아니하는 물의 자연법칙으로 인간의 도덕률을 삼기 때문이다.

제9장
공(功)이 이루어지면 몸이 물러가야 한다

물건을 가득 차게 가지는 것이 아니 가짐만 못하다. 칼을 예리하게 갈면 길이 보존할 수 없다. 금과 옥이 집안에 가득 차도 이것을 다 지킬 수 없다.

부귀한 생활을 하면서 남에게 교만하면 스스로 허물을 남기는 것이니, 공이 이루어지면 몸이 물러가는 것이 자연의 법칙이다.

• • • • • • • • • • • • •

지 이 영 지 　불 여 기 이 　췌 이 예 지 　불 가 장 보 　금 옥 만 실

持而盈之, 不如其已, 揣①而銳之, 不可長保, 金玉滿室,

막 지 능 수 　부 귀 이 교 　자 유 기 구 　공 수 신 퇴 　천 지 도

莫之能守, 富貴而驕, 自遺其咎, 功遂身退, 天之道.

가지되 가득 차게 하는 것은 그것을 그만두는 것만 못하고, 갈되 날카롭게 하면 길이 보존할 수 없고, 금옥(金玉)이 집안에 가득 차도 이것을 지킬 수 없고, 부귀(富貴)하고서 교만하면 자기 스스로 허물을 끼치니, 공(功)이 이루어지면 몸이 물러가는 것은 천(天)의 도이다.

• • • • • • • • • • • • •

주석

① 揣(췌) : 헤아리다. 양(量)자의 뜻. 맹자에 '불췌기본이제기말(不揣其本而齊其末)'이라는 말이 있다. 또는 '갈다'의 뜻이 있다. 췌마(揣摩), 또는 마찰(磨擦)의 뜻.

고증

① 췌이예지(揣而銳之)의 췌(揣)자는 필원본에는 취(敊)자로 되어 있으나, 설문해자(說文解字)에는 없다. 또 예(銳)자는 왕필본에는 탈(梲)자로 되어 있다. 그러나 그 주에 '기췌말령첨(旣揣末令尖) 우예지령리(又銳之令利) 세필최뉵(勢必摧衄) 고불가장보야(故不可長保也)'라고 함을 보아 역시 본래 예(銳)자인 듯하다.

② 금옥만실(金玉滿室) : 다른 책에서는 만당(滿堂)이라 하였으나, 왕필은 만실(滿室)이라 하였다. 마서륜(馬敍倫)은 '실(室)은 수(守)와 동운(同韻)일 뿐 아니라, 실은 안에 있는 것이요, 당(堂)은 밖에 있는 것이니, 실로 하는 것이 좋다'고 하였다.

③ 공수신퇴(功遂身退) : 다른 책에는 다 '공성명수신퇴(功成名遂身退)'라 하였고, 또 이약(李約)은 명(名)자를 '사(事)'로 하였다.

④ 천지도(天之道) : 회남자(淮南子)에는 도(道)자 다음에 야(也)자가 있다.

▸**하상공은 이 장을 '운이장(運夷章)'이라 하였다.**

해설 1. 노자의 처세철학(處世哲學)

도(道), 즉 기(氣)가 사물의 배후에서 '극도(極度)에 도달하면 되돌아온다[物極則返]'는 자연법칙으로 모든 사물을 생성변화(生成變化)케 한다. 생(生)은 무엇인가. 사물이 처음으로 생기는 것을 말하는 것이요, 성(成)은 무엇인가. 자라는 것을 말하는 것이요, 변(變)은 무엇인가. 자기 모습이 달라지는 것을 말하는 것이요, 화(化)는 무엇인가. 자기 모습을 잃어버리고 다른 모습을 가진 것으로 되는 것을 말하는 것이다.

공중의 해를 보라. 정오가 되면 반드시 기울어지고, 초승달은 차서 보름달이 되면 반드시 이지러진다. 잔(盞)에 물을 가득 부어 보라. 반드시 넘치게 되고, 물을 끓여 보라. 반드시 100도에 이르면 수증기로 된다. 바로 이 세상의 모든 것은 생성변화를 면할 수 없는 것이다. 그러므로 이 세상 모든 것이 영원히 변하지 않는 고정된 세상처럼 생각하고 그것에 매어 사는 인생처럼 어리석은 것은 없다.

사람은 너무 지나친 욕심을 내어 무엇이나 만족할 수 있도록 많은 것을 가지고자 하지만, 이보다 어리석은 것은 없다. 술을 가득 채운 잔을 손으로 들어올리면 넘쳐 쏟아지는 것처럼, 사람이 아무리 많은 것을 가지고 있다 할지라도 언젠가는 잃지 않을 수 없기 때문이다,

칼을 갈아 보라. 날이 서면 그것이 오래 가는 것이 아니요, 단단한 물건과 부딪칠 때에 반드시 꺾이고 마는 것이다. 사람도 신경을 너무 날카롭게 쓰면 안 된다. 반드시 인심을 잃어 자기 자신이 위태하게 되는 것이다.

금은보화가 아무리 귀중한 물건이라 할지라도 욕심을 내어, 남은 하나도 못 가지고 있는데 자기만 금고에 가득 차게 가지면 반드시 그 재화를 노리는 도둑이 와서 그것을 훔쳐갈 것이다. 어떻게 오래 지닐 수 있겠는가? 그러므로 도둑을 맞지 않으려면 처음부터 물건을 가지고 있지 않은 것이 제일 좋은 상책(上策)이다. 왜냐하면 도둑이 아무리 도둑질을 잘한다고 해도 없는 물건을 도둑질할 수는 없기 때문이다.

2. 처세철학

지금까지 빈천하게 살던 사람이 일조일석(一朝一夕)에 부귀하게 살게 되었다고 일가친척도 몰라보고, 가까운 친구도 멸시하고, 자기 위에는 사람이 없다는 듯이 교오무쌍(驕傲無雙)하면, 그 부귀가 며칠 못가서 다시 빈천한 생활로 되돌아오게 되는 것이다.

그러므로 정치가는 나라가 평화로울 때 항상 전란이 올 것을 생각하고 거기에 대비하여야 한다. 예를 들면 우리나라 조선시대에 유성룡(柳成龍)이 나라가 무사태평(無事泰平)하다고 생각할 때에 율곡(栗谷)이 양병십만(養兵十萬)하자고 주장한 것과 같다.

또 부귀한 생활을 할 때에도 자기만은 언제든지 부귀를 누린다고 생각하지 말고, 항상 빈천이 부귀의 꼬리를 물고 따른다는 것을 알고 사람을 대할 때에는 겸손해야 하고, 일에 임해서는 자기 위에 국가 민족이 있는 것을 알고 권력에 욕심을 부려서는 안 된다. 예를 들면 과거 자유당 때에 박마리아 여사가 아들의 총에 맞아 죽은 것과 같다.

또 자신이 비록 장관이나 대통령이 되었다고 하더라도 자기만이 언제나 그 자리에 머물러 있어야 한다고 욕심을 부리지 말고, 반드시 물러날 때가 온다는 것을 깨달아야 한다. 만일 그렇지 않고 물러나야 할 때가 와도 물러날 줄 모르고 끝까지 버티고 있으면 큰 봉변을 당하고야 만다. 예를 들면 역시 자유당 때에 이승만(李承晩) 대통령과 같다.

꽃은 필 때 피고, 떨어질 때 떨어져야 좋은 열매를 맺게 된다. 만일 꽃이 언제든지 아름답게 피어 있으려고 하면 자연은 그대로 두지 않고, 반드시 가을에 서리가 내려 떨어지지 않을 수 없게 하는 것이다. 그러므로 사람은 자기의 공이 이루어지면 그 자리에 머물러 있지 말고 물러나야 한다. 이것이 바로 자연법칙이요, 또 인간의 당위법칙이다. 이것이야말로 노자가 말한 처세철학(處世哲學)이다.

제10장
무위(無爲)의 작용

사람이 형체의 원형(原形)인 도(道)에서 떠나지 않을 수 있겠는가?

자연의 기(氣)를 받아 몸을 부드럽게 하여, 아기와 같을 수 있겠는가?

티끌 없는 거울과 같이 마음의 욕망을 씻어 버릴 수 있겠는가?

무위자연(無爲自然)으로 백성을 사랑하고 나라를 다스릴 수 있겠는가?

암컷과 같이 가만히 생식기의 문을 열었다가 닫을 수 있겠는가?

무지(無知)의 지(知)로 신명(神明)을 사면(四面)에 통달할 수 있겠는가?

도는 만물을 낳고 기른다. 만물을 생성하게 하여도 자기 소유로 하지 않는다. 일을 하고도 공을 바라지 않는다. 자라게 하고도 주재(主宰)하지 않는다. 이것을 신비스러운 덕(德)이라 한다.

• • • • • • • • • • • • •

재형포일 능무리호 전기치유 능여영아호 척제현
載形抱一①, 能無離乎? 專氣致柔, 能如嬰兒乎? 滌除玄
람 능무자호 애민치국 능무위호 천문 개합 능위
覽②, 能無疵乎? 愛民治國, 能無爲乎? 天門③開闔, 能爲
자호 명백사달 능무지호 생지축지 생이불유 위이
雌乎? 明白四達④, 能無知乎? 生之畜之, 生而不有, 爲而
불시 장이부재 시위현덕
不恃, 長而不宰, 是謂玄德.

형체를 싣고 하나를 안고서 떠남이 없게 할 수 있는가? 기운을 모으고 부드럽게 하여 어린아이와 같이 할 수 있는가? 마음을 씻어 버리어 티끌이 없게 할 수 있는가? 백성을 사랑하고 나라를 다스리는 데 무위(無爲)로 할 수 있는가? 천문(天門)이 열리었다가 닫히는 데 암컷이 될 수 있는가? 명백함이 사면에 통달하는데 무지로 할 수 있는가? 이것을 발생 육성케 하며, 생성하고도 소유로 하지 않으며, 하고도 믿지 않으며, 자라도 주재하지 않으니, 이것을 현덕(玄德)이라 한다.

• • • • • • • • • • • • •

주석

① 載形抱一(재형포일) : 다른 책에는 '재영백포일(載營魄抱一)'이라 하였다. 엄영봉은 이에 대하여 '열자(列子) 천서(天瑞)편에 태초자(太初者) 기지시야(氣之始也) 태시자(太始者) 형지시야(形之始也)라 하였으니, 역시 형(形)과 기(氣)를 대언(對言)하였으므로, 이것으로 증명될 수 있다. 재형포일은 바로 좌망(坐忘)이니, 불가(佛家)의 입정(入定)과 같다'고 했다. 필자도 이에 따랐다.

② 玄覽(현람) : 장이기(張爾岐)는 '현람은 바로 관묘(觀妙), 관요(觀徼)의 관(觀)이다' 했고, 왕필은 '현(玄) 물지극야(物之極也) 언능척제사식(言能滌除邪飾) 지어극(至於極) ; 남(覽) 능불입이물개기명비지기신호즉종여현동(能不入以物介其明疵之其神乎則終與玄同)'이라 했고, 하상공은 '현람은 심(心)이라' 하고, 회남자(淮南子) 수무훈(脩務訓)에는 '현람은 현감(玄鑑)'이라 하여 심(心)을 경(鏡)으로 보았다.

③ 天門(천문) : 왕필은 '천문(天門) 위천하지문소유종야(謂天下之門所由從也)'라 했고, 나진옥(羅振玉)은 '천문(天門) 돈황병본(敦煌丙本) 문작지(門作地)'라 했고, 장자는 경상초편(庚桑楚篇)에 '이기심위불연(以其心爲不然) 천문불개야(天門不開也)'라 하여 정신

작용의 본원인 심(心)으로 보았다. 필자는 현빈의 생식기로 보았다. 생식기에 대한 말은 제55장에도 있다.

④ 明白四達(명백사달) : 왕필은 '지명사달(至明四達) 무미무혹(無迷無惑)'이라 했다.

고증

① 포일(抱一)의 포(抱)를 주득지는 곤(袞)자로 보아 배(裴)자의 뜻이라 했다.
② 전기치유(專氣致柔)의 치(致)자를 회남자에는 지(至)자로 보았다.
③ 능여영아호(能如嬰兒乎)에서 여(如)자는 왕필본에는 없다.
④ 능무위호(能無爲乎)는 왕필은 능무지호(能無知乎)라 했고, 하상공본에는 치(治)자로 썼다.
⑤ 능위자호(能爲雌乎)의 위(爲)자는 하상공은 무(無)자로 썼다.
⑥ 능무지호(能無知乎) : 필원본(畢沅本)에는 '능무이위호(能無以爲乎)'라 했다.
⑦ 생지축지(生之畜之) 이하에서 시위현덕(是謂玄德)까지를 마서륜은 '생지축지이하(生之畜之以下) 여상문하상응(與上文下相應) 차문위오십일장착간(此文爲五十一章錯簡)'이라 했다.

▸**하상공은 이 장을 '능위장(能爲章)'이라 했다.**

해설 1. 하나의 근원 기(氣)

여기서 말하는 '일(一)'은 무엇인가? 이것은 우주 안에 가득 차 있는 '하나'의 기(氣)를 말하는 것이다. 이것은 물리학에서 말하는 에너지의 일종이다. 그러면 어째서 하나라고 하는가? 이것은 현상계(現象界)에 있는 잡다한 여러 가지 물건에 대해서 그의 근원으로서 하나이기 때문이다.

예를 들면 가정에 있어서 아버지와 아들딸의 관계를 설명하기로 하

자. 아버지는 어떤 한 사람의 아버지만은 아니다. 다시 말하면 형의 아버지도 되고 동생의 아버지도 되고, 언니의 아버지이기도 하고, 여동생의 아버지이기도 하다. 그러므로 이때의 아버지는 형과 동생, 언니와 여동생의 아버지가 각기 따로 있는 것이 아니요, 하나의 아버지가 있을 뿐이다.

이와 마찬가지로 이 기(氣)는 물질계에 있어서 어떤 한 물건의 기만이 아니다. 다시 말하면 산의 기만도 아니요, 물의 기도 되고, 풀의 기도 되고, 나무의 기도 되고, 새·짐승의 기도 되고, 곤충의 기도 된다. 그러나 이때의 기는 산과 물과 풀과 나무와 새·짐승과 곤충의 기가 각각 따로 있는 것이 아니요, 하나의 기가 모든 물건을 일관(一貫)하여 있는 것이다.

2. 기화주의(氣化主義)의 철학

또 앞에서 말한 모든 아들딸들이 하나인 아버지가 없이는 아들딸들이 존재할 수 없다. 이 세상에 아들딸이 없는 아버지는 있지만 아버지 없는 아들딸은 없다. 이와 마찬가지로 이 세상에 아직 물질이 되지 않은 기는 있지만 어떤 물질이든지 기를 가지지 않은 물질은 하나도 없다. 다시 말하면 하나의 형체를 이루고 있는 모든 물질은 반드시 하나의 기를 가지고 있다.

만일 기를 떠난 물질이 있다면 이것은 벌써 물질이 아니요, 하나의 생각만 할 수 있는 관념물(觀念物)에 불과하다. 노자의 철학은 결코 관념철학이 아니요, 하나의 물화주의(物化主義) 또는 기화주의(氣化主義)의 철학이다. 왜냐하면 모든 사물은 다 변화하는 가운데서 존재하고 있기 때문이다.

3. 기(氣)와 인생

그뿐만 아니라, 우리 인생도 다른 물건들과 같이 기와 더불어 변화하는 가운데서 살아가고 있다. 이러한 것을 노자는 문학적으로 표현하여 사람이 '형체를 싣고 하나를 안고서 떠남이 없게 할 수 있겠는가? [載形抱一 能無離乎]'라 하였다. 하나는 바로 하나의 기(氣)를 말하는 것이다. 사람이 만일 기를 떠난다면 이미 참다운 인간이 아니다. 다시 말하면 정기(精氣)가 빠진 사람이다.

어른들은 어린아이들보다 욕심이 많아서 쓸데없는 일을 하느라고 기, 즉 에너지를 다 소비해 버린다. 노자는 사람이 기, 즉 에너지를 많이 가지고 있을수록 몸이 어린이처럼 부드러워진다고 생각하였다. 기는 우리말로 바꾸면 기운이다.

우리가 일상생활에서 체험을 해보아도 알 수 있다. 노인은 기운이 없으므로 겨울에 추위를 더 타고, 또 무슨 일을 하여도 피로가 쉽게 온다. 그러나 어린아이들은 그렇지 않다. 기운이 왕성하여 겨울에 추위도 노인보다 덜 타고, 또 종일 뛰어 돌아다녀도 하룻밤만 자고 나면 몸이 거뜬해진다.

노자는 또 이런 기, 즉 에너지를 보존하고 있으려면 우리의 마음가짐에 있어서도, 모든 욕망을 어린아이처럼 적게 가지라는 것이다. 즉 티끌 하나 앉지 않은 거울처럼 욕망을 깨끗이 씻어 버리어 순결무구(純潔無垢)한 마음을 가지는 것이다.

4. 기(氣)와 정치

또 우리가 위정자(爲政者)가 되어 정치를 하는 데 있어서도, 쓸데없는 권력과 자리다툼에 에너지를 다 소비하지 말고, 지배욕 없는 정치와 소유욕 없는 경제(經濟)를 해야 한다는 것이다. 이 지배욕과 소유욕이 있는 한 인류사회에는 착취와 약탈과 전쟁이 있을 뿐이요, 평화는 영원히 오지 않는다.

왜냐하면 이 지배욕과 소유욕은 다 인위적이요, 자연적이 아니기 때문이다. 다시 말하면 이 두 가지 욕망은 선천적도 아니요, 또 본능

적도 아니다. 그러므로 노자는 위정자가 되려면 먼저 어린아이처럼 욕망을 씻어 버리고 무위자연(無爲自然)의 정치로 나라를 다스리고 국민을 사랑하자는 것이다.

또 이러한 기, 즉 에너지를 운용하는 데 있어서는 마치 짐승의 암컷이 생식기의 문을 가만히 열었다가 닫히는 힘의 운동으로 말미암아 새끼를 생산하는 것과 같이 모든 만물을 생성하는 도(道)의 문은 기, 즉 에너지의 운동으로 말미암아 열려 있다가 닫히기도 한다는 것이다. 도가 만물을 생성하는 것을 암컷이 생성하는 데 비유한 것은 노자의 탁월한 논법이라고 할 수 있다.

5. 도학(道學)의 방법

이러한 기, 즉 에너지가 모든 만물의 근원이 되고 어미가 되고 암컷이 된다는 지혜를 가지면, 사면팔방에 나열해 있는 어떤 물건에 대하여서든지 본질을 다 파악할 수 있다. 이러한 도학을 하려면 세속적인 학문, 즉 물리현상(物理現象)만 다루는 학문이나, 어떻게 하면 권력을 장악할까 하는 정치학이나, 어떻게 하면 남의 물건을 나의 소유로 할까 하는 욕망의 경제학이나, 또는 신(神)은 무엇인가를 연구하는 신학(神學)과 종교학의 지식, 즉 자기가 이미 알고 있는 모든 지식을 다 포기하여야 한다.

이러한 지식은 물자신(物自身), 즉 도체(道體)를 요해(了解)하는 데 있어서 크게 방해가 되는 것이다. 일단 인위적인 인식작용(認識作用)을 정지하고 본래적인 직관작용(直觀作用)으로 도체를 파악하여야 한다.

끝으로 이러한 기, 즉 에너지는 모든 만물을 발생케 하여 육성시키고, 자기가 만물을 생산하고도 자기 소유로 하지 않고, 만물의 형태를 이루어 놓고도 공(功)을 바라지 않고, 또 만물을 성장시켜 놓고도 그것을 제재(制裁), 또는 주권(主權)을 가지려고 하지 않는다. 그러므로 만물은 기, 즉 에너지의 소재(所在)를 모른다. 이것은 마치 물고기가 물속에서 나서, 물속에서 살다가, 물속에서 죽으면서도 물이 무엇인지 인식하지도 못하고, 또 물의 공덕(功德)을 모르는 것과 같다. 이와 같이 물건이 기 속에서 살면서도 기의 덕을 모르는 덕을 불가사의(不可思議)의 현덕(玄德)이라고 노자는 말한다.

제11장
무(無)는 유(有)의 용(用)이 된다

서른 폭 바퀴살은 텅 빈 바퀴구멍[轂]이 있어야 그 가운데 축(軸)을 넣을 수 있다. 그래야 수레가 수레 구실을 할 수 있다.

진흙을 개어 그릇을 만드는 데는 그 텅 빈 그릇 안이 있어야 그 속에 물건을 담을 수 있다. 그래야 그릇이 그릇 구실을 할 수 있다.

문과 창을 만들어 방을 들이는 데는 텅 빈 방안이 있어야 가구를 넣을 수 있다. 그래야 방이 방 구실을 할 수 있다. 그러므로 유(有)가 유인 까닭은 무(無)가 쓰이게 되기 때문이다.

• • • • • • • • • • • •

삼십폭 공일곡 당기무 유거지용 선 식 이위기 당
三十輻①共一轂②, 當其無, 有車之用, 埏③埴④以爲器, 當
기무 유기지용 착 호유 이 위실 당기무 유실지용
其無, 有器之用, 鑿⑤戶牖⑥以⑦爲室, 當其無, 有室之用.
고유지이위리 무지이위용
故有之以爲利, 無之以爲用.

30폭(輻)은 그 곡(轂)을 한가지로 하니, 그 무(無)를 당하여 수레의 쓰임이 있고, 진흙을 이기어 그릇을 만드니, 그 무를 당하여 그릇이 쓰임이 있고, 호유(戶牖)를 파서 방을 만드니, 그 무를 당하여 방의 쓰임이 있다. 그러므로 유(有)가 이(利) 되는 까닭은 무가 용(用)이 되기 때문이다.

• • • • • • • • • • • •

주석

① 輻(폭) : 바퀴살. 주(周)나라 제도에 바퀴살의 수가 30개라 하였다.
② 轂(곡) : 바퀴구멍. 고공기(考工記)에 '곡야자(轂也者) 소이위리전야(所以爲利轉也)'라 하였다.
③ 埏(선) : 흙을 이기다.
④ 埴(식) : 진흙. 고공기에 '선(埏) 화(和) 식(埴) 점야(黏也) 화수토소이위도야(和水土燒以爲陶也)'라 하였다.
⑤ 鑿(착) : 파다.
⑥ 戶牖(호유) : 호(戶)는 반문(半門)이니 외짝 문이요, 유(牖)는 창(窓)이다.
⑦ 以(이) : 까닭, 때문.

고증

① 선(埏) : 마서륜(馬敍倫)은 '설문무선자(說文無埏字) 당의왕본작선(當依王本作埏) 이차위박자(而借爲搏字)'라 하였다.
② 당기무(當其無) 유(有) : 필원(畢沅)은 '당기무유(當其無有)로 단구(斷句)해야 한다'고 하였다.
▸**하상공은 이 장을 '무용장(無用章)'이라 하였다.**

해설 1. 유(有)와 무(無)의 의미

여기서 노자가 말하는 무(無)는 수레[車]에 있어서는 텅 빈 바퀴구멍을 말하는 것이다. 또 그릇[器]에 있어서는 텅 빈 그릇 안[內]을 말하는 것이다. 방(房)에 있어서는 텅 빈 방안을 말하는 것이다. 또 노자가 여기서 말하는 유(有)는 수레와 그릇과 방을 말하는 것이다. 그러므로 여기서 노자가 말한 무는 한정된 무, 즉 유와 상대되는 무요, 유와 무를 초월한 절대적 무, 즉 도(道)는 아니다.

율곡(栗谷) 이이(李珥)도 일찍이 친구 우계(牛溪) 성혼(成渾)에게 보내는 시(詩), 즉 〈이기영(理氣詠)〉 가운데서 이(理)와 기(氣)의 관계를 다음과 같이 말했다. '물은 그릇에 따라 모나고 둥글어지고, 공(空)은 병(甁)에 따라 작아지고 커지도다〔水逐方圓器 空隨小大甁〕.'

여기서 율곡이 말한 공(空)은 노자가 말한 무에 해당하고, 병은 노자가 말한 그릇에 해당한다. 노자가 표현한 글과 율곡이 표현한 글이 비록 서로 다르다고 할지라도 유와 무의 관계를 말한 점에 있어서는 서로 같다고 말할 수 있다.

2. 무(無)의 용(用)

이제 유와 무의 관계에 대해서는 그만 말하고, 다시 원문으로 돌아가자.

옛날 중국 주(周)나라 제도에 있어서 천체(天體)의 현상을 본따서 사회제도를 만들었다. 그 가운데 하나인 수레를 만드는 데 있어서 수레바퀴가 둥근 것은 둥근 달을 본뜬 것이요, 수레바퀴가 돌아가는 것은 달이 돌아가는 것을 본뜬 것이다. 수레바퀴살을 서른 개로 한 것은 한 달이 30일인 것을 본뜬 것이다. 지금도 우리가 해와 달에 윤(輪)자를 붙이어 월륜(月輪)이니, 연륜(年輪)이니 하는 술어를 사용하고 있다. 생각컨대 노자 책이 나온 그 당시에 있어서도 여전히 주나라의 제도를 사용하여 바퀴살을 서른 개로 만들어 사용한 듯하다.

어떻든 바퀴살이 서른 개가 되든 마흔 개가 되든 그것이 문제가 아니다. 노자가 수레에서 본 초점은 보통 사회의 눈으로는 그냥 무관심하게 지나칠 수 있는 바퀴살통 가운데 있는 텅 빈 수레바퀴 구멍이다. 이것을 중국말로는 꾸〔轂〕요, 우리말 한자음으로는 곡(轂)이라고 한다. 우리말로도 이것을 무엇이라고 부르는지 있을 법하지만, 나는 이제 국어학자를 찾아갈 겨를도 없고, 또 한자사전을 찾아보니 이것을 '바퀴통'이라고 했는데, 바퀴통이라고 하면 여기에 해당하지 않는 것 같아서 나는 다만 듣고 알기 쉽게 '바퀴구멍'이라고 번역하였다.

이 바퀴살 가운데 있는 '바퀴구멍'은 얼핏 보기에는 그렇게 큰 소용이 되지 않을 것 같지만, 사실 알고 보면 이것이야말로 수레바퀴의 핵심인 것이다. 이 핵심이 없고서는 수레의 축(軸)을 그 속에 넣을 수 없다. 그러면 양쪽의 수레바퀴가 굴러갈 수가 없으니 수레가 수레 구실을 할 수가 없는 것이다. 그 텅 빈 바퀴구멍, 즉 무(無)가 있어야 수레가 사용된다고 했다.

그 다음 도공이 질흙을 파다가 물을 섞어서 이것을 이기고 또 반죽하여 그릇을 만들어 용광로에 넣어 구워낸다. 예를 들면 고려자기와 같은 것이다. 고려자기가 노자 당시에는 없었겠지만 어떻든 보통사람들은 도기의 크기와 모양, 색채의 미(美)를 감상할 것이다. 그러나 노자가 그릇을 보는 초점은 그런 형태의 미가 아니요, 눈에 잘 보이지 않는 공허한 곳, 즉 그릇 안[內]을 보는 것이다.

이 텅 빈 그릇 안이 없다면, 양(量)이 있는 물건을 그 속에 넣을 수 없다. 그러면 그릇이 그릇 구실을 할 수가 없다. 그릇 안, 즉 용량(容量)이 크면 물건을 많이 넣을 수 있고, 작으면 조금밖에 넣을 수가 없다. 이렇게 보면 이 텅 빈 그릇 안이야말로 그릇의 본질이라고 말할 수 있다. 그러므로 노자는 말하기를, 모든 그릇은 그 텅 빈 그릇 안, 즉 무(無)가 있고서야 그릇이 그릇 구실을 할 수 있다고 했다.

또 그 다음 목수가 나무와 흙, 돌 같은 재료를 모아다가 나무는 톱으로 자르고 대패질을 하고, 흙은 물을 부어 이기고, 또 돌을 다듬어 가지고서 집을 짓고 또 문과 바라지[牖]를 내어 방(房)을 들인다. 이 때 보통사람들은 집의 겉모양과 내부장치만 보고 집을 평가할 것이다. 그러나 노자는 그런 평가보다 그 집의 텅 빈 곳, 즉 방 안[內]이 어떠한가를 본다.

집이 아무리 훌륭하다 하더라도 비어 있는 내부(內部)가 없으면 사람이 들어가 살 수도 없고, 가구도 넣어 둘 곳이 없어 집이 집 구실을 할 수가 없다. 비록 내부가 있다고 하더라도 좁아 터질 정도가 되면 아무 소용이 없다. 그러므로 노자는 말하기를, 유형(有形)한 집이 집 구실을 하려면 텅 빈 집의 내부, 즉 무(無)가 있고서야 집이 집 구실을 할 수가 있다고 했다.

그러고 보면 우리가 사실상 차를 타고 다닐 때에도 그 텅 빈 바퀴 구멍을 사용하는 것이요, 그릇을 사용하는 것도 그 텅 빈 그릇 안을 사용하는 것이요, 집을 쓰고 사는 것도 그 텅 빈 내부를 사용하는 것이다. 그러므로 노자는 말하기를, 모든 유(有)가 유 구실을 하는 것은 무가 사용되기 때문이라고 했다. 이 무가 실제로 사용된다는 말은 서양철학에서는 그다지 찾아보기 어려운 사상이다.

제12장
실속있게 배를 채우고, 보기 좋게 눈치레를 하지 않는다

눈은 본래 보기 위하여 자연히 생긴 것인데, 사람들은 너무 지나치게 푸르고 누르고 붉고 희고 검은빛과 같은 빛을 좋아하다가 그만 눈이 멀게 된다. 귀는 본래 듣기 위하여 자연히 생긴 것인데, 사람들은 너무 지나치게 궁상각치우(宮商角徵羽)의 소리와 같은 소리를 좋아하다가 귀를 먹게 된다. 입은 본래 음식의 맛을 보기 위함인데, 사람들은 너무 지나치게 시고 짜고 맵고 달고 쓴맛과 같은 맛을 좋아하다가 그만 입을 버리게 된다.

몸은 본래 살기 위하여 자연히 생긴 것인데, 사람들은 너무 지나치게 말을 타고 다니고, 산과 들에 가서 새 사냥과 짐승잡이를 좋아하다가 그만 마음을 미치게 한다.

재화는 본래 살림하기 위하여 자연히 생긴 것인데, 사람들은 너무 지나치게 얻기 어려운 재물을 탐내다가 그만 해야 할 일을 못하게 된다.

그렇기 때문에 성인은 실속있게 배를 채우고, 부질없이 겉모양을 좋아하는 눈을 위하지 않는다. 그러므로 욕망은 다 버리고 도를 취한다.

• • • • • • • • • • • • •

오색 령인목맹 오음 령인이롱 오미 령인구상 치빙
五色①令人目盲；五音②令人耳聾；五味③令人口爽；馳騁
전렵 영인심발광 난득지화 영인행방 시이성인위복
畋獵④，令人心發狂；難得之貨，令人行妨．是以聖人爲腹

불위목 고거피취차
不爲目，故去彼取此.

오색(五色)은 사람의 눈을 멀게 하고, 오음(五音)은 사람의 귀를 먹게 하고, 오미(五味)는 사람의 입을 상하게 하고, 승마와 수렵은 사람의 마음을 미치게 하고, 얻기 어려운 재화는 사람의 행동을 방해케 한다. 그러므로 성인은 배[腹]를 위하고 눈을 위하지 않는다. 그러므로 저것을 버리고 이것을 취한다.

• • • • • • • • • • • • •

주석

① 五色(오색) : 청(青) · 황(黃) · 적(赤) · 백(白) · 흑(黑).
② 五音(오음) : 궁(宮, 土聲) · 상(商, 金聲) · 각(角, 木聲) · 치(徵, 火聲) · 우(羽, 水聲).
③ 五味(오미) : 산(酸) · 함(鹹) · 신(辛) · 감(甘) · 고(苦).
④ 馳騁畋獵(치빙전렵) : 치빙(馳騁)은 말 타고 달리는 것이요, 전(畋)은 새 사냥하는 것이요, 엽(獵)은 짐승 사냥하는 것이다.

고증

① 상(爽) : 입병[口病]의 뜻. 중경음의(衆經音義) 권2, 권10에 '상(爽) 패야(敗也) 초인갱패왈상(楚人羹敗曰爽)'이라 했다.
② 인심발광(人心發狂) : 주득지본(朱得之本)에는 심(心)자가 없다.
▶ **하상공은 이 장을 '검욕장(檢欲章)'이라 했다.**

해설 1. 존재의 목적

이 지구상에는 언제 생물이 생겼는지 알 수 없지만, 아마 맨 처음에는 눈도 없고 귀도 없고 코도 없고 입도 없는 어떤 하나의 감각기관만 가진 둥글둥글한 생명체가 있었을는지 모른다. 그러다가 자연계에서 오는 태양광선의 자극을 받아 여기서 광명을 보려고 하는 힘에 따라서 자연히 눈이 생겼을지 모른다.

또 자연계에서 일어나는 소리의 자극을 받아 여기서 이것을 들어보려고 하는 힘에 따라서 자연히 귀가 생겼을지 모른다.

또 자연계에서 일어나는 냄새의 자극을 받아 이것을 맡아보려고 하는 힘에 따라 자연히 코가 생겼을지 모른다.

또 자기의 생명을 유지하기 위하여 식물(食物)을 흡수하려고 하는 힘에 따라 자연히 입이 생겼을지 모른다.

또 이 생명체가 움직여 나가다가 외부에 있는 어떤 물건에 부딪칠 때에 자극을 받아 무엇을 만져보겠다는 힘에 따라 자연히 손과 발이 생겨났을지 모른다.

이렇게 보면 눈은 본래 빛을 보기 위해, 귀는 소리를 듣기 위해, 입은 먹기 위해, 코는 냄새를 맡기 위해, 손과 발은 물건을 만져보기 위해 자연히 생겨난 것이라고 할 것이다.

2. 감각작용의 타락

그러나 사람의 감각작용이 점점 세밀하게 발달하고, 또 욕망도 점점 커져 감에 따라 미(美)와 쾌락, 재화를 탐구하게 되었다. 다시 말하면 눈은 다만 빛을 보는 데 만족하지 않고 한걸음 더 나아가, 회화적 가치가 있는 청·황·적·백·흑의 오색이 영롱한 색채의 미를 탐구하게 되었다.

귀는 다만 소리를 듣는 데 만족하지 않고 한걸음 더 나아가, 음악적 가치가 있는 궁(宮)·상(商)·각(角)·치(徵)·우(羽)의 오음이 율동하는 미를 탐구하게 되었다.

입은 다만 음식을 먹는 데 만족하지 않고 한걸음 더 나아가, 산(酸)·함(鹹)·신(辛)·감(甘)·고(苦)의 오미가 교체하는 쾌감을 탐구하게 되었다.

손과 발은 다만 만져보는 데 만족하지 않고 한걸음 더 나아가, 말을 타고 들과 산에 가서 새, 짐승을 사냥하는 쾌락을 탐구하게 되었다.

재화는 다만 생활하는 물건으로 만족하지 않고 한걸음 더 나아가, 얻기 어려운 보물을 가지고자 하게 되었다.

이러한 회화와 음악, 식물(食物), 수렵, 재화는 다 본래 인생이 살기 위한 욕망의 소산물(所産物)인데, 사람들은 생의 근본을 잃어버리고 도리어 채색의 미를 너무 지나치게 추구하다가 눈이 멀게 되고, 성음(聲音)의 미를 너무 지나치게 추구하다가 귀가 먹게 되고, 음식의 도락(道樂)을 너무 지나치게 추구하다가 입맛을 잃어버리게 되고, 수렵의 쾌락을 너무 지나치게 추구하다가 마음이 미치게 되고, 얻기 어려운 보물을 너무 지나치게 추구하다가 생명까지 빼앗기게 된다.

3. 참된 생의 철학

그러므로 성인은 실속있게 배〔腹〕를 채우고, 보는 것만 위주하는 눈치레를 하지 않는다. 바꾸어 말하면 노자는 먹기 좋은 열매와 보기 좋은 꽃이 있을 때 어느 것을 선택하겠느냐 하면, 그는 꽃을 버리고 열매를 취한다. 왜냐하면 열매는 우리가 먹으면 몸의 영양분이 되지만, 꽃은 다만 바라보는 완상품에 지나지 않기 때문이다.

또 다른 예를 들면 빵도 긴요한 것이요 자유도 좋은 것이지만, 둘을 다 못 얻을 경우에는 빵을 취할 것이요, 경제도 중요한 것이요 예술도 훌륭한 것이지만, 둘을 다 얻지 못할 때에는 경제를 취할 것이요, 존재와 가치에 있어서는 존재를 취할 것이다. 따라서 공자와 맹자는 인(仁)을 위해서는 몸을 죽이고, 의(義)를 위하여는 생(生)을 버리라고 하였지만, 노자는 생을 위하여 인과 의를 버리라고 할 것이다.

따라서 도에 사는 사람은 실속있게 내면 생활을 충족케 할 것이요, 외계의 자극에 따라다녀서는 안 된다. 헛된 욕망에 우왕좌왕하지 말고 오직 도를 따라서만 살아야 할 것이다.

제13장
괴로움이 다하면 즐거움이 온다

사람이 총애와 치욕을 받을 때가 있다. 그러나 총애를 받는다고 기뻐하지 말고, 걱정스러워 놀라는 듯이 하라. 또 치욕을 받는다고 부끄러워하지 말고 좋아서 놀라는 듯이 하라. 또 큰 환란이 온다고 피하려 하지 말고 자기 몸같이 귀중히 여겨라.

무엇을 총애와 치욕 받는 것을 놀라는 듯이 하라 하는가? 총애는 윗사람이 주는 것이요, 치욕은 아랫사람이 받는 것이다. 총애를 받아도 잃어버릴 날이 장차 올 것을 생각하고 걱정스러워 놀라는 듯이 하고, 치욕을 받아도 면할 날이 장차 올 것을 생각하고 놀라는 듯이 하는 것을, 총애와 치욕 받는 것을 놀라는 듯이 한다고 한다.

또 무엇을 큰 환란이 온다고 피하려 하지 말고 자기 몸같이 귀중히 여긴다고 하는가? 내게 큰 환란이 있는 까닭은 내 몸이 있기 때문이다. 만일 내 몸이 없다면 내게 무슨 환란이 있겠는가?

그러므로 제 몸을 천하같이 귀중히 여기는 사람에게는 천하를 줄 수 있고, 제 몸을 천하같이 사랑하는 사람에게는 천하를 맡길 수 있다.

• • • • • • • • • • • • •

寵辱若驚，貴大患若身①．何謂寵辱若驚？寵爲上，辱爲下，得之若驚，失之若驚．何謂貴大患若身？吾所以有大患者，爲吾有身，及吾無身，吾有何患？故貴以身爲天下者，

가 이 기 천 하　　애 이 신 위 천 하 자　　가 이 탁 천 하
可以寄天下, 愛以身爲天下者, 可以託天下.

총애와 치욕을 놀라는 듯이 하고, 대환(大患)을 귀히 여기기를 몸과 같이 한다. 무엇을 총애와 치욕을 놀라는 듯이 한다고 하는가? 총애는 상(上)이요 치욕은 하(下)이니, 이것을 얻어도 놀라는 듯이 하고, 이것을 잃어도 놀라는 듯이 한다. 무엇을 대환을 귀히 여기기를 몸과 같이 한다고 하는가? 내게 대환이 있는 까닭은 내게 몸이 있기 때문이요, 내게 몸이 없게 되면 내게 무슨 환(患)이 있겠는가? 그러므로 몸을 귀히 여기기를 천하같이 여기는 자에게는 천하를 기여할 수 있고, 몸을 사랑하기를 천하같이 여기는 자에게는 천하를 부탁할 수 있다.

• • • • • • • • • • • •

주석

① 貴大患若身(귀대환약신) : 노자익(老子翼)에는 '당운귀신약대환(當云貴身若大患) 도이언지(倒而言之) 고어류여차(古語類如此)'라 했다.

고증

① 총위상(寵爲上), 욕위하(辱爲下) : 명황(明皇)은 '총위하(寵爲下) 욕위상(辱爲上)'이라 했다.
② 급오무신(及吾無身) : 필원본(畢沅本)에는 급(及)자를 구(苟)자로 썼다.
③ 가이기천하(可以寄天下) : 왕필(王弼)은 '약가기천하(若可寄天下)'라 했고, 또 가이기천하의 가이(可以)도 약가(若可)로 썼고, 또 하상공은 '즉가이기어천하(則可以寄於天下)' 또 가이탁천하(可以託天下)도 '내가이탁어천하(乃可以託於天下)'라 했다.

▶하상공은 이 장을 '염치장(厭恥章)'이라 했다.

해설 1. 변화하는 세태(世態)

노자의 도, 즉 기는 사람의 배후에 숨어서 모든 사물로 하여금 그 자리에 가만히 있지 못하게 하고, 물과 같이 시시각각으로 흘러가서 변화하게 한다. 여기에 A라는 사물이 있으면 A가 A로서 언제까지 존재하는 것이 아니요, A가 아닌 것으로 변화한다. A가 아닌 것으로 변화한다고 해서 B, C, D……로 무한히 변화하는 것이 아니요, 그 가운데서도 A와 더불어 근원자가 같은 물건, 즉 B로 변화한다. 예를 들면 알이 다른 물건으로 되지 않고 새가 되는 것과 같다. 왜냐하면 알과 새에 있어서 생명이 동일한 근원자이기 때문이다.

이것은 인간의 감정 작용인 총애와 치욕에 있어서도 마찬가지다. 내가 어떤 사람에게 총애를 받는다 하더라도 영원히 받을 수는 없다. 총애를 많이 받으면 받을수록 나를 총애하던 사람의 감정변화에 따라 자연히 총애를 잃을 날이 올 것이다. 꽃은 열흘 붉을 수 없고, 달은 한 달 밝을 수 없다는 말과 같이, 사랑이 아무리 깊다 해도 얼마 안 가서 밑바닥이 보이게 되는 것이다.

같이 죽자 살자 하던 순수한 연애도 시간의 흐름에 따라 어떤 냉각기가 오면 열병에서 깨어난 것과 같이 심장이 싸늘하게 된다. '내가 그때 왜 그랬어! 내가 미쳤댔어! 아! 그때 생각을 하면 몸에 소름이 끼쳐! 아! 무서워라!'고 한다. 그러므로 사람의 감정이 어떠한 것인지 깨달은 사람은 지금 내가 총애를 받는다고 해서 그렇게 기뻐하지 않고 도리어 조심하고 두려워하고 놀란다. 왜냐하면 지금 내가 총애를 받는다는 것은 내일에 가서는 장차 치욕을 당하게 된다는 것을 알기 때문이다.

또 이와 반대로 내가 어떤 사람에게 치욕을 당하는 일이 있다고 할지라도 영원히 당하지 않을 것이다. 치욕을 많이 당하면 당할수록 나를 미워하고 싫어하던 사람의 감정변화에 따라 자연히 총애를 얻을 날이 올 것이다. 물론 잃어버렸던 사랑이 저절로 나에게로 되돌아오게 하는 데는 막대한 노력이 필요하다.

먼저 그 사람의 감정이 어떻게 움직이는가를 잘 파악해야 한다. 엇그제까지 나를 열렬히 사랑하던 사람이 왜 열정이 식었을까? 왜 마음이 돌아섰을까? 나의 정신면이나 육체면에 결함이나 있지 않을까 하고 여러 가지로 반성해본다. 이렇게 노력한 나머지 멀리 떠나갔던 사랑이 자연히 되돌아와서 문을 두드릴 때에 이 얼마나 즐겁고 놀랄 일이겠는가?

그러므로 노자는 말하기를, 총애를 받을 때에는 자연히 잃어버릴 날이 온다는 것을 생각하고 기뻐할 것이요, 치욕을 받을 때에는 자연히 물러갈 날이 온다는 것을 생각하고 슬퍼하라고 했다.

2. 환란 극복의 길

그러면 큰 환란이 우리 앞에 닥칠 때에 이것을 어떻게 처리할 것인가? 사람들은 흔히 즐겁고 재미있는 일은 이것을 반가이 맞아들이고, 괴롭고 걱정되는 일은 이것을 싫어하여 피하려고 한다. 그러나 알고 보면 즐겁고 재미있는 일은 그 뒤에 괴롭고 걱정되는 일이 꼬리를 물고 온다. 그러므로 우리 속담에도 '재미있는 골짜기에 호랑이 나온다'는 말이 있다. 산도 좋고 물도 좋은 녹음방초(綠陰芳草)가 우거진 곳이라고 너무 흥겨워하지 말고 나를 해칠 호랑이가 숨어있다는 것을 경계하고, 또 이것을 대비(對備)하라는 뜻이다.

예를 들면 우리가 36년 만에 해방이 되었다고 3천만이 모두들 즐거워하고 흥분하였지만, 그 뒤에 민족이 분열되고, 남북이 양단(兩斷)되는 큰 환란이 올 줄을 미처 몰랐던 것이다.

그러나 이러한 환란이 닥칠 때에 이것을 하나의 운명으로 보고 단념하거나 도피하려 하여서는 안 된다. 이것을 어디까지나 큰손님과 같이 달갑게 받아들이어 잘 대접하므로 원수를 나의 친구로 만들면 전화위복(轉禍爲福)이 되는 것이다. 다시 말하면 민족이 분열되고 남북이 양단된 것을 민족이 화합하고 남북이 통일되는 방향으로 각자가 노력하고 근검하게 건설해 나아가야 하는 것과 같다.

한 개인의 생활에 있어서도 어떤 환란이 닥칠 때에 이것을 천대(賤待)하지 말고, 내 몸과 같이 귀하게 보고, 또 이것을 싫어하지 말고 내 몸같이 사랑하여야 한다. 환란도 내게 딸린 것이요, 행복도 내게 딸린 것이다. 내 몸 하나 없다고 생각하면 그렇게 괴로울 것도 없고 그렇게 즐거울 것도 없다. 다시 말하면 행복이니 불행이니 하는 것이 다 내 몸 하나가 있기 때문이다.

만일 이 조그만 내 몸 하나를 초월(超越)하면 따라서 행복과 불행, 심지어는 죽고 사는 문제까지도 초월하여 노자가 말하는 도(道)와 더불어 같이 사는 높고 크고 거룩한 내 몸이 될 것이다. 그러므로 큰 환란을 내 몸같이 귀히 여기고, 또 이것을 사랑하는 사람에게는 온 천하를 줄 수도 있고 맡길 수도 있다. 왜냐하면 이러한 성인은 이 세상에 나쁘다고 내버릴 물건이 하나도 없으니 지극한 사랑이라고 하지 않을 수 없고, 이 세상의 모든 행복과 불행이 그의 몸에 아무런 영향을 주지 않기 때문이다.

제14장
도는 순수형상(純粹形狀)이요 순수동작이다

도는 꼴〔形〕이 없으므로 보아도 보이지 않는다. 도는 소리가 없으므로 들어도 들리지 않는다. 도는 모습〔象〕이 없으므로 만져보아도 만져지지 않는다.

그렇다고 해서 보이지 않는 도와 들리지 않는 도, 만져지지 않는 도가 각각 따로 있는 것은 아니다. 이 세 가지를 나누어서 말할 수 없으므로 보이지 않는 도와 들리지 않는 도, 만져지지 않는 도를 한데 합해서 '하나'의 도라 한다.

형이상학적(形而上學的) 세계로 올라가면 사물 뒤에 숨어 밝지〔皦〕 않고, 형이하학적 세계로 내려오면 사물의 눈앞에 나타나 어둡지〔昧〕 않다. 이것이 끝없는 줄과 같이 무한히 잇달아 있으므로 끊어 가지고 무어라고 이름을 붙일 수 없다〔不可名〕.

있기는 있지만 색이 없고 소리가 없고 꼴이 없기 때문에, 다시 이것을 물건이 아니라고 돌린다.

그러므로 이런 것을 형상이 없는 형상〔無狀之狀〕, 즉 순수형상이라 하고, 동작이 없는 동작〔無象之象〕, 즉 순수동작이라 한다.

이런 것을 황홀하다고 하니, 앞과 뒤의 구별이 없고, 때를 초월하여 만물을 생성한다.

태초부터 있는 도를 파악하고 지금 있는 만물을 조절해〔御〕 나가면, 만물이 맨 처음 어디서부터 시작되었는지 그 근원이 되는 도가 무엇인지 알 수 있다. 이런 것을 도가 모든 물건의 기강(紀綱)이 된다고 한다.

모든 것의 규율〔法則〕을 살핌으로 근원이 되는 도를 알 수 있다.

· · · · · · · · · · ·

시 지 불 견 명 왈 이 청 지 불 문 명 왈 희 박 지 부 득 명 왈
視之不見名曰夷① ; 聽之不聞名曰希② , 搏③之不得名曰

미 차 삼 자 불 가 치 힐 고 혼 이 위 일 기 상 불 교 기 하 불
微④ , 此三者不可致詰⑤ , 故混而爲一, 其上不皦⑥ , 其下不

매 승 승 불 가 명 복 어 무 물 시 위 무 상 ⑧ 지 상 무 상 지 상
昧, 繩繩⑦不可名, 復於無物, 是謂無狀⑧之狀. 無象之象⑨ .

시 위 홀 황 ⑩ 영 지 불 견 기 수 수 지 불 견 기 후 집 고 지 도 이
是謂惚恍⑩ ; 迎之不見其首, 隨之不見其後. 執古之道, 以

어 금 지 유 능 지 고 시 시 위 도 기
御⑪今之有, 能知古始, 是謂道紀⑫ .

이것을 보아도 보이지 않음을 이(夷)라 이름하고, 이것을 들어도 들리지 않음을 희(希)라 이름하고, 이것을 잡아도 잡히지 않음을 미(微)라 하니, 이 삼자(三者)를 치힐(致詰)할 수 없으므로 혼합하여 일(一)이라고 한다. 그것이 위는 밝지 않고, 아래는 어둡지 아니하여 면면히 끊어지지 아니하니, 다시 무물(無物)로 돌려 이것을 무상(無狀)의 상(狀), 무상(無象)의 상(象)이라고 한다. 이것을 황홀하다고 하니, 이것을 맞이하여도 그 머리를 볼 수 없고, 이것을 좇아도 그 뒤를 볼 수 없다. 옛 도(道)를 잡음으로 지금의 유(有)를 통제하면 옛 시원(始源)을 알 수 있으니, 이것을 도기(道紀)라 한다.

· · · · · · · · · · · ·

주석

① 夷(이) : 범응원본(范應元本)에는 기(幾)자로 쓰여 있는데, 그 주(註)에 손등(孫登)과 왕필도 고본(古本)과 같다고 했다. 부혁(傅奕)은 '기자(幾者) 유이무상야(幽而無象也)'라 했고, 하상공은 '무

색왈이(無色曰夷)'라고 했다.

② 希(희) : 하상공은 '무성왈희(無聲曰希)'라고 했다.

③ 搏(박) : 치다. 노자익에는 단(摶)자로 보아 집(執)자의 뜻이라고 했다.

④ 微(미) : 하상공은 '무형왈미(無形曰微)'라고 했다.

⑤ 致詰(치힐) : 치(致)는 '추이극지(推而極之)'의 뜻, 힐(詰)은 '책문(責問)'의 뜻이니, 구명(究明)의 뜻.

⑥ 皦(교) : 밝다. 교(皎)자의 뜻.

⑦ 繩繩(승승) : 면면부절(綿綿不絶)의 뜻.

⑧ 狀(상) : 형상(形狀). 우리말로 '저 사람의 하는 꼴을 보라'고 하는 '꼴'의 뜻.

⑨ 象(상) : 동작. 우리말로 '저 사람의 하는 짓을 보라'고 하는 '짓'의 뜻.

⑩ 惚恍(홀황) : 황홀(恍惚)이라고도 한다. 홀(惚)은 없는 듯하지만 있는 모습이요, 황(恍)은 있는 듯하지만 없는 모습을 이른다. 초횡(焦竑)은 '홀황자(惚恍者) 근유상이미형(僅有象而未形) 황홀자(恍惚者) 당지유물(當指有物)'이라 했다.

⑪ 御(어) : 어거(御車)하다. 통치, 통제, 관리의 뜻. 서(書)에 '어상이관(御象以寬)'의 어(御)자의 뜻.

⑫ 道紀(도기) : 한비자(韓非子) 주도편(主道篇)에 '도자(道者) 만물지시(萬物之始) 시비지기야(是非之紀也)'라고 했다. 우리말로 '벼리'의 뜻.

고증

① 기상(其上)과 기하(其下) 다음에 필원본(畢沅本)에는 지(之)자가 있다.

② 승승(繩繩) 다음에 또 혜(兮)자가 있다.

③ 무상지상(無象之象) : 필원본에는 '무물지상(無物之象)'이라 했다.

④ 이어금지유(以御今之有) : 이(以)자를 가이(可以)라고도 한다.

⑤ 능지고시(能知古始) : 능(能)자를 하상공본에는 이(以)자로 썼다.

▸하상공은 이 장을 '찬현장(贊玄章)'이라 하였다.

(해설) 1. 도는 인식적(認識的) 대상이 아니다

현상계(現象界)의 모든 사물은 시각이 부족하지 않는 한 볼 수가 있다. 청각이 부족하지 않는 한 들을 수 있다. 촉각이 부족하지 않는 한 만질 수 있다. 인식력이 부족하지 않는 한 알 수가 있다.

그러나 본체계(本體界)에서는 보아도 보이지 않고, 들어도 들리지 않고, 만져도 만져지지 않고, 인식해도 인식되지 않는 그 무엇이 있다. 이러한 것은 여기에 있다든가 저기에 있다든가 한정되는 것이 아니다. 있지 않는 때가 없고 있지 않는 데가 없고, 또 없지 않는 때가 없고 없지 않는 데가 없는 무한정자(無限定者)다.

이러한 것을 우리는 흔히 특정된 것이 아니요 보편성을 가진 것이라 하고, 또 특수한 것이 아니요 일반성을 가진 것이라 한다. 예를 들면 물질계에 있어서는 모든 물질에 대해서 에너지와 같은 것이요, 생물계에 있어서는 모든 생물에 대해서 생명과 같은 것이요, 상품계(商品界)에 있어서는 모든 상품에 대해서 노동력과 같은 것이요, 정법계(政法界)에 있어서는 모든 사건에 대해서 행위와 같은 것이요, 의식계에 있어서는 모든 관념물에 대해서 아이디어와 같은 것이니, 또 끝으로 여기서 말하려고 하는 노자(老子)의 도와 같은 것이다.

노자는 도를 가리켜 보아도 보이지 않고, 들어도 들리지 않고, 만져도 만져지지 않는다고 했다. 이것은 우리가 도를 시각이나 청각 또는 촉각으로 감각할 수 없다는 말이다.

2. 명학파(名學派)의 학설

그러나 보이지도 않고, 들리지도 않고, 만져지지도 않는 도를 각각 나누어서 논할 바는 못 된다. 아닌 게 아니라, 노자 이전에 명학파인 공손룡(公孫龍)과 같은 사람은 사물과 개념을 나누어 가지고 보았다. 그는 '흰 말은 말이 아니다〔白馬非馬〕'고 했다. 왜냐하면 '희다'는 것은 사물의 빛〔色〕을 말하는 개념이요, '말'이라는 것은 형체를 말하는 개념이다. 이 두 개념이 어떻게 타고 다니는 말이 되겠느냐는 것이다.

그는 또 '불은 뜨겁지 않다〔火不熱〕'고 했다. 왜냐하면 만일 불이라는 개념이 뜨겁다면 우리가 불이라고 말할 때에 입술이 타버릴 것이 아니냐는 것이다. 그는 또 '희고 굳은 돌은 두 개다〔白堅石二〕'라고 했다. 왜냐하면 흰 돌은 눈으로 보고 아는 돌이요, 굳은 돌은 손으로 만져보고 아는 돌이다. 그러므로 희고 굳은 돌은 한 개가 아니요 두 개라는 것이다.

그는 또 '모든 물건은 존재하지 않는 것이 없지만 존재는 존재하지 않는다〔物莫非指而指非指〕'고 했다. 이것은 모든 사물은 존재자이지만 존재는 존재하지 않는다는 것이다. 그는 이와 같이 개념과 실사물을 분리시켜 본 것이다.

3. 도의 모습

그러나 노자는 보이지 않는 도와 들리지 않는 도, 만져지지 않는 도를 갈라서 세 가지 도로 보지 않고, 그는 보이지도 않고 들리지도 않고 만져지지도 않는 도를 합하여 '하나'의 도로 보았다. 예를 들면 여기에 새 한 마리가 있다고 하자. 보지 못하는 소경은 다만 귀로 새 소리만 듣고 '곱게 우는 새'라 하고, 듣지 못하는 귀머거리는 다만 눈으로 빛깔만 보고 '파랑새'라 하고, 또 보지도 못하고 듣지도 못하는 소경 귀머거리는 다만 손으로 만져만 보고 '조그만 새'라고 해서, '곱게 우는 조그만 파랑새'를 세 마리라고 한다면 우습지 않겠는가.

노자는 또 도는 밝지도 않고 어둡지도 않다고 했다. 이 현상계의 모든 사물은 다 밝은 물건이면 반드시 밝은 것이요, 어두운 물건이면 반드시 어두운 것이다. 어디에 같은 물건으로서 밝지도 않고 어둡지도 않은 물건이 있겠는가. 그러나 본체계(本體界)에서는 그런 것이 존재한다고 생각한다.

예를 들면 앞에서 말한 물질계의 에너지와 생명, 상품계의 노동력, 정법계의 행위, 관념계의 아이디어와 같은 것이다. 이 가운데서 에너지 하나만 가지고서 말하면, 에너지는 밝지도 않고 어둡지도 않다고 말할 수 있다. 왜냐하면 에너지가 물질이 되기 이전에는 물질의 배후에 은폐되어 있으므로 밝지 않다고 말할 수 있고, 또 이것이 물질이 된 이후에는 눈앞에 나타나니 어둡지 않다고 말할 수 있다.

이와 같은 논법(論法)으로 노자는 도가 만물을 초월하여 위로 형이상학적(形而上學的) 세계에 있을 때에는 이것을 밝지 않다 하고, 도가 만물 속에 내재하여 형이하학적 세계에 있을 때에는 이것을 어둡지 않다고 한다. 왜냐하면 우리가 도를 직접 볼 수는 없지만 만물을 통해서 볼 수 있기 때문이다.

4. 도의 편재성(遍在性)

노자는 또 도는 끝없는 줄과 같아서 이것을 끊어가지고 이름을 붙일 수 없다고 했다. 끝없는 줄이라고 형용했으니, 우리는 여기서 무한한 연속선을 상상할 수 있다. 만일 우리가 이 선(線)을 따라 갈 수 있다면, 달나라에도 갈 수 있고, 별나라에도 갈 수 있고, 태양계에도 갈 수 있고, 은하계에도 갈 수 있고, 성운계(星雲系)에도 갈 수 있다. 다시 말하면 전 우주를 돌아다닐 수 있다. 사실은 이 '돌아다닌다〔周行〕'는 의미에서 노자는 도를 도라 표현한 것이다. 왕필(王弼)의 말에 의하면 '도는 어디든지 통행하지 못할 데가 없다'고 했다.

5. 도의 비물질성(非物質性)

노자는 또 도는 무물(無物), 즉 물건이 아니라고 했다. 다시 말하면 도를 하나의 물건이라고 하면 그것은 시공(時空)의 형태가 있지 않을 수 없다. 즉 도는 물질도 아니요, 생물도 아니요, 또 관념물도 아니다. 만일 도를 하나의 물질이라고 하면 파괴되지 않을 수 없고, 하나의 생물이라고 하면 사멸되지 않을 수 없고, 하나의 관념물이라고 하면 인식되지 않을 수 없다.

그러나 도는 파괴되지도 않고 사멸되지도 않고 인식되지도 않는다. 도는 형성되거나 파괴되지 않고〔無成無壞〕, 생기거나 없어지지도 않고〔不生不滅〕, 늘거나 줄지도 않고〔不增不減〕, 시작도 끝도 없는〔無始無終〕 신비스런 존재인 것이다.

6. 도는 순수 유(有)이다

만일 도에도 형상(形狀)이 있고 동작이 있다고 하면 그것은 형상이 없는 형상〔無狀之狀〕이요, 동작이 없는 동작〔無象之象〕이다. 상(狀), 즉 형상은 우리말의 '저 사람의 하는 꼴을 보라'고 하는 '꼴'에 해당하고, 상(象), 즉 동작은 '저 사람의 하는 짓을 보라'고 하는 '짓'에 해당한다. 그러므로 형상이 없는 형상은 이것을 순수형상이라 말할 수 있고, 동작이 없는 동작은 이것을 순수동작이라고 말할 수 있다.

그러므로 노자의 도는 순수형상이므로 감각할 수도 없고, 순수동작이므로 인식할 수도 없다. 다만 우리가 느낄 뿐이요, 요해(了解)할 뿐이요, 체험할 뿐이요, 그저 황홀하다고 할 뿐이다.

황홀이라는 말은 우리말로 '어렴풋하다'는 뜻이다. 무엇이 여기에 있다, 저기에 있다고 단정할 수 없다는 말이다. 이약(李約)은 해석하기를 '황(恍)은 유(有)의 뜻이요, 홀(惚)은 무(無)의 뜻이다. 유라 할 수도 없고, 무라 할 수도 없어서 황홀이라 한다'고 했다. 쉽게 말하면 있는 것도 아니요, 없는 것도 아니라는 뜻이다. 왜냐하면 없다고 말하려고 하면 만물이 다 거기서 흘러나오고, 있다고 말하려고 하면 감각할 수도 없고 인식할 수도 없기 때문이다. 그러므로 다만 황홀하다고 말할 뿐이다.

노자는 또 도는 이것을 맞아들여도 그 머리를 볼 수 없고, 그 뒤를 좇아가도 그 뒤를 볼 수 없다고 했다. 앞에서 말하기를, '무한한 선(線)'과 같다고 했다. 우리가 만일 무한한 선을 타고 우주여행을 한다면 출발점에 되돌아오게 된다. 예를 들면 쳇바퀴 위에 개미가 제 딴에는 일직선으로 똑바로 걸어간다고 생각할는지도 모른다. 그러나 가면 갈수록 쳇바퀴의 곡률에 따라서 제자리로 되돌아오게 되는 것과 같다.

우주는 본래 무한한 평면이 아니요 구형(球形)이므로 그렇게 되는 것이다. 이것이 이른바 노자가 '극하면 되돌아온다〔極則返〕'는 것이다. 그러므로 노자의 도(道)도 일부분으로 보면 무한한 선과 같지만, 전체로 보면 크고 둥근 원(圓)과 같다. 원이므로 시발점도 없고 종착점도 없다. 과거도 없고 현재도 없으며, 머리도 없고 꼬리도 없으며, 가는 것도 없고 오는 것도 없으며, 앞도 없고 뒤도 없으며, 있는 것도 아니요 없는 것도 아니다.

결국 도는 시발점이 곧 종착점이다. 과거가 곧 현재요, 머리가 곧 꼬리요, 가는 것이 곧 오는 것이요, 앞이 곧 뒤요, 있는 것이 곧 없는 것이다. 즉 도는 모든 것에 대하여 절대적인 것이다.

7. 도는 영원하다

도는 과거 몇만 년 전부터 오늘까지 일관하여 있기 때문에 이 도를 파악하면 지금 있는 모든 존재자의 출발점을 알 수 있고, 역사를 알 수 있으므로 또 이것을 잘 통제해 나갈 수 있다. 통제해 나갈 수 있으므로 도는 만유(萬有)의 기강(紀綱)이라고 한다. 이것은 마치 하나의 긴 끈〔線〕으로 여러 구슬을 꿰어놓는 것과 같다. 만일 이 하나의 끈이 끊어지거나 없거나 하면 모든 구슬은 다 산산이 흩어질 것이다. 이와 같이 이 우주 안에 만일 도가 없으면 모든 만물은 구슬과 같이 다 흩어지고 말 것이다.

제15장
위대한 인물의 모습

옛날의 도를 잘 닦는 사람은 그 모습이 미묘하고 심원(深遠)하여 그 깊이를 헤아려 알 수 없다. 그러므로 억지로 그 태도를 형용한다면 다음과 같다.

먼저 일에 신중을 기한다. 빨리 단안을 내리지 않는 태도는 마치 추운 겨울에 냇물을 건너갈까 말까 하고 망설이는 것과 같다.

다음은 소극적이다. 안전지대인 중앙에 있으면서도 항상 변두리에서 무슨 일이 일어나지 않을까 하고 조바심을 가진다. 그 태도는 마치 사방에서 쳐들어오는 대적을 막으려는 것과 같다. 엄연한 태도를 가진다. 마치 초대받은 손님과 같다.

사물에 집착하지 않는 태도는 마치 봄날에 얼음이 녹는 모습과도 같다. 순박한 태도는 마치 사람이 손을 대지 않은 원목(原木)과 같다.

겸허한 태도는 텅 빈 골짜기와 같다.

그리고 시비와 청탁을 가리지 않는 태도는 마치 더러운 흙속에 섞인 물과 같다.

누가 군중 속에 들어가서 탁한 것을 탁한 대로 받아들이고, 그것을 고요하게 서서히 맑게 할 수 있겠는가. 누가 가만히 이것을 움직여 서서히 생성하게 할 수 있겠는가.

이러한 도를 가지고 있는 사람은 모든 일에 대하여 욕망을 만족시키지 않는다. 왜냐하면 만족 뒤에 불만족이 오기 때문이다. 부족한 것을 만족하게 생각하는 사람만이 항상 낡은 것을 아끼고 새로 이루어지는 것을 원하지 않는다.

• • • • • • • • • • • • • •

고 지 선 위 사 자　미 묘 현 통　심 불 가 식　부 유 불 가 식　고 강
古之善爲士者，微妙玄通，深不可識．夫唯不可識，故强
위 지 용　예 혜 약 동 섭 천　유 혜 약 외 사 린　엄 혜 기 약 객
爲之容；豫兮若冬涉川；猶①兮若畏四鄰；儼②兮其若客；
환 혜 약 빙 지 장 석　돈 혜 기 약 박　광 혜 기 약 곡　혼 혜 기
渙③兮若冰之將釋；敦兮其若樸④；曠⑤兮其若谷；混兮其
약 탁　숙 능 탁 이 정 지 서 청　숙 능 안 이 동 지 서 생　보 차 도 자
若濁．孰能濁以靜之徐淸，孰能安以動之徐生？保此道者，
불 욕 영　부 유 불 영　고 능 폐 불 신 성
不欲盈，夫唯不盈，故能蔽不新成．

옛날 선비 노릇을 잘하는 사람은 미묘현통(微妙玄通)하여 깊이를 알 수 없다. 오직 알 수 없으므로 억지로 이것을 형용하면, 머뭇거리는 모습은 겨울에 냇물을 건너려는 것과 같고, 망설이는 모습은 사린(四隣)을 무서워하는 것과 같고, 엄연한 모습은 그것이 손님과 같고, 흩어지려는 모습은 얼음이 장차 풀리려는 것과 같고, 돈독한 모습은 그것이 박목(樸木)과 같고, 빈 모습은 그것이 골짜기와 같고, 흐린 모습은 그것이 탁(濁)한 것과 같다. 누가 탁함으로써 이것을 고요히 하여 천천히 맑게 할 수 있으며, 누가 편안함으로써 이것을 움직여 천천히 하게 할 수 있는가. 이 도를 보존하는 사람은 채우려고 하지 않는다. 그 오직 채우지 않으므로 낡아질 수 있고 새로 이루어지지 않는다.

• • • • • • • • • • • • • •

(주석)

① 豫(예)・猶(유) : 둘 다 짐승을 말한다. 예(豫)는 코끼리의 종류다. 농우(隴右)에서는 개를 유(猶)라고 한다. 코끼리는 앞일을 미리 알

수 있으므로 그 행동이 망설이게 된다. 개는 사람보다 앞서 가서 물건을 찾아 가지고 돌아오므로 망설여 과단성(果斷性)이 없다. 그러므로 유예(猶豫)라고 한다. 우리말로는 망설이다, 또는 머뭇거리다의 뜻이다.

② 儼(엄) : 점잖다, 의젓하다, 장엄하다의 뜻이니 긍장(矜莊)의 모습.
③ 渙(환) : 풀리다. 흩어지다.
④ 樸(박) : 원목에 아직 조각을 하지 않은 것을 이른다.
⑤ 曠(광) : 비다. 공(空)자의 뜻.

고증

① 선위사자(善爲士者)의 사(士)자를 필원본(畢沅本)에는 도(道)자로 썼다. 또 상(上)자를 써서 임금으로 해석한 책도 있다.
② 강위지용(强爲之容)의 용(容)자 다음에 왈(曰)자가 있다 했고, 마서륜(馬敍倫)은 송(頌)이라 했고, 원동암(源東菴)은 명(名)자의 오자인 듯하다고 했다.
③ 숙능안이동지서생(孰能安以動之徐生) : 노자익(老子翼)에는 '숙능안이구동지서생(孰能安以久動之徐生)'이라 하여 구(久)자가 있다. 그러나 이것은 연자(衍字)이다.

▶ **하상공은 이 장을 '현덕장(顯德章)'이라 하였다.**

해설 철인(哲人)의 모습

도학(道學)에 능통한 옛날의 철인은 그 도량이 바다와 같이 넓고 깊었다. 그래서 그 깊이를 다 헤아려 알 수 없다. 본래 이런 것을 언어나 문자로 표현할 성질이 못되지만 억지로 형용하여 말하려고 한다.

첫째, 어떤 사물이든지 극도에 달하면 반드시 변화가 온다는 것을 아는 철인은 매사에 근신하여 추운 겨울에 알몸으로 냇물을 건너갈까 말까 망설이는 태도와 같다.

둘째, 모든 사물에 대하여 항상 회의(懷疑)와 경이(驚異)를 가지는 철인은 마치 아무 방비가 없는 중앙의 임금이 사면에서 제후(諸侯)가 혁명을 일으켜 쳐들어올 때 놀라는 태도와 같다.

셋째, 세상 사람들과 같이 옳고 그른 것을 가리지 않고 항상 근원적인 도를 파악하고 있는 철인은 마치 초대를 받고 온 귀빈의 태도와 같다.

넷째, 사물에 애착을 가지지 않는 철인은 마치 얼었던 얼음이 온화한 봄날에 풀어지는 모양과 같다.

다섯째, 사치와 영화(榮華)에 마음이 끌리지 않고 항상 검소한 생활을 하는 철인은 마치 조각을 하지 않은 원목의 원형과 같다.

여섯째, 세상 사람들과 같이 지배욕과 소유욕, 명예욕이 없는 철인의 마음은 겸허하여 마치 텅 비어 있는 골짜기의 모습과 같다.

일곱째, 어떤 사람이든지 버리지 않고, 어떤 물건이든지 버리지 않는 철인은 마치 맑은 샘물이나 더러운 시궁창 물이라도 다 받아들이는 바다와 같다.

그러므로 이러한 철인은 사람을 대할 때에 자기만이 현명하고 고결한 체 하지 않고 자기 역시 우매(愚昧)하고 혼탁한 태도를 취하여 그들을 안정시켜 놓고 천천히 맑아지게 하고, 또 그들을 편안케 한 뒤에 그들을 움직여 천천히 살아가게 한다. 이러한 도를 보존하고 있는 철인은 남보다 잘하려고 욕심을 내지 않는다. 잘하려고 욕심을 내지 않으므로 항상 낡은 것을 아끼고, 새로 이루어지는 것을 원하지 않는다. 왜냐하면 모든 새로운 것은 반드시 낡아지기 때문이다.

제16장
도와 같이 사는 사람

눈으로 볼 수 있는 사물의 배후에 숨어 가려진 허(虛), 즉 도(道)의 세계에 이르러 고요하게 움직이지 않고 있는 정적(靜的) 상태를 파악한다면, 천지만물의 현상이 동시에 일어나도 결국은 현상 이전의 도의 세계로 되돌아가는 것〔從〕을 관찰할 수 있다.

눈으로 볼 수 있는 사물의 현상이 아무리 복잡다단(複雜多端)하더라도 다 각각 물자체(物自體), 즉 자기의 근본으로 돌아가는 것을 고요히 움직이지 않는 정적 상태라 하고, 정적 상태에 가만히 있는 것을 생명의 세계로 되돌아왔다 하고, 생명의 세계로 되돌아온 것을 영원히 변하지 않는 본체계(本體界)라 한다. 영원히 변하지 않는 본체가 무엇인지 아는 것을 현명하다고 한다.

이 영원히 변하지 않는 본체, 즉 도를 모르는 사람은 자기 욕망의 요구대로 망동하여 좋지 못한 결과를 불러오게 된다.

이 영원히 변하지 않는 도〔常道〕가 무엇인지 알면, 모든 것을 다 포용할 수 있다. 그러면 버릴 물건이 없고 버릴 사람이 없으니 공평무사(公平無私)하게 된다. 공평무사하면 보편타당하게 된다. 보편타당하면 존재 사물의 무한히 넓고 큰 지평이 된다. 넓고 큰 지평이 되면 어디든지 통할 수 있는 길, 즉 도가 된다. 도는 영구성을 가지니 도에 따라서 사는 사람은 그를 해칠 물건과 사람이 없으므로 종신토록 위험한 일이 없다.

• • • • • • • • • • • • •

치 허극 수정독 만물병작 오이관기복 부물운
致①虛極, 守靜篤②; 萬物並作③, 吾以觀其復④. 夫物芸
운 각복귀기근 귀근왈정 정왈복명 복명왈상 지
芸⑤, 各復歸其根; 歸根曰靜; 靜曰復命⑥; 復命曰常⑦; 知
상왈명 부지상 망작흉 지상용 용내공 공내주 주내
常曰明; 不知常, 妄作凶. 知常容, 容乃公, 公乃周⑧, 周乃
대 대내도 도내구 몰신불태
大, 大乃道, 道乃久, 沒身不殆.

허(虛)에 극치하여 정(靜)을 돈독히 지키면 만물이 아울러 일어나도 나는 그 '복(復)'을 관찰할 수 있다. 모든 물건은 다양다태(多樣多態)하지만 각각 그 근본으로 돌아간다. 근본으로 돌아감을 정이라 하고, 정으로 돌아감을 명(命)으로 되돌아 왔다 하고, 명으로 되돌아옴을 상(常)이라 하고, 상을 앎을 명(明)이라 하니, 상을 모르면 망동하여 흉하게 된다. 상을 알면 포용성이 있고, 포용성이 있으면 공평되고, 공평되면 바로 보편성이 있고, 보편성이 있으면 바로 광대하게 되고, 광대하면 바로 그것이 도이니, 도는 바로 항구성이 있어 몰신(沒身)토록 위태하지 않다.

• • • • • • • • • • • • •

주석

① 致(치) : 이르다. 도달하다. 개원소(開元疏)에는 '치자령필자래(致者令必自來) 여춘추치사지치(如春秋致師之致)'라고 했다.
② 篤(독) : 도탑다. 독실(篤實)의 뜻.
③ 作(작) : 일하다. 왕필은 '동작생장(動作生長)'이라 했고, 노자익에는 '작(作) 동야(動也) 여일출이작지(如日出而作之)'라고 했다.
④ 復(복) : 돌아오다. 왕필은 '이허정관기반복(以虛靜觀其反復)'이라

했다. 생각하건대 역(易)의 복괘(復卦)의 뜻이 있는 듯하다.

⑤ 芸芸(운운) : 노자익에는 '작지상야(作之狀也)'라 했는데, 즉 동작의 상태를 이른다. 사원(辭源)에는 '다모(多貌)'라고 했다.

⑥ 復命(복명) : 노자익소주(老子翼蘇註)에는 '만물개작어성(萬物皆作於性) 개복어성(皆復於性)……명자성지묘야(命者性之妙也) 성가언(性可言) 지어명즉불가언의(至於命則不可言矣)'라 했고, 왕필은 '귀근즉정(歸根則靜) 고왈정(故曰靜) 정즉복명(靜則復命) 고왈복명야(故曰復命也)'라 했다.

⑦ 常(상) : 노자익에는 '상(常) 즉상도지상(卽常道之常)'이라 했고, 왕필은 '복명즉득성명지상(復命則得性命之常) 고왈상야(故曰常也)'라 했다.

⑧ 周(주) : 보편(普遍)의 뜻. 즉주이불개(卽周而不改)의 주(周)자 뜻.

고증

① 정왈복명(靜曰復命) : 정왈(靜曰)은 본래 시위(是謂)다. 그러나 범응원본(范應元本)에는 정왈(靜曰)이라 했다.

② 공내주(公乃周), 주내대(周乃大), 대내도(大乃道)의 두 주(周)자는 원래 왕(王)자였고, 두 대(大)자는 원래 천(天)자였다. 그러나 마서륜은 '필주왈(弼注曰) 탕연공평(蕩然公平) 즉내지어무소부주보야(則乃至於無所不周普也) 무소부주보(無所不周普) 즉내지어동호천야(則乃至於同乎天也) 개왕본(蓋王本) 왕자작(王字作) 주(周) 주자탈락괴성왕(周字脫落壞成王) 고룡흥비개왕위생이(故龍興碑改王爲生耳)'라 했고, 또 대내도(大乃道)는 본래 천내도(天乃道)인데, 진주(陳柱)는 '의천내대자지위(疑天乃大字之僞) 하문오강위지명왈대(下文吾强爲之名曰大) 자지왈도(字之曰道) 천하개위오도대(天下皆謂吾道大) 개가증(皆可證)'이라 했다.

▸ **하상공은 이 장을 '귀근장(歸根章)'이라 했다.**

해설 1. 에너지와 기(氣)

우리는 세계관에 있어서 하나의 세계를 둘로 나누어 볼 수 있다. 그 하나는 눈에 보이는 세계요, 또 하나는 눈에 보이지 않는 세계다. 비유하면 우리가 넓은 바다에서 물 한 그릇을 떠냈다고 하자. 우리는 이 그릇 안의 물을 수만 개의 물방울로 나누어 놓을 수 있고, 또 한 방울의 물을 여러 개의 분자로 나눌 수 있고, 또 이 물의 분자를 여러 개의 원자로 나눌 수 있다. 이때 물은 그 성질을 잃어버려 하나의 물질에 불과하다. 또 우리는 이 원자를 몇 개의 전자(電子)와 양자(陽子)와 중성자(中性子), 또는 중간자로 나눌 수 있다.

이 가운데서 전자 하나만 가지고 말하더라도 우리의 육안으로는 볼 수 없지만 전자현미경으로는 역시 볼 수 있다. 이 전자는 극히 작은 물건이라 할지라도 크기와 무게를 가지고 있기 때문에 역시 하나의 물질이다. 그런데 지금까지의 과학은 앞으로는 모르겠지만 전자 이상은 아직 분석하지 못한다. 그러나 과학자는 이 유형한 전자를 무형한 에너지로 환원시킬 수 있다. 이 에너지는 전자뿐 아니라 양자도 그것을 가지고 있고, 중성자도 가지고 있다. 그러므로 여러개의 원자로 구성된 이 우주 안의 모든 물질은 다 에너지를 가지고 있다.

과학자의 말을 빌면 에너지는 더 생기지도 않고 없어지지도 않고, 늘지도 않고 줄지도 않고〔不增不減〕, 언제나 있는 존재〔恒存的 存在〕로서 양적으로는 변하지 않지만 질적으로는 다시 형태로 변할 수 있는 힘이라고 한다.

그러므로 에너지는 우주만물에 대하여는 일자(一者)다. 유형한 물질에 대하여는 무형한 것이다. 생성 변화하는 물질에 대하여는 양적으로 영구불변하는 것이다. 동적인 사물에 대하여는 정적인 존재다. 눈으로 볼 수 있는 실물에 대하여는 그 모양이 눈으로 볼 수 없는 공허한 존재다. 모든 물질을 하나의 근원인 에너지로 환원시킬 수 있으니 모든 물질의 변화는 결국 에너지로 돌아가는 것이라고 말할 수 있다.

나는 지금까지 노자의 도를 하나의 기(氣)로 보아왔다. 장자(莊子)도 도를 일기(一氣)로 보았다. 이 기는 앞에서 말한 하나의 에너지와 유사한 물건이다. 아니 노장학파에서 말하는 기는 에너지와 동일한 것인지도 모른다. 마치 동일한 공중의 달을 서양 사람은 '문(moon)'이라 하고, 중국 사람은 '웨(yuè)'라 하고, 우리나라 사람은 '달'이라고 하는 것과 같을는지도 모른다. 나는 여기서 우선 노자의 도, 즉 기는 에너지와 동일한 것으로 가정하고 이 제16장과 또 그밖의 다른 장도 해설하려고 한다.

2. 에너지와 생명

눈에 보이는 세계에 있는 모든 사물의 배후에 눈에 보이지 않는 세계에서 고요히 움직이지 않고〔寂然不動〕 있는 허정(虛靜)의 기(氣), 즉 에너지를 돈독히 지키고 있으면 현상계의 모든 사물이 아무리 발생하였다가 성장하고, 성장하였다가 쇠퇴하고, 쇠퇴하여서는 사멸하지만 그것들이 결국에 가서는 허정의 기, 즉 에너지의 세계로 되돌아간다〔復〕는 것을 방안에 가만히 앉아서도 관찰할 수 있다. 이것이 이른바 노자의 문밖에 나가지 않고서도 천하를 알 수 있다는 것이다.

다른 예를 들면 계란이 부화(孵化)하여 병아리가 되고, 병아리가 자라서 큰 닭이 되고, 큰 닭이 병들어 죽게 되어, 살과 뼈는 썩어서 다른 생물의 거름이 되고, 자기의 생명은 유전자로 인하여 자기가 낳은 병아리에게 물려주는 것과 같다. 이런 현상을 우리는 모든 생물은 생명에서 나와서 다시 생명으로 되돌아간다고 한다. 다시 말하면 생명이 없는 물건은 살 수도 없고, 또 죽을 수도 없는 것이다.

이와 같이 모든 물질이 에너지의 변화로 한 형태를 갖추었다가 다시 에너지로 환원하고, 모든 생물이 생명의 변화로 한 생물이 발생하였다가 다시 생명으로 환원하는 현상을 노자는 근본으로 되돌아간다〔復〕

고 한다. 물질이 에너지로 환원하고 생물이 생명으로 되돌아가면 에너지와 생명은 물질 또는 생물로 되돌아가기 이전에는 다만 가능성만 있고 움직이지 않으므로 이것을 정적 상태에 있다고 한다. 정적 상태에 있는 에너지나 생명은 사람의 힘으로 창조할 수도 없고 파괴할 수도 없으므로 이것을 어찌할 수 없는 존재, 즉 명(命)이라고 한다.

이 어찌할 수 없는 존재, 즉 명은 모든 만물이 다 변화하더라도 이것만은 영구불변하므로 노자는 이것을 상도(常道) 또는 다만 상(常)이라고 한다. 이 모든 것이 다 변화하는 가운데서 변화하지 않는 에너지와 생명이 모든 물질과 생물의 근원이 된다는 것을 알면 이러한 사람을 현명하다고 한다. 만일 이러한 만물의 근원인 에너지나 생명을 모르면 근본적 의의를 몰라 기탄없이 달려들어서 망동을 하므로 그 결과는 좋지 못한 일을 부르게 된다.

3. 상도(常道)와 철인

이러한 상도를 아는 사람은 이 세상의 어진 사람이나 어리석은 사람이나, 또는 좋은 물건이나 나쁜 물건을 다 포용할 수 있으므로 공평무사하고, 공평무사하면 보편적 타당성을 가져 천지와 같이 고대광박(高大廣博)한 인물이 되고, 고대광박하면 영구불변의 도(道)에 즉(卽)하여 영생하게 되니 위태로움이 없다. 이러한 철인에게는 왕필(王弼)의 말에 의하면 '호랑이라도 그 이〔齒〕로 해치지 않고, 사람이라도 병기로 해치지 않으니 무슨 위험이 있겠느냐?'고 했다.

제17장
이상적인 정치가

가장 뛰어난 임금은 무위자연의 도(道)로 나라를 다스리기 때문에, 백성들이 그가 존재하는 줄을 모른다.

그 다음 뛰어난 임금은 덕으로 나라를 다스리기 때문에, 백성들이 그를 사모하여 예찬한다.

그보다 못한 임금은 법과 형(刑)으로 나라를 다스리기 때문에, 백성들이 그를 무서워하거나 업신여긴다. 그리하여 군주는 백성들의 신망이 모자라니 백성들이 믿지 않는다.

가장 뛰어난 임금은 본래 무언(無言)의 교(敎)를 행하기 때문에 백성들을 자연에 방임하여 두고, 말을 무겁게 여겨 쉽사리 입밖에 내지 않는다. 백성들이 자기네의 하는 일이 이미 성공되어도 모두 우리가 다 저절로 그렇게 된 것이라 한다.

• • • • • • • • • • • • •

태상 부지유지 기차 친지예지 기차 외지모지 신
太上①, 不知有之； 其次, 親之譽之, 其次, 畏之侮之, 信

부족 유불신 유혜 기귀언 공성사수 백성개위아자연
不足, 有不信. 悠兮②其貴言, 功成事遂, 百姓皆謂我自然.

태상(太上)은 그를 있는 줄을 모르고, 그 다음은 그를 친애하고 예찬하며, 그 다음은 그를 두려워하고 그를 업신여기며, 신망이 부족하여 불신하는 일이 있다. 유연히 그 말을 귀중히 여기니 공(功)이 이루어지고 일이 다 되어도 백성들이 다 이르기를 '나는 나 스스로 그러하다'고 한다.

· · · · · · · · · · · · ·

주석

① 太上(태상) : 오징(吳澄)은 '태상유언최상(太上猶言最上)'이라 했다.
② 悠兮(유혜) : 유연(悠然)과 같으나 왕필은 자연(自然)으로 해석하였다.

고증

① 부지유지(不知有之) : 다른 책에는 '하지유지(下知有之)'라 하였는데, 오징본과 명태조본(明太祖本), 초횡본에는 하(下)자를 다 불(不)자로 썼다.
② 신부족(信不足), 유불신(有不信) : 다른 책에는 '신부족언유불신언(信不足焉有不信焉)'이라 하였는데, 노자익에는 언(焉)자 두 개가 없다.
③ 유혜기귀언(悠兮其貴言) : 다른 책에는 '유기귀언(由其貴言)'이라 했다.

▸하상공은 이 장을 '순풍장(淳風章)'이라 했다.

해설 1. 세 가지 위정자(爲政者)

무위자연의 대도(大道)로 나라를 다스리는 철인정치가는 본래 정치적 지배욕과 경제적 소유욕, 개인적 명예욕이 없다. 그러므로 백성들이 국가에 대한 병역과 납세, 도덕의 의무감을 느끼지 않는다. 그러므로 백성들이 자기네 위에 어떤 임금이 존재하고 있는지 도무지 모른다.

그러나 세상에서 흔히 현군(賢君)이라 부르는 임금은 대도로 나라를 다스리지 못하지만 덕으로 나라를 다스리므로 백성들이 임금에 대하여 친애감을 느껴 '아! 우리 임금은 착한 분이시다'고 칭송이 자자하다. 그러므로 공자도 일찍이 '덕으로 정치를 하면, 마치 북극성이 하늘 중앙에 처하여 있으면 뭇 별들이 그것을 중심으로 하여 돌고 있는 것과 같다' 했고, 또 '백성들을 덕으로 인도하고 예로 한결같이 다스려 나아가면 백성들이 자기가 허물이 있을 때 부끄러워할 줄을 알고, 또 마음이 바로잡힌다'고 했다. 이것으로 보아 노자는 도치주의자(道治主義者)요, 공자는 덕치주의자(德治主義者)라고 말할 수 있다.

그러나 그 다음가는 임금, 즉 세상에서 흔히 폭군이라고 부르는 임금은 덕으로 다스리지 못하고, 법과 형(刑)으로 나라를 다스려 엄격한 병역법과 가혹한 세법을 만들어 내므로 백성들이 법률과 정치의 압력을 느껴 임금을 무서워하게 된다. 그러므로 공자는 또 '백성들을 정치로 인도하고 형벌로 한결같이 다스려 나가면, 백성들이 죄를 범하지는 않지만 도덕적으로 잘못하고도 양심으로 부끄러워할 줄 모른다'고 했다. 왜냐하면 법과 형은 백성의 죄는 다스릴 수 있지만 백성의 마음은 다스릴 수 없기 때문이다.

그러나 법과 형도 잘 시행되지 못할 때에는 아침에 영(令)을 내렸다가 저녁에 다시 고치게 되어〔朝令暮改〕, 백성들이 임금을 모욕하고 임금을 원망하게 된다. 따라서 임금은 백성의 신망을 잃고, 백성은 정부의 하는 일을 도무지 믿지 못하게 된다. 심지어는 무슨 말을 하게 되는가 하면 '이놈의 세상이 언제 망할까. 나도 너〔임금〕와 같이 죽고 싶다'고 한다. 다시 말하면 백성들이 임금을 원수같이 보고 정부를 원부(怨府)같이 보게 된다. 이렇게 되고서야 나라가 어찌 망하지 않을 수 있겠는가?

2. 도가(道家)의 위정자

그러나 도덕과 법률을 초월하여 대도(大道)로 나라를 다스리는 철인정치가는 무위(無爲)의 일과 무언(無言)의 교(敎)를 행하므로 백성에게 영(令)을 함부로 내리지 않고, 말을 함부로 하지 않으므로 말을 어쩔 수 없이 한마디 하는 것도 천금보다 더 귀중히 여긴다.

그러므로 백성들은 다 유유자적(悠悠自適)한 생활을 하면서 '해가 뜨면 일을 하고 해가 지면 쉬고, 밭갈아 밥 먹고, 우물 파서 물마시니, 임금의 힘이 어찌 나에게 있겠느냐?'하고, 또 공(功)이 이루어지고 일을 다 완수하고도 '누가 시켜서 그렇게 되는 것이 아니요, 나 스스로 그렇게 한 것이다'고 한다. 그러므로 도치국가(道治國家)는 덕치국가(德治國家)와 법치국가(法治國家)보다 훨씬 고차적(高次的)인 것이다.

제18장
큰 도가 없어지니 인의가 나타났다

인의(仁義)란 무위자연의 큰 도를 버린 뒤에 부르짖게 되었다.

큰 거짓은 지식의 한계를 모르는 지혜가 나온 뒤에 나타난 것이다. 효자나 자모(慈母)는 한 집안 친척들이 자연의 정과 사랑을 잃고 화목을 깨뜨린 뒤에 나온다.

충신(忠臣)이란 무위의 정치가 무시되고, 나라가 혼란에 빠질 때 나타난다.

• • • • • • • • • • • • • •

대도폐 유인의 지혜출 유대위 육친 불화 유효자
大道廢, 有仁義, 智慧出, 有大僞, 六親①不和, 有孝慈②,
국가혼란 유충신
國家昏亂, 有忠臣.

대도(大道)가 폐하여 인의가 있고, 지혜가 나와 대위(大僞)가 있고, 육친이 불화하여 효자(孝慈)가 있고, 국가가 혼란하여 충신이 있다.

• • • • • • • • • • • • • •

주석

① 六親(육친) : 왕보부(王輔副)는 '부자형제부부야(父子兄弟夫婦也)'라 했고, 또 일설에는 백숙형제아손(伯叔兄弟兒孫)이란 말도 있다.

② 孝慈(효자) : 노자익(老子翼)에는 '효자자손야(孝子慈孫也)'라 했다.

고증

① 인의(仁義) : 양계초(梁啓超)는 '인(仁)은 공자의 구호요, 인의를 병칭한 것은 맹자의 구호이니, 이전에는 언급한 사람이 없다. 노자가 대도폐(大道廢) 유인의(有仁義)라고 했으니, 사상계통으로 보아 노자 책은 마땅히 공맹(孔孟) 이후에 있어야 한다'고 했다.(古書眞僞及其年代, 7)

② 지혜(智慧) : 원래 혜지(慧智)였는데 하상공(河上公), 부혁(傅奕), 소철(蘇轍), 임희일(林希逸), 왕도(王道), 초횡(焦竑) 제본(諸本)에는 다 지혜로 쓰여 있다. 마서륜(馬敍倫)도 혜지는 지혜의 오사(誤寫)라 했다.

③ 昏(혼) : 정복보(丁福保)는 '설문(說文) 혼종일(昏從日) 씨성(氏省) 씨자(氏者) 하야(下也) 일왈민성(一曰民聲) 안차찬주병오(按此纂注並誤)'라 했다.

▸하상공은 이 장을 '속박장(俗薄章)'이라 했다.

해설 1. 도가 떨어지자 인의가 일어난다

천하가 크게 어지러워지고 인심이 잔인하여지자, 공자가 비로소 나와 순수감정인 인(仁)을 주장하였다. 윤리가 땅에 떨어지자, 맹자가 비로소 나와 인의, 즉 도덕을 주장하였다. 큰 도[大道]로 국가를 다스릴 때에도 인과 인의가 어찌 없으랴만, 조그만 인과 인의와 같은 것은 다 그 가운데 포괄되어 그 가치를 나타내지 못하였다. 비유하여 말하면 해가 떠있는 낮에도 어찌 별과 달이 없으랴만 그 빛이 다 햇빛에 휩쓸리어 광채를 나타내지 못한다. 그러나 캄캄한 밤이 되어 햇빛이 없을 때에는 별빛이 현저한 것과 같다.

2. 자연이 쇠하면 인위(人爲)가 일어난다

무위자연의 큰 도로 천하를 다스리지 못하고, 인위적인 교묘한 지혜를 짜내어 간활(奸滑)한 정책과 조밀한 법률을 만들어 내더라도 반드시 그 반면에는 이것을 모면하려는 큰 허위가 나타나게 된다. 이것은 마치 의학이 많이 발달될수록 질병이 점점 많아지고, 새로운 법령이 많이 나올수록 범죄자가 점점 늘어나는 것과 같다.

사람들이 태어나 자연성 그대로 순진하고 아무 사욕이 없다면 육친이 화목하여 가가호호(家家戶戶)에 누구나 다 자모(慈母) 효자가 아닌가? 그러나 부모 형제 부부가 불화할 때에는 단 한 사람의 열녀(烈女)와 효자가 나오더라도 세상이 다 알게 되는 것이다.

마치 백화(百花)가 만발한 화원에는 아무리 훌륭한 한두 송이의 꽃이 있더라도 그다지 좋게 보이지 않지만, 가시덤불 속에 피어 있는 꽃은 비록 그다지 아름답지 못한 것이라도 유난히 사람의 눈에 띄게 되는 것이다.

또 무위자연의 큰 도로 천하를 다스려 나라마다 다 태평할 때에는 조정에 차 있는 사람이 모두 충신이 아닐 수 없다. 한두 사람의 충신쯤은 그 존재가 뚜렷하게 나타날 수가 없다.

그러나 한번 국가가 혼란하여 모두가 간신배일 때에는 한두 사람의 목숨을 바치는 충신이 있을지라도 그 존재가 뚜렷한 것이다. 이것은 마치 물고기가 넓은 강호(江湖) 속에 있을 때에는 그 물의 공을 잊지만, 가뭄에 물이 마를 때에는 비록 한두 방울의 물이라도 그것이 무척 귀중하게 여겨지는 것과 같다.

제19장
순박에 돌아가 사(私)를 버리라

학문에 있어서는 성자(聖者)와 지자(知者)가 되려고 하는 지식욕을 끊어버리면, 백성들에게 자연히 남보다 뛰어나려는 생각이 없어지고 백 배나 이롭게 된다.

도덕에 있어서는 인자(仁者)와 의사(義士)가 되려고 하는 명예욕을 끊어버리면, 백성들에게 자연히 남보다 좋은 사람이 되려고 하는 의지가 없어지고, 부모에 효도하며 아들딸을 사랑하게 된다.

경제에 있어서는 기술자와 모리업자(謀利業者)가 되려고 하는 소유욕을 끊어버리면, 백성들 사이에 자연히 경쟁심이 없어져 도둑질을 하지 않게 된다.

앞에서 말한 이 세 가지, 즉 성지(聖智)와 인의(仁義)와 교리(巧利)의 폐단은 다 백성들을 도로 다스리지 않고, 그 세 가지를 문물, 즉 자연을 거스르는 문화로 다스리려는 데서 생기는 것이다.

그러므로 백성들이 따르게 해야 할 근본이 있다. 곧 그것은 소박하고 사욕을 적게 하는 생활을 하도록 지도하는 것이다.

• • • • • • • • • • • • •

절성기지 민리백배 절인기의 민복효자 절교기
絶聖棄智①, 民利百倍, 絶仁棄義②, 民復孝慈, 絶巧棄
리 도적무유 차삼자이위문 이미족 고령유소속 현소
利③, 盜賊無有. 此三者以爲文④而未足, 故令有所屬, 見素
포박 소사과욕
抱樸, 少私寡欲.

성(聖)을 끊고 지(智)를 버리면 백성이 백 배나 이롭고, 인을 끊고 의를 버리면 백성이 다시 효자(孝慈)하게 되고, 교(巧)를 끊고 이(利)를 버리면 도둑이 없게 된다. 이 세 가지는 문(文)으로 하여 아직 부족하기 때문이다. 그러므로 소속시킬 데가 있으니, 소(素)를 나타내어 박(樸)을 안고, 사(私)를 적게 하여 욕(欲)을 적게 할 것이다.

• • • • • • • • • • • •

주석

① 聖(성), 智(지) : 왕필(王弼)은 '재지선야(才之善也)'라고 하였다. 재능을 가리킨다.
② 仁(인), 義(의) : 왕필은 '인지선야(人之善也)'라고 하였다. 선인(善人)을 가리킨다.
③ 巧(교), 利(이) : 왕필은 '용지선야(用之善也)'라고 하였다. 기술과 이익을 가리킨다.
④ 文(문) : 문치(文治), 문식(文飾), 문화, 문전(文典), 법전(法典)을 가리킨다.

고증

① 이위문이미족(以爲文而未足) : 원래 '이위문부족(以爲文不足)'인데 왕필 주에 '고왈(故曰) 차삼자(此三者) 이위문이미족(以爲文而未足) 고령인유소속(故令人有所屬)'이라 하였고, 또 부혁본에도 그렇다. 다케우치 요시오는 이것은 노담(老聃)의 말이 아니요, 신도(愼到)의 설이라 했다.(노자의 연구, 230) 생각하건대 이 '문(文)'은 문물의 뜻이 아닌가 한다.

▶하상공은 이 장을 '환순장(還淳章)'이라 하였다.

해설 1. 성(聖)과 지(知)에 대한 유가(儒家)의 견해

성과 지, 또는 인과 의는 본래 유가에서 숭상하는 것이다. 교(巧)와 이(利), 즉 기술과 이익은 묵가(墨家)에서 장려하는 것이다. 논어(論語) 가운데 태재(太宰)가 자공(子貢)에게 "선생님[공자]은 성자(聖者)이신가? 어쩌면 그렇게 재주가 능란하실까?"하고 물었다. 자공이 대답하였다. "본래 하늘이 낸 성인이시니까 모든 일에 능란하시다." 또 공자는, "성인과 인자(仁者)야 내가 어찌 감히 바라겠느냐? 그저 일을 하는 데는 싫어하지 않고, 사람을 가르치는 데는 게으르지 않을 뿐이다." 하였다.

또 자공은 공자에게, "만일 백성에게 재물을 널리 베풀어 주고 민중을 구제해 줄 수 있다면 어떻습니까? 인자라고 할 수 있습니까?"하고 물었다. 공자는, "어찌 인자라고만 하겠느냐? 반드시 성인이다. 이것은 옛날 요순(堯舜)과 같은 분도 그렇지 못할까 걱정한 것이다."고 하였다. 이것으로 보아 우리는 유가에서는 학문에 있어서 성인이 되는 것을 최고 목적으로 삼은 것을 알 수가 있다.

그 다음 지(智)에 있어서는 지(知)자와 서로 통한다. 공자는 '지자(知者)는 물[水]을 즐거워하고, 인자는 산을 즐거워한다' 하였고, 자로(子路)에게, "너에게 안다는 것이 무엇인지 가르쳐 줄까? 아는 것을 안다 하고 모르는 것을 모른다 하는 것이다."고 하였다.

공자가 자공에게, "그대와 안회(顔回) 중 누가 나은가?"하고 물었다. 자공이 대답하기를 "제가 어찌 감히 안회를 바라겠습니까? 안회는 한 가지를 듣고 열 가지를 알지만, 저는 한 가지를 듣고 겨우 두 가지를 압니다."고 하였다. 또 번지(樊遲)가 공자에게 지(知)를 물을 때에 공자는 사람이 무엇인지 아는 것이 지라 하였다.

또 맹자도 '선(善)에 충실하여 광휘(光輝)가 있는 이를 대인(大人)이라 하고, 대인으로서 선으로 사람을 감화시키는 사람이 성인이다'하고, 또 '옳은 것은 옳다 하고, 그른 것은 그르다 하는 것을 지라' 하였다. 이것으로 보면 유가에서는 성(聖)뿐만 아니라, 지(智)를 매우 숭상하였다고 볼 수 있다.

2. 노자의 성지관(聖知觀)

그러나 노자는 유가에서 그처럼 성과 지의 가치를 숭상하는 것을 그리 대수롭게 여기지 않았다. 왜냐하면 성과 지를 하늘의 별에 비유하면 도는 태양과 같기 때문이다. 이것은 마치 장자(莊子)가 말한 것과 같이 광명한 해가 떠있는 대낮에 횃불을 잡고 있는 어리석은 일이기 때문이다. 다 같은 사람으로서 주제넘게 남보다 훌륭한 사람이 되려고 하면 다만 나면서부터 순진한 인간의 자연성을 잃어버려 혼란하게 되기 때문이다.

3. 유가의 인의관(仁義觀)

그 다음 인과 의에 있어서도 그렇다. 유가에서는 사람을 인위적으로 현인군자(賢人君子)를 만들려고 무척 노력한다. 그러므로 공자는 '인은 사람을 사랑하는 것이다'라 하였고, '내가 하고 싶지 않은 것을 남에게 시키지 말라' 하였다. 또 '어디에 있을 때에는 점잖게 있고, 일을 할 때에는 존경스러운 마음으로 하고, 사람과 교제할 때에는 충성을 다하라' 하였고, '인자만이 사람을 좋아할 수도 있고, 사람을 미워할 수도 있다'고 하였다. 또 맹자도 '인은 사람의 마음이다' 하였고, '측은히 여기는 마음은 인의 단서(端緖)다' 하였다. 이로 보아 유가에서 말하는 인은 주로 사람과 사람 사이에서 일어나는 순수감정, 즉 동정심이라고 말할 수 있다.

또 의(義)에 있어서는 맹자는 '의는 사람으로서 마땅히 걸어가야 할 길이다'라 하였고, '부끄러워하는 마음은 의의 단서다' 하였다. 또 공자도 '의를 보고서 하지 않으면 용기가 없는 사람이다' 하였고, '백성에게 일을 시키는 데는 의로워야 한다' 하였다. '군자는 의로 본바탕을 삼아야 한다' 하였고, '얻는 것이 있으면 의를 생각하라' 하였다. 이로써 보면 유가에서 말하는 의는 사람의 의지노력으로 마땅히 하여야 할 일을 행하는 것이라고 말할 수 있다. 이와 같이 유가에서는 인간의 순수감정에서 발로되는 인과 선량한 의지에서 발휘되는 의를 고조시켰다.

4. 노자의 인의관

그러나 노자는 이러한 인과 의를 끊어버리고 인위적이 아닌 인간의 자연성으로 돌아오라고 하였다. 공자는 '몸을 죽이고라도 인을 이룩하라〔殺身成仁〕' 하였고, 맹자는 '생을 버리고라도 의를 취하라〔捨生取義〕'고 하였다. 이것은 하나의 종교적 정신일는지 모르지만 노자의 눈으로 보면 이것은 다 부자연한 것이다.

사람은 자연히 태어나 자연히 살다가 자연히 죽을 것이지, 부질없이 인위적인 가치를 위하여 존재적인 자기의 귀한 몸과 생을 버릴 필요는 없다는 것이다. 만일 사람들로 하여금 도덕적으로 남보다 좋은 사람이 되려고 하는 인과 의의 마음을 없애 버리면, 가르치지 않아도 백성들이 저절로 부모에게 효도하게 되고, 또 아들딸을 사랑하게 된다.

5. 노자의 사회경제관

그 다음 또 우리가 먹고 입고 사는 경제생활에 있어서도 부질없이 인간의 욕망을 만족시키기 위해서 백성들에게 기술을 가르친다든가, 또는 모리행위(謀利行爲)를 조장하여서는 안 된다. 기술, 즉 기계문명이 발달되면 될수록 인간의 교지(巧智)가 더욱 생기게 되고, 욕망을 만족시키면 시킬수록 인간의 소유욕과 지배욕이 더욱 커 갔다.

결국에 가서는 기계로 인하여 인간의 자연성이 부정되고, 또 욕망으로 인하여 인류 전쟁이 일어나게 된다. 이 어찌 인간의 모순성이 아니겠는가. 세상의 호전가(好戰家)들은 흔히 말하기를 '우리는 정의를 위하여 싸운다'고 한다. 그러나 전쟁은 전쟁인 이상 그것은 인간을 부정하는 행위요, 또 전쟁이란 일종의 도둑 행위다.

묵가에서는 일찍이 윤리에 있어서는 겸애(兼愛), 즉 평등애(平等愛)와 경제에 있어서는 겸리(兼利), 즉 호혜평등(互惠平等)을 주장하였지만 인간의 자연성을 무시하였다. 묵자는 '남의 아버지를 자기 아버지와 같이 사랑하라' 하였고, 사람에게 밤낮으로 일하기를 주장하였고, 인격적 신을 섬기라 하였고, 전쟁을 전쟁으로 막으려 하였고, 전쟁의 도구인 교묘한 연(鳶)을 3년이나 걸려 만들어 냈고, 또 그의 학도(學徒) 금활리(禽滑釐) 등 3백여 인은 물불을 가리지 않는 군대였다.

그러나 노자는 윤리에 있어서는 소박하고 사욕이 적은 생활을 하라 하였고, 경제에 있어서는 소유욕을 부정하였고, 정치에 있어서는 지배욕이 없는 정치를 주장하였고, 전쟁에 있어서는 부득이 전쟁을 할 때에는 싸우지 않고 이기는 전쟁을 말하였다. 이것은 다 노자가 인위적인 모든 문명과 문화를 비판하고 인간의 자연성을 존중하여 사람으로 하여금 '자연히 나서 자연히 살다가 자연으로 돌아가라'는 의미에서 한 말이다.

노자가 무욕(無慾)을 주장하였다고 해서 목이 말라도 물을 마시지 말고, 배가 고파도 밥을 먹지 말고, 추워도 옷을 입지 말라는 것은 아니다. 도리어 목이 마르면 물을 마시고, 배가 고프면 밥을 먹고, 추우면 옷을 입으려고 하는 것은 인간의 자연성이다. 다만 갈증이 없는데도 물 한 모금 더 마시려고, 배가 불렀는데도 밥 한술 더 먹으려 하고, 추위를 면하였는데도 옷 한 벌을 더 해두려고 하는 것은 사욕이요, 또 부자연한 것이다. 요컨대 모든 인위적인 행위를 버리고, 자연으로 돌아가라는 것이다.

제20장
대우(大愚)의 마음

만물의 근원인 도를 탐구할 때, 지식과 가치를 탐구하는 지식학과 윤리학을 포기하여도 근심 걱정이 없을 것이다.

언어생활에 있어서 윗사람에게는 존경하는 표시로 '예'하고 대답하고, 아랫사람에게는 반말을 사용하여 '아'나 '응'하고 대답하지만 이것이 다 같은 음성에서 나오는 소리니, 그리 큰 차이는 없지 않은가.

세상 사람들은 흔히 미(美)를 좋아하고, 추(醜)를 싫어하지만 이것이 다 같은 사람의 감정 작용에서 나온 것이니, 그리 큰 차이는 없지 않은가.

그러나 나 역시 사람이므로 사람들과 같이 어울려 윗사람에 대해서는 '예'라 대답하고, 아랫사람에 대해서는 '아'나 '응'하고 대답한다. 사람들이 '미'라 하면 나 역시 '미'라 하고, '추'라 하면 나 역시 '추'라 한다. 남들이 두려워하는 것을 나 역시 두려워하지 않을 수 없다.

세상 사람들은 가깝고 작은 것을 분주히 찾아다니지만 나는 홀로 멀고 큰 무엇을 모색하므로, 남이 보기에는 마음의 중심이 잡히지 아니하여 황망한 들을 헤매는 듯하다.

세상 사람들은 눈앞에 보이는 조그만 것에 만족하여 희희낙락(喜喜樂樂)하는데, 그 모습은 마치 봄날 누대(樓臺)에 올라가, 소와 돼지를 잡아 주연(酒宴)을 베풀고 먹고 마시고 춤추는 듯하다. 그러나 내 마음은 어쩐지 담박하고 무미(無味)하여, 마치 아직 철이 나지 않아 웃을 줄도 모르는 어린아이와 같다. 또 어려서 집을 나와 타향에서 방랑생활을 하느라 몸이 이미 지쳤으나 돌아갈 줄 모르는 탕자(蕩子)와 같다.

뭇 사람들은 다 여유작작한 생활을 하지만 나는 홀로 무엇을 잃어버린 듯하다. 나는 아마 어리석은 사람의 심정인 양하니, 흐리멍덩하여 아무것도 분별할 줄 모르는 것 같다.

속인(俗人)들은 옳고 그른 것을 가리는 데 아주 분명하고 똑똑하지만, 나는 홀로 우매(愚昧)한 듯하다.

속인들은 세밀하여 매우 자상하지만 나만이 홀로 아무것도 몰라 답답스러워 보인다.

타고난 성품은 담박하고 무미하여 짠맛조차 잃어버린 바닷물과 같고, 어디서 불어와서 어디로 불어가는지 알 수 없는 바람과 같이 그칠 줄 모르는 것과 같다.

모든 사람들은 다 재능이 있어서 어디를 가든지 다 쓸모가 있어 환경에 잘 적응하지만, 나만은 홀로 아무 지식도 없고 욕망도 없어서, 아마 완고하고 비루한 듯하다.

그러나 나는 홀로 뭇 사람과 다른 점이 있으니, 나는 나에게 밥을 주는 어머니인 자연을 귀중히 여긴다. 왜냐하면 어머니인 자연은 내 생의 근본이 되기 때문이다.

• • • • • • • • • • • • •

절학무우 유지여아 상거기하 미지여악 상거하약
絶學無憂. 唯之與阿①, 相去幾何, 美之與惡②, 相去何若,
인지소외 불가불외 황 혜기미앙 재 중인희희 여향
人之所畏, 不可不畏. 荒③兮其未央④哉! 衆人熙熙⑤, 如享
태뢰 여춘등대 아독박혜 기미조 여영아지미해 뇌
太牢⑥, 如春登臺, 我獨泊兮⑦其未兆⑧, 如嬰兒之未孩⑨, 儽
뇌 혜약무소귀 중인개유여 이아독약유 아우인지심야
儽⑩兮若無所歸. 衆人皆有餘, 而我獨若遺, 我愚人之心也
재 돈돈혜 약무소별 속인소소 아독약혼 속인찰찰
哉! 沌沌兮⑪若無所別. 俗人昭昭⑫, 我獨若昏, 俗人察察⑬,

아독민민 담 혜기약해 요 혜약무지 중인개유이 이
我獨悶悶⑭, 澹⑮兮其若海, 飂⑯兮若無止, 衆人皆有以⑰, 而
아독완 차 비 아독이어인 이귀식모
我獨頑⑱且⑲鄙, 我獨異於人, 而貴食母⑳.

학(學)을 끊어도 근심이 없다. 유(唯)와 아(阿)는 서로 거리가 얼마나 되는가? 미(美)와 악(惡)은 서로 거리가 얼마나 되는가? 사람들이 외구(畏懼)하는 것을 외구하지 않을 수 없다. 마음이 황막한 모습은 그것이 아직 중심점이 잡히지 않은 듯하도다! 뭇 사람은 희희(熙熙)하여 태뢰(太牢)를 잡고 향연을 하여 봄날에 누대에 오른 듯하다. 나 홀로 담박한 모습은 그 아직 철이 나지 아니하여 웃을 줄 모르는 영아(嬰兒)와 같고, 피로한 모습은 돌아갈 데가 없는 듯하다. 뭇 사람들은 다 여유가 있지만 나 홀로 무엇을 잃어버린 듯하다. 나는 어리석은 사람의 마음인양 하니, 흐리멍덩하여 분별할 줄 모르는 것 같다. 속인들은 똑똑하지만 나 홀로 혼매(昏昧)하고, 속인들은 자상하지만 나 홀로 답답한 듯하고, 담담한 모습은 바닷물과 같고, 표표(飄飄)하는 모습은 정지할 줄 모르는 것 같다. 뭇 사람은 다 쓰일 데가 있지만 나 홀로 완고한 듯하다. 나 홀로 남과 다르니, 식모(食母)를 귀히 여긴다.

• • • • • • • • • • • • • •

주석

① 唯(유), 阿(아) : 둘 다 대답하는 소리인데, 유(唯)는 '예', 아(阿)는 '아' 또는 '응'에 해당한다. 노자익에 '유공이아만(唯恭而阿慢)'이라 하였다.

② 惡(악) : 추(醜)자의 뜻.

③ 荒(황) : 황막(荒漠), 광원(廣遠)의 뜻.

④ 未央(미앙) : 엄영봉(嚴靈峰)은 '언무주야(言無主也) 즉하문무소귀

지의(卽下文無所歸之意)〔노자장구신편, 179〕'라 하였다. 사원(辭源)에는 '진야(盡也) 중야(中也) 선명모(鮮明貌)'라 하였다.

⑤ 熙熙(희희) : 희희(嬉嬉). 오락의 뜻.

⑥ 太牢(태뢰) : 소, 양, 돼지.

⑦ 泊兮(박혜) : 정(靜)자의 뜻.

⑧ 兆(조) : 징조. 동지미(動之微)니, 귀조(龜兆)의 탁(坼)과 같음.

⑨ 孩(해) : 어린아이의 웃음.

⑩ 儽儽(뇌뇌) : 드리워 있는 모양. 여기서는 피로의 뜻.

⑪ 沌沌兮(돈돈혜) : 혼돈, 흐리멍덩한 모습.

⑫ 昭昭(소소) : 소명(小明)의 뜻.

⑬ 察察(찰찰) : 가세(苛細)의 뜻. 잘고 까다로운 것.

⑭ 悶悶(민민) : 답답한 모양.

⑮ 澹(담) : 담박의 뜻.

⑯ 飂(요) : 바람이 그치지 않는 모습.

⑰ 以(이) : 용(用)자의 뜻.

⑱ 頑(완) : 통양(痛痒)을 모르는 것.

⑲ 且(차) : 다른 책에는 사(似)자로 되었으나, 왕필 주에는 차(且)자로 쓰여 있다.

⑳ 食母(식모) : 유모(乳母)의 뜻도 있다. 제1장의 '유명만물지모(有名萬物之母)'의 모(母)자의 뜻.

고증

① 절학무우(絶學無憂) : 이순정(易順鼎)은 제19장 '절성기지(絶聖棄智)' 구(句) 앞에 와야 한다 했고, 위원(魏源)은 같은 제19장 '소사과욕(小私寡欲)' 구 다음에 와야 한다 했고, 다케우치 요시오도 그렇게 보았다.

② 해(孩) : 고문에는 '해(咳)'자로 쓰여 있는데, 장석창(蔣錫昌)은 '소아소야(小兒笑也)'라 했다.

③ 식모(食母) : 왕필은 '생지본야(生之本也)'라 했다.

▶ **하상공은 이 장을 '이속장(異俗章)'이라 하였다.**

해설 1. 도학(道學)의 본질

만물의 근원인 도(道), 즉 물(物) 자체를 요해하는 데는 인식작용이 정지되므로 지식을 위주로 하는 인식론과 같은 학문은 불필요하게 된다. 이것은 마치 달을 보려고 하는 사람에게 구름과 같은 방해물이 된다. 특히 유학에서는 도덕적 학문, 즉 윤리학을 중요시한다. 그러므로 공자는 '나는 열다섯 살에 학문에 뜻을 두었다[吾十有五而志於學]' 하였다. 여기서 학(學) 역시 도덕적 학문의 뜻이다. 또 '배워서 때때로 익히면 또한 기쁘지 않으냐[學而時習之 不亦說乎]' 하였고, 또 '배우는 데 싫어하지 않는다[學而不厭]'고 하였다.

맹자도 '배우는 데 싫어하지 않는 것은 지혜로운 것이다[學而厭智也]'라고 하였다. 그러나 공맹(孔孟) 뒤에 나온 노자 책의 저자는 지식학과 도덕학을 반드시 배척하는 것은 아니지만 도, 즉 물 자체를 체득하는 데는 그러한 학문은 끊어버려도 괜찮다고 하였다. 그럴지라도 도를 탐구하는 데 지장이 되지 않는다. 그러므로 그것은 도학을 하는 사람에게 근심 걱정이 될 수가 없다. 이것은 마치 겨울에 겨울옷을 입는 것을 반대하지 않지만, 우리가 봄에 새옷을 입으려면 겨울의 낡은 솜옷을 벗지 않을 수 없는 것과 같다.

2. 유가의 예(禮)와 악(樂)

유가에서는 상당히 예를 중요시한다. 그리하여 윗사람에 대한 예의와 아랫사람에 대한 예의가 서로 다르다. 그러므로 공자는 임방(林放)이 예의 근본을 물을 때에 '야, 큰 문제를 묻는구나!' 하였고, 또 '임금을 섬기는 데는 예를 극진히 하여야 한다' 하였고, 또 '임금이 신하를 부르는 데 예로 하여야 한다' 하였고, 또 '예로 사양할 줄 알면 나라를 다스리는 데 무슨 어려움이 있겠느냐?' 하였다.

그뿐 아니라, 언어생활에 있어서도 윗사람과 아랫사람 사이에 서로 용어가 다르다. 그러므로 공자는 '내가 사람을 대할 때에 그 말을 듣고 그 행실을 살펴본다' 하였고, 또 '말이 불순하면 일이 이루어지지 않는다' 하였다. 예를 들면 존장에게 '응'하고 대답하면 불순한 것이 되고, 손아랫사람에게 '예'하고 대답하면 도리어 상하를 구별하지 못하는 것이 되는 것과 같다. 그러나 근본으로 돌아가서 보면 '예'나 '응'이나 다 사람의 같은 음성에서 나온 것이니 그것을 가지고 불순이니, 상하를 모른다느니 하고 시비를 다툴 것이 없다.

또 유가에서는 예뿐만 아니라 악(樂), 즉 음악적 미도 매우 좋아한다. 그러므로 앞에서도 이미 말한 것과 같이 공자는 순(舜)임금의 소악(韶樂)을 배울 때에 석달 동안 고기맛을 몰랐고, 또 그것을 찬미하여 진선진미(盡善盡美)하다 하였다. 그러나 근본으로 돌아가서 보면 미와 추는 다 사람의 같은 감정작용에서 나온 것이다. 이 세상에 절대적 미도 없고, 또 절대적 추도 없는 것이다. 다시 말하면 미가 곧 추요, 추가 곧 미인 것이다. 그러니 미와 추 사이에 거리가 얼마나 되겠는가?

공자는 일찍이 '군자는 세 가지 두려워하는 것이 있으니, 천명(天命)을 두려워하고, 대인(大人)을 두려워하고, 성인의 말씀을 두려워한다' 하였고, 또 '소인은 천명을 몰라서 두려워하지 않고, 대인을 희롱하고, 성인의 말씀을 업신여긴다'고 하였고, '후생(後生, 즉 후배)을 두려워한다'고 하였다. 여기서 두려워한다는 말은 주자(朱子)의 말을 빌면 엄숙한 마음으로 꺼린다는 뜻이다. 다시 말하면 미소한 나 자신이 위대한 그 무엇을 대할 때에 자연히 숭고, 또는 외구의 감정을 가지는 것과 같은 것이다.

천명이라 함은 사람의 힘으로 어찌할 수 없는 엄숙한 자연의 질서를 이름이요, 대인이라 함은 도덕이 높은 위인(偉人)을 이름이요, 성인의 말씀이라 함은 우주와 인생의 진리를 체득한 말씀을 이름이요, 후배를 두려워한다 함은 나보다 연소한 사람이 부지런히 배워서 그 학식과 도덕이 장차 나를 넘어서려고 할 때에 외구의 감정을 가짐을 말한다. 이러한 감정은 노자 역시 공자와 같이 천명이나 대인이나 성인의 말씀이나 또는 후생에 대하여 가진다는 것이다.

그 다음 세상 사람들은 아주 목적의식이 뚜렷하여 어떻게 하면 세상에서 한번 명예를 낼까, 어떻게 하면 재화를 획득할까, 어떻게 하면 권력을 쥐어 볼까 하고 밤낮 분주하지만, 노자는 황망한 들판에서 방향도 없고 목적도 없는 여행을 하는 것과 같고, 대상이 없는 대상자를 찾는 것과 같고, 중심점이 없는 원(圓)을 찾는 것과 같고, 중앙이 없는 변두리를 헤매는 것과 같고, 아직 싹이 트지 않은 꽃봉오리에 희망을 가지는 것과 같다.

3. 노자의 심정

이 세상에서 부귀영화를 누리는 사람들은 행복감에 도취되어 진리를 위해서는 형극(荊棘)의 길을 걸어가는 괴로움도 모르고, 달도 없고 등불도 꺼진 밤에 홀로 앉아 나라를 위하여 울 줄도 모른다. 그들의 생활태도는 마치 화창한 봄날에 높은 누대에 올라가서 소와 돼지를 잡고 큰 연회를 베풀어 먹고 마시고 노래하고 춤추는 것과 같다.

그러나 어쩐지 나의 마음은 쓸쓸한 것을 즐거워하는 것 같고, 즐거움 없는 즐거움을 즐거워하는 것 같고, 맛없는 맛을 좋아하는 것 같고, 무취미한 것을 취미로 여기는 것 같고, 아직 철이 나지 아니하여 웃을 줄 모르는 어린아이와 같고, 어려서 집을 떠나 방랑생활에 지쳐서 집으로 돌아갈 줄 모르는 탕자(蕩子)와 같다.

세상 사람들은 다 이름이 높고 부귀영화를 누리고 본부인과 첩의 아들딸들이 슬하에 가득 차 있어 무엇 하나 부러울 것 없지만, 나(노자)는 어쩐지 큰 부족감을 느끼고 그 무엇을 다 잃어버리고 빈손으로 왔다가 빈손으로 돌아가는 것 같다. 아마 나는 어리석은 사람의 심정 인양 하니, 얼도 빠지고 넋도 잃어버려 아무것도 분별할 줄 모르는 사람 같다.

세상 사람들은 참과 거짓을 잘 가려내고, 옳고 그른 것을 잘 판단하지만 나는 어쩐지 홀로 우매(愚昧)한 듯하고, 속인들은 두뇌가 세밀하여 매사에 자상하지만 나는 어쩐지 홀로 아무것도 몰라 답답스러워 보이고, 내 마음은 담박하여 마치 맑은 물과 흐린 물을 다 받아들이는 광활한 바다와 같고, 내 몸은 마치 광야에서 바람이 어디서 불어와서 어디로 불어가는지 방향조차 모르는 것 같다.

여러 사람들은 다 재능이 있어서 기둥 역할도 하고, 서까래 역할도 하고, 각종 그릇 역할도 하지만 나는 어쩐지 깊은 골짜기의 임자없는 산목(山木)과 같아서 어느 한 사람 와서 들여다보지도 않으니, 아마 나는 지식도 없고 재능도 없어 완고하고 비루한 사람과 같다.

그러나 나는 홀로 세상 사람과 한 가지 다른 점이 있으니, 그것은 다름 아니라 세상 사람이 다 잊어버리고, 다 소홀히 하고, 또 버림받은 자연을 나의 어머니로 삼는다. 어머니는 나를 낳아주고, 나를 길러주고, 나를 밥 먹여 준다. 사람들은 다 똑똑하다고 하지만 자연에서 나서 자연히 살다가 자연으로 돌아가는 줄을 모른다. 이것은 마치 물고기가 물속에서 나서, 물속에서 살다가, 물속에서 죽어도 물이 무엇인지 모르는 것과 같다.

세상의 부귀와 영화는 뜬구름과 흐르는 물과 같은 것이다. 이런 것은 있다가도 없고 없다가도 있는 것이다. 그러나 도, 즉 자연은 언제든지 항상 존재한다. 이것은 무(無)의 존재요, 모든 것이 다 시시로 변하여도 영원히 변하지 않는 존재다.

제21장
영원한 에너지

오직 도는 텅 빈 것으로 덕을 삼는 만물의 동작에만 따른다.

어디서나 있는 도는 다만 어렴풋할 뿐이다.

있으면서도 형태가 없는[無形] 가운데 동작이 있고, 없으면서도 형태가 있는[有形] 가운데 형상이 있다.

깊숙하고 아득한 가운데 에너지가 있고, 아득하고 깊숙한 가운데 진리가 있다.

예로부터 지금까지 도라는 이름은 언제나 있었고, 만물의 근원이 되고 언제 만물이 생겼는지 그 내력을 알 수 있다. 나는 어떻게 그 만물의 내력을 아는가? 만물의 근원인 도를 체득하여 아는 것이다.

• • • • • • • • • • • • •

孔①德之容②, 唯道是從. 道之爲物, 惟恍惟惚③, 惚兮恍兮, 其中有象, 恍兮惚兮, 其中有物, 窈兮冥④兮, 其中有精, 冥兮窈兮, 其中有信⑤, 自古及今, 其名不去, 以閱⑥衆甫⑦. 吾何以知衆甫之然哉? 以此.

공덕(孔德)의 용(容)에 오직 도가 따른다. 도의 물(物)됨이 오직 황홀할 뿐이다. 황홀하여 그 가운데 상(象)이 있고, 황홀하여 그 가운데 물(物)이 있다. 요명(窈冥)하여 그 가운데 정(精)이 있고, 명요(冥窈)

하여 그 가운데 신(信)이 있다. 예로부터 지금까지 그 이름이 가지 않으므로 모든 물건의 시원(始源)을 열람한다. 내가 어떻게 모든 물건의 시원이 그러한 줄을 아느냐 하면 이것 때문이다.

• • • • • • • • • • • • •

주석

① 孔(공) : 왕필은 '공(孔) 공야(空也)'라 했고, 노자익에는 '공(孔) 대야(大也)'라 했다.

② 容(용) : 왕필은 '동작'이라 하여 동용(動容)의 뜻으로 해석했다. 그러나 하상공은 '공(孔) 대야(大也) 유대덕지인(有大德之人) 무소불용(無所不容) 능수구탁(能受垢濁) 처겸비야(處謙卑也)'라 하여 용납의 뜻으로 해석했다.

③ 恍(황), 惚(홀) : 왕필 주에는 '무형불번지탄(無形不繫之歎)'이라 했고, 등기(鄧錡)는 또 '정홀편시물(精惚便是物) 비정홀지중(非精惚之中) 갱별유물(更別有物)'이라 했다.

④ 窈(요), 冥(명) : 왕필 주에는 '요명(窈冥) 심원지탄(深遠之歎)'이라 했고, 등기는 또 '요명편시정(窈冥便是精) 비요명지중(非窈冥之中) 갱별유정(更別有精)'이라 했고, 장평서(張平敍)는 '요명막측시진시정야(窈冥莫測是眞是精也)'라 했다.

⑤ 信(신) : 왕필 주에는 '신(信) 신험야(信驗也)'라 했다.

⑥ 閱(열) : 왕필은 '이무명(以無名) 설만물지시야(說萬物之始也)'라 했으니, 설(說)자의 뜻으로 해석했고, 노자익에는 '자문출자(自門出者) 일일이수지(一一而數之) 언도여문만물개자차왕야(言道如門萬物皆自此往也)'라 했으니, 검열의 뜻이요, 또 교력(巧歷)으로 해석했다. 그러므로 왕필 주의 설은 열(閱)자의 오자인 듯하다.

⑦ 衆甫(중보) : 왕필 주에는 '만물시야(萬物始也)'라 했으니, 중(衆)은 만물이요, 보(甫)는 시(始)자의 뜻이다. 노자익에는 '보(甫) 만야(萬也) 우시야(又始也)'라 했다.

고증

① 명혜요혜(冥兮窈兮) : 엄영봉은 '사자원작(四字原作) 기정심진(其精甚眞) 사자(四字) 차해본무사자(次解本無四字) 의계고주찬입정문(疑係古注羼入正文) 병탈거(並脫去) 명혜요혜(冥兮窈兮) 사자(四字)'라 했다. 필자도 여기에 따른다.

② 중보(衆甫) : 유월은 '안(按) 보여부통(甫與父通) 중보자(衆甫者) 중부야(衆父也)', 42장, '오장이위교부(吾將以爲敎父)', 하상공주왈(河上公注曰), '부(父) 시야(始也) 이지주역왈(而止注亦曰) 보시야(甫始也) 연즉(然則) 중보(衆甫) 즉중부의(卽衆父矣)'라 했다.

③ 연(然) : 유월은 또 '안(按) 연자무의(然字無義) 의당작상(疑當作狀)'이라 했고, 부혁본과 제본(諸本)에는 다 연(然)자를 썼다.

▶ **하상공은 이 장을 '허심장(虛心章)'이라 하였다.**

해설 도를 얻는 길

공(孔)은 텅 빈 것이요, 덕은 본래 '얻을 득(得)'자의 뜻이요, 도는 이미 말한 것과 같이 기(氣), 즉 에너지를 말하는 것이다. 곧 만물은 모두 도, 즉 에너지를 얻어 있게 되는 것이다. 그 방법에 있어서는 사람은 마음을 겸허하게 가짐으로써 얻어 가지는 것이요, 사물은 속이 비어야 얻어 가지는 것이다. 이것은 마치 그릇이 속이 비어야 물건을 담을 수 있는 것과 같다.

이와 같이 사람이나 사물이 도, 즉 기를 일부분 얻어 가지는 것을 덕이라 한다. 그러므로 노자는 말하기를 '공허한 것으로 덕을 삼는 만물에만 따른다'고 했다.

그러면 도, 즉 기인 에너지는 어떠한 물건인가? 이것은 무어라고 규정지을 수 없으므로 다만 그 모습이 그저 황홀하다고 말할 수밖에 없다. 황홀이라 함은 다시 말하면 유(有)라 말할 수도 없고, 무(無)라 말할 수도 없다는 뜻이다. 왜냐하면 유라 말하려 하면 일정한 형상이 없으니 있다고 말할 수도 없고, 무라 말하려면 사물이 다 그것을 얻음으로써 비로소 존재하니, 없다고 말할 수도 없다.

그러나 있지만 무형한 가운데 순수동작의 상(象)이 있고, 없지만 유형한 가운데 순수형상의 물(物)이 있다. 이와 같이 도는 깊숙하고 아득한 가운데 정기가 포함되어 있고, 아득하고 깊숙한 가운데 진리를 간직하고 있다. 그러므로 이 세계의 도를 얻어 받은 모든 사물은 어느 것이나 다 정기와 진리를 지니고 있다.

도는 천지 만물이 생기기 이전부터, 생긴 이후에도 영원히 존재하고 있으므로, 그 도라는 이름도 다른 사물들과 같이 흘러가지 않고 영원히 남아 있다. 사람이 만일 이러한 도를 체득하면 아무리 천태만상으로 변화하는 사물이라도 그것들이 어디서부터 시작하여 어디로 돌아가는지 그 유래와 역사를 다 넉넉히 경험하여 알 수 있다.

제22장
자기 자신을 온전케 하여 자연으로 돌아가게 한다

도는 모든 사물을 변화하게 한다. 그러므로 이지러진 것은 온전하게 한다. 굽은 것은 곧게 한다. 움푹한 것은 차게 한다. 오랜 것은 새롭게 한다. 적으면 얻게 하고, 많으면 잃게 한다. 이것이 자연의 법칙이다.

그러므로 도를 얻은 성인은 일(一), 즉 도를 품고서 천하의 본보기가 된다. 스스로 어질다고 내세우지 않으므로 어진이가 된다. 스스로 옳게 여기지 않으므로 옳은 것을 드러나게 된다. 스스로 칭찬하지 않으므로 공(功)이 있게 된다. 스스로 자랑하지 않으므로 명예를 길이 얻게 된다.

대개 성인은 남보다 나으려고 다투지 않으므로 천하에 누구든지 그와 다툴 사람이 없다.

옛사람이 '이지러진 것은 온전하게 된다'고 하였으니, 어찌 거기에 거짓말〔虛言〕이 있겠는가. 이것이야말로 참으로 자기 자신을 온전케 하여 자연으로 돌아가게 하는 것이다.

• • • • • • • • • • • •

곡 즉 전 왕 즉 직 와 즉 영 폐 즉 신 소 즉 득 다 즉 혹
曲①則全, 枉②則直, 窪③則盈, 敝則新, 少則得, 多則惑④.
시 이 성 인 포 일 위 천 하 식 부 자 현 고 명 부 자 시 고 창 부
是以聖人抱一爲天下式⑤, 不自見⑥故明, 不自是故彰⑦, 不
자 벌 고 유 공 부 자 긍 고 장 부 유 부 쟁, 고 천 하 막 능 여 지 쟁
自伐⑧故有功, 不自矜故長. 夫唯不爭, 故天下莫能與之爭.

고 지 소 위 곡 즉 전 자　기 허 언 재　성 전 이 귀 지
古之所謂曲則全者, 豈虛言哉? 誠全而歸之.

구부러지면 온전하게 되고, 굽히면 곧게 되고, 움푹하면 차게 되고, 해지면 새롭게 되고, 적어지면 얻게 되고, 많아지면 혹하게 된다. 그러므로 성인은 1을 주고서 천하의 양식(樣式)이 되나니, 스스로 나타내지 않으므로 현명하여지고, 스스로 옳게 여기지 않으므로 드러나게 되고, 스스로 칭찬하지 않으므로 공이 있게 되고, 스스로 자랑하지 않으므로 장구하게 된다. 그 오직 다투지 않으므로 천하가 그와 더불어 다툴 수 없다. 옛말에 구부러지면 온전하게 된다 한 것은 어찌 허언이겠는가. 참으로 온전케 하여 그것에로 돌아가게 한다.

• • • • • • • • • • • •

주석

① 曲(곡) : 사원(辭源)에 '곡(曲) 직지반(直之反)'이라 하였다.
② 枉(왕) : 전지반(全之反). 또 1편(偏)의 편과 같으니, 중용(中庸)의 '곡능유성(曲能有誠)'의 곡(曲)자의 뜻.
③ 窪(와) : 움푹하다.
④ 惑(혹) : 사원에 '난야(亂也) 미야(迷也) 의야(疑也)'라 했고, 논어의 '지자불혹(知者不惑)'의 혹(惑)자의 뜻.
⑤ 式(식) : 법식, 양식.
⑥ 見(현) : 나타나다. 현(現)자의 뜻.
⑦ 彰(창) : 드러나다. 저(著)자의 뜻.
⑧ 伐(벌) : 칭찬하다. 사원에 '자칭기공왈벌(自稱其功曰伐)'이라 했다.

고증

① 왕즉직(枉則直) : 필원본(畢沅本)에는 직(直)을 '정(正)'자로 썼다.
② 와즉영(窪則盈) : 하상공본에는 와(窪)를 '와(窊)'자로 썼다.

③ 폐즉신(敝則新) : 왕필본에는 '폐(蔽)'자로 썼고, 하상공본에는 '폐(弊)'자로 썼다.

④ 기허언재(豈虛言哉) : 필원본에는 '언(言)'자 다음에 야(也)자가 있다.

⑤ 다케우치 요시오는 '부유부쟁고(夫唯不爭故)' 이하는 다 후학의 부연이라 했다.〔노자의 연구, 244〕

▶ **하상공은 이 장을 '익겸장(益謙章)'이라 했다.**

해설 도와 자연이법(自然理法)

도는 모든 사물이 극에 이르러 되돌아오게 하는〔極則反〕 힘을 가지고 있다. 여기에 A라는 사물이 있으면 A가 아닌 것으로 변화케 하여 A와 공통적 근원성(根源性)을 가진 B로 되돌아오게 한다. 예를 들면 여기에 물〔水〕이 있다고 하자. 거기에 열을 가하면 '에너지', 즉 도는 물이 아닌 것, 즉 수증기로 되게 하는 것과 같다.

그러므로 한쪽이 이지러진 물건은 그것을 펴게 하여 온전한 물건이 되게 한다. 굽어진 물건은 펴지게 하여 곧은 물건이 되게 한다. 움푹 들어간 물건은 그득 차게 하여 둥근 물건이 되게 한다. 헌 물건은 변화시켜 다시 새로운 물건이 되게 한다. 무엇을 적게 가지면 많이 얻게 하고, 무엇을 많이 얻으면 다시 잃어버리게 한다.

이러한 현상은 다 인위적이 아니요, 저절로 그렇게 되지 않을 수 없는 자연법칙이다. 그러므로 성인은 이러한 자연법칙인 '하나'의 도를 가슴에 품고서 다음과 같은 도덕법칙을 세운다.

자기 자신을 항상 숨겨 두고, 남 앞에 나타내지 않으므로 그를 시기하는 사람이 없다. 그리하여 자연히 현명한 사람이 된다. 남의 주장을 무시하고 자기 주장만 옳다고 여기지 아니하므로 제3자인 다른 사람들이 그의 의견을 옳다고 하므로 자연히 그가 드러나게 된다. 자기가 무슨 일을 잘해 놓고서도 결코 자화자찬을 하지 않고, 남들이 그를 칭찬하므로 도리어 공이 있게 된다. 또 자기가 어떠한 큰 사업을 이루어 놓고서도 자랑을 하지 않으므로 도리어 명예를 길이 얻게 된다.

단적으로 말하면 훌륭한 사람이 되려고 하지 않아도 도리어 훌륭한 사람이 되는 까닭은, 무엇보다도 항상 남보다 뛰어나려고 경쟁하지 않기 때문이다. 이와 같이 남과 더불어 경쟁하지 않고 다만 실력만 양성하므로 천하에 누구든지 그와 경쟁할 사람이 없다. 이것으로 보아 옛말에 '이지러진 물건은 펴져 온전하게 된다'고 한 것은 헛된 말이 아니요, 진리이다. 이러한 도덕법칙이야말로 참으로 자기 자신을 온전케 하여 자연질서로 되돌아가게 하는 것이라고 말하지 않을 수 없다.

제23장
천지의 하는 일도 오래 가지 못하거늘 하물며 사람의 일이겠는가

수식이 없는 말은 자연스럽다. 부자연한 거센 바람은 아침나절도 다 불지 못한다. 갑자기 퍼붓는 소나기는 하루 동안도 다 내리지 못한다. 무엇이 그렇게 시키는가? 바로 천지(天地)다. 천지가 시키는 일도 오래 갈 수 없거늘 하물며 사람의 일이 얼마나 오래 가겠는가.

그러므로 자연스러운 도에 종사하는 사람은 저절로 도와 같이 있게 되고, 자연스러운 덕에 종사하는 사람은 저절로 덕과 같이 있게 되고, 자연스럽게 잃어버리는 사람은 저절로 잃어버리는 물건과 같이 있게 된다.

자연스러운 도와 같이 있는 사람은 도도 그러한 사람을 얻게 되는 것이요, 자연스러운 덕과 같이 있는 사람은 덕도 그러한 사람을 얻게 되는 것이요, 자연히 잃어버리는 물건과 같이 있는 사람은 잃어버리는 물건도 그러한 사람을 얻게 되는 것이다. 믿음이 부족하면 자연히 불신(不信)을 받게 된다.

• • • • • • • • • • • • •

희언 자연 표풍 부종조 취우 부종일 숙위차자 천
希言①自然. 飄風②不終朝, 驟雨③不終日, 孰爲此者? 天
지 천지상불능구 이황어인호 고종사어도자 동어도
地. 天地尙不能久, 而況於人乎? 故從事於道者, 同於道,
덕자동어덕 실자동어실 동어도자 도역득지 동어덕자
德者同於德, 失者同於失. 同於道者, 道亦得之, 同於德者,

덕 역 득 지　동 어 실 자　실 역 득 지　신 부 족　유 불 신
德亦得之, 同於失者, 失亦得之. 信不足, 有不信.

희언(希言)은 자연스럽다. 표풍(飄風)은 아침나절도 마치지 못하고, 취우(驟雨)는 하루 동안도 마치지 못한다. 누가 이렇게 하는 것인가? 천지(天地)다. 천지도 오히려 오래 갈 수 없거늘 하물며 사람에게 있어서랴? 그러므로 도에 종사하는 자는 도와 같이하고, 덕에 종사하는 자는 덕과 같이하고, 잃는 물건에 종사하는 자는 잃는 물건과 같이한다. 도와 같이하는 자는 도도 그를 얻게 되고, 덕과 같이하는 자는 덕도 그를 얻게 되고, 잃는 물건과 같이하는 자는 잃는 물건도 그를 얻게 된다. 믿음이 부족하면 불신함이 있다.

• • • • • • • • • • • • • •

주석

① 希言(희언) : 왕필은 '청지불문(聽之不聞) 명왈희(名曰希)'의 희(希) 자로 해석하여 '무미부족청지언(無味不足聽之言)'이라 했다.
② 飄風(표풍) : 노자익에는 '질풍야(疾風也)'라 했다. 즉 거센 바람.
③ 驟雨(취우) : 노자익에는 '폭우야(暴雨也)'라 했다. 즉 소나기.

고증

① 희언(希言) : 필원의 노자고이(老子考異)에는 희언(稀言)으로 되어 있다.
② 표풍부종조(飄風不終朝) 취우부종일(驟雨不終日) : 노자고이에는 '고풍우불숭조(故飄雨不崇朝) 취우불숭일(驟雨不崇日)'이라 했다.
③ 천지(天地) : 노자고이에는 '천지야(天地也)'라 했다.
④ 고종사어도자(故從事於道者) 동어도(同於道) 덕자동어덕(德者同於德) 실자동어실(失者同於失) : 노자고이에는 '고종사어도자(故從事於道者) 도자동어도(道者同於道) 종사어득자(從事於得者) 동어

득(同於得) 종사어실자(從事於失者) 실자동어실(失者同於失)'이라 했다.

⑤ 도역득지(道亦得之)·덕역득지(德亦得之)·실역득지(失亦得之) : 다른 책에는 역(亦)자 다음에 낙(樂)자가 있지만 영락대전(永樂大典)에는 없다. 여기에 따른다.

⑥ 신부족(信不足) : 노자고이에는 '신부족언(信不足焉)'이라 했다. 마서륜(馬敍倫)은 '차이구위십칠장착간(此二句爲十七章錯簡)'이라 했다.

▶ **하상공은 이 장을 '허무장(虛無章)'이라 했다.**

해설 1. 무언(無言)의 의미

노자는 들어도 들리지 않는 소리를 희(希)라 했다. 그러므로 희언(希言)은 무언의 말이다. 무언의 말은 의미는 있지만 아직 소리로 나타나기 이전의 말이다. 그러므로 희언은 소리가 없으므로 우리가 들으려고 해도 들을 수 없는 말이다. 의미만 있고, 소리가 없는 말은 오직 자연만이 간직하고 있다. 자연은 말이 없고 사람은 말이 있다. 말이 없는 자연의 말, 즉 수식이 없는 말은 오래 가고, 말이 있는 사람의 말, 즉 수식이 있는 말은 오래 가지 못한다.

이와 같이 모든 사물은 자연스러운 것은 오래 가고, 부자연스러운 것은 오래 가지 못한다. 예를 들면 부자연스럽게 부는 거센 바람은 아침나절도 다 못가서 그치게 되고, 부자연스럽게 갑자기 퍼붓는 소나기는 하루 동안도 다 못가서 그만 그쳐 버리고 마는 것과 같다. 이 부자연스럽게 부는 바람과 내리는 비는 무엇이 그렇게 시키는 것인가? 그것은 천지(天地)다.

이와 같이 천지의 하는 일도 부자연스러운 것은 오래 가지 못하거늘 하물며 보잘것없는 인간의 하는 일, 즉 인위적인 일, 예를 들면 공자가 말하는 인설(仁說)과 맹자가 말하는 인의설(仁義說)과 묵자(墨子)가 말하는 겸애설(兼愛說)과 양주(楊朱)가 말하는 귀아설(貴我說)

과 공손룡(公孫龍)이 말하는 백마비마론(白馬非馬論)과, 또 그밖의 상앙(商鞅)과 같은 사람이 말하는 부국강병설(富國强兵說)과 같은 것은 다 인위적이요, 비자연적이기 때문에 거센 바람과 소나기와 같이 얼마 안 가서 자취를 감추게 된다.

그러므로 무위자연의 도에 종사하는 사람은 자연히 도와 같이 있게 되어 무위로 일을 삼고, 무언으로 교(教)를 삼는다.

2. 도인(道人)의 득과 실

덕은 '얻을 득(得)'자의 뜻이다. 무엇을 얻는가 하면 앞에서도 이미 말한 바 있거니와 한 개체의 사물이 전체의 도에서 일부분을 얻어 받은 것을 덕이라 한다. 어째서 덕이라고 하는가. 만물이 이 덕을 받음으로써 생성 발전할 수 있기 때문이다. 그러나 도에서 얻어 받는 것도 인위적이 아니요, 저절로 그렇게 되어서 얻어 받는 것이다. 그러므로 이러한 덕에 종사하는 사람은 자연히 덕과 같이 일체가 되어 남에게 덕을 베풀어 주어도 나에게 고마운 생각을 가지지 않게 하고, 또 내가 남에게 덕을 받아도 고마운 생각을 가지지 않는다.

왜냐하면 남이 나에게 고마운 생각을 가진다든가, 또 내가 남에게 고마운 생각을 가지게 되는 것은 다 사람의 사사로운 감정이요, 자연적이 아니기 때문이다. 본래 내가 무엇을 얻는다는 것은 적게 가졌던 까닭이다. 적게 가졌던 내가 무엇을 얻는다는 것은 자연이니 무슨 고마운 생각이 들겠는가. 또 내가 남에게 덕을 베풀어 줄 때도 그러하다.

이와 같이 잃어버리는 것도 인위적이 아니요, 저절로 그렇게 되어서 잃어버리는 것이다. 내가 무엇을 잃어버렸다는 것은 내가 무엇을 많이 가졌던 까닭이다. 많이 가졌던 내가 잃어버리게 되는 것은 자연의 이치다. 내가 가지고 있던 물건을 잃어버린다는 것은 내가 가지고 있던 물건이 가지고 있지 못하였던 사람에게로 잠시 옮아가는 것이다. 그러므로 내가 무엇을 잃어버렸다는 것은 저쪽 사람에게는 잠시 무엇을 얻어 가지는 것이다.

이와 같이 내가 얻어 받는 것도 인위적이 아니요 자연적이어야 하고, 내가 잃어버리는 것도 인위적이 아니고 자연적이어야 한다. 그러므로 내가 무엇을 얻어 받는다고 하여서 그렇게 기뻐할 것도 아니요, 내가 무엇을 잃어버린다고 하여서 섭섭해할 것도 아니다. 그러므로 도와 일체가 된 사람은 얻는 것도 저절로 그렇게 되어서 얻는 것이요, 잃는 것도 저절로 그렇게 되어서 잃는 것이다.

저절로 얻은 물건은 저절로 잃게 되는 것이요, 저절로 잃은 물건은 저절로 얻게 되는 것이다. 물건은 있다가도 없고, 없다가도 있는 존재다. 물건은 사람의 것이 아니요, 자연의 것이다. 자연의 것이므로 사람이 영원히 소유할 수 없다. 도의 관점에서 보면 얻는 것도 잃는 것이요, 잃는 것도 얻는 것이다. 도 자체에 있어서는 아무 득실도 없는 것이다.

사람이 무엇을 얻고 잃는 것은 저절로 그렇게 되어서 얻고 잃지 않고, 사람의 뜻과 욕망에 따라서 얻고 잃으므로 사람의 신실성이 없어져 서로서로가 불신하게 된다. 모든 물건은 자연 그대로 두지 않고 사람의 뜻과 욕망을 더하게 되면 바로 부자연한 물건이 되고 만다. 부자연한 물건이 오고가고 하면 서로 의심하고 불신하게 된다.

제24장
자연스런 언행

발뒤꿈치를 들고 발끝으로 서는 사람은 오래 서 있을 수 없다. 두 다리를 벌려 큰걸음을 걷는 사람은 먼 길을 갈 수가 없다. 자연스럽지 못한 행위가 오래 갈 수 없기 때문이다.

스스로 슬기롭다고 자처하는 사람은 현명한 사람이 아니다. 자기 주장을 옳다고 내세우는 사람은 남이 옳다고 여겨주지 않는다. 스스로 칭찬하는 사람은 공을 잃고 만다. 자기가 유능하다고 자랑하는 사람은 참으로 유능한 사람이 아니다. 그런 행위는 자연을 벗어난 것으로 도를 하는 사람에게는 마치 먹다 남은 밥과 얼굴에 달린 혹과 같이 쓸데없는 것이다. 그런 것은 다른 사람이 좋게 여기지 않는다. 그래서 도를 얻은 사람은 그러한 입장을 취하지 않는다.

• • • • • • • • • • • •

기 자불립 과 자불행 자현 자불명 자시자불창 자
企①者不立, 跨②者不行. 自見③者不明, 自是者不彰, 自
벌자무공 자긍자부장 기재도야 왈여식췌 형 물혹오
伐者無功, 自矜者不長. 其在道也, 曰餘食贅④形. 物或惡
지 고유도자불처
之, 故有道者不處.

발돋움하고 있는 사람은 서지 못하고, 버팀다리하고 있는 사람은 걷지 못한다. 스스로 나타내는 사람은 현명하지 못하고, 스스로 옳다고 하는 사람은 드러나지 못하고, 스스로 자랑하는 사람은 장구(長

久)하지 못한다. 그것이 도에 있어서는 남은밥과 혹 달린 형상이라 한다. 물건이 혹 그것을 싫어할는지도 모른다. 그러므로 도가 있는 사람은 처하지 않는다.

• • • • • • • • • • • • • •

주석

① 企(기) : 발돋움하다. 발뒤꿈치를 들고 서 있는 것.
② 跨(과) : 버팀다리. 두 다리를 벌리고 서는 것.
③ 見(현) : 나타나다.
④ 贅(췌) : 덧붙이다. 혹붙이다. 장자(莊子)에 있는 '부우현췌(附疣縣贅) 출호형이치어성(出乎形而侈於性)'의 뜻과 같다.

고증

① 기자불립(企者不立) : 장석창은 '강본성소인경문운(强本成疏引經文云) 피자불구(跛者不久) 시성작피자불구(是成作跛者不久)'라 하였다.
② 여식췌형(餘食贅形) : 유사배(劉師培)는 '여식지식(餘食之食) 역당작덕(亦當作德) 덕여행대문(德與行對文) 여덕자(餘德者) 변연지덕야(駢衍之德也) 췌행자(贅行者) 부속지행야(附屬之行也)'라 하였다. 또 왕도(王道)는 '행당작형(行當作形) 췌형지부췌자(贅形之附贅者) 변무지류(駢拇之類)'라 하였다.
③ 기재도야(其在道也) : 하상공은 '기어도야(其於道也)'라고 하였다.
④ 불처(不處) : 노자도덕경고이(老子道德經考異)에는 불처 다음에 야(也)자가 있다.
⑤ 주득지(朱得之)의 노자통의(老子通義)에는 제22장 '곡즉전(曲則全)' 이하에서 제24장 '고유도자불처(故有道者不處)'까지를 동일한 장(章)으로 보았다.

▸**하상공은 이 장을 '고은장(苦恩章)'이라 하였다.**

(해설) 자연스러운 생(生)의 길

도는 모든 기형적인 사물을 정상적 상태로 돌아가게 하는 힘이 있다. 다시 말하면 부자연한 사물을 자연상태로 돌아가게 한다.

사람이 서 있을 때에는 발뒤꿈치를 땅에 대고 서 있는 것이 자연상태인데, 그러지 않고 남보다 키를 높이려고 발끝을 높이 세우고 서 있으면 얼마 안가서 발뒤꿈치가 땅에 닿게 된다. 사람이 길을 걸을 때에는 두 다리를 앞뒤로 펴기도 하고 굽히기도 하면서 움직여 나가는 것이 자연상태인데, 그러지 않고 남보다 활보하려고 두 다리를 좌우로 벌리고 걸어가면 얼마 안가서 두 다리를 바로 세우게 된다.

남보다 키를 높이려 하고, 활보하려고 하는 것은 도덕적 면에서 볼 때 하나의 교만하고 주제넘는 짓이요, 부자연한 태도다. 도는 이런 것을 가장 싫어하고 미워한다.

그러므로 인간의 사회생활에 있어서 사람은 누구든지 절대적으로 현명하지도 못하고 우매하지도 않은 것이 자연상태이다. 자기가 잘났다고 스스로 나타내려고 하면 반드시 그 반면에 그것을 부정하는 사람이 나와서 어리석음을 나타내고야 만다. 언어에 있어서 어떤 말이든지 절대적으로 옳은 것도 없고 그른 것도 없는 것이 자연상태인데, 자기 말만이 옳다고 주장하면 반드시 그 반면에 그 말을 부정하는 사람이 나와서 옳다는 주장이 드러나지 못하게 한다.

사업에 있어서 절대적으로 성공하는 것도 없고 실패하는 것도 없는 것이 자연상태인데, 자기가 큰 성공을 하였다고 자화자찬하면 반드시 그 반면에 그것을 부정하는 사람이 나와서 그를 공이 없는 사람으로 간주하게 된다. 사람은 본래 누구든지 절대적으로 장점도 없고, 결점도 없는 것이 자연상태인데, 스스로 장점이 있다고 긍지를 가지면 반드시 그 반면에 그것을 부정하는 사람이 나와서 장점이 있는 사람이 못되게 한다.

이와 같이 스스로 나타내려 하고, 스스로 옳다 하고, 스스로 칭찬하려 하고, 스스로 긍지를 가지려 하는 사람의 행위는 도를 하는 사람의 눈으로 보면 그것은 마치 큰 잔치가 끝난 뒤에 남은 음식을 가지고 생색내려고 하는 것과 같고, 보기 흉한 얼굴의 혹을 가지고 자랑하는 것과 같아서 사람들로 하여금 증오의 감정을 가지게 한다. 그러므로 무위자연의 도를 체득한 사람은 그런 짓을 하지도 않고, 그런 자리에 처하지도 않는다.

제25장
도는 천지가 생기기 전부터 존재한다

혼돈된 것이 있으니, 이것은 천지보다도 먼저 생겼다. 고요히 움직이지 않는〔寂然不動〕 모습은 다른 것에 의존하지 않는 독립된 존재이니 변형하지 않는다. 현상계에서 두루 운행하여도 막힐 데가 없다. 또 위태하지 않고, 만물이 다 거기서 생성되니 천하의 모체가 될 수 있다.

이것은 무한정자(無限定者)이므로 무엇이라고 이름 지을 수 없다. 그러나 구태여 글자로 나타낸다면 어디든지 통행할 수 있다는 의미에서 '길' 즉, 도라 한다. 또 구태여 이름을 붙이라고 하면 무엇이든지 다 포괄할 수 있다는 의미에서 '큰 것' 즉, 대(大)라고 한다. 무한히 커지면 반경이 길어져 자연히 이쪽에서 저쪽으로 가게〔逝〕 되고, 무한히 가게 되면 자연히 중심점에서 점점 멀어지게 되고, 또 무한히 멀어지면 세계는 둥글기 때문에 출발점으로 되돌아오게 된다.

그러므로 이렇게 커지는 가운데 네 가지 큰 것이 있으니, 첫째는 도요, 둘째는 하늘이요, 셋째는 땅이요, 넷째는 사람이다.

그러므로 이 우주 안에는 네 가지 큰 것 가운데 사람도 그 하나의 위치를 차지한다. 그리하여 사람은 땅의 법칙을 본받고, 땅은 하늘의 법칙을 본받고, 하늘은 도의 법칙을 본받고, 도는 자연의 법칙을 본받는다.

• • • • • • • • • • • • •

유물혼성 선천지생 적혜요혜 독립불개 주행이불
有物混成①, 先天地生, 寂兮寥兮②, 獨立不改, 周行而不殆, 可以爲天下母. 吾不知其名, 强字之曰道, 强爲之名曰大. 大曰逝, 逝曰遠, 遠曰反. 故道大, 天大, 地大, 人亦大. 域中③有四大, 而人居其一焉. 人法④地, 地法天, 天法道, 道法自然.

혼성된 물(物)이 있으니, 천지보다 먼저 생겼다. 적막요원(寂寞寥遠)하여 독립하여도 개변(改變)하지 않고, 주행하여도 위태하지 않으니, 천하의 어미가 될 수 있다. 나는 그 이름을 모르지만 구태여 이것을 글자로 쓴다면 도라 하고, 구태여 이것을 이름하라면 '크다'고 한다. 큰 것을 간다 하고, 가는 것을 먼 것이라 하고, 먼 것을 되돌아온다고 한다. 그러므로 도는 크고, 하늘은 크고, 땅은 크고, 사람도 크다. 우주 가운데 사대(四大)가 있으니, 사람이 그것 중의 하나이다. 사람은 땅을 본받고, 땅은 하늘을 본받고, 하늘은 도를 본받고, 도는 자연을 본받는다.

• • • • • • • • • • • • • •

주석

① 混成(혼성) : 왕필은 '혼연가득이지이만물유지이성(混然可得而知而萬物由之以成) 고왈혼성야(故曰混成也)'라 하였고, 구마라습(鳩摩羅什)은 '묘리상존(妙理常存) 고왈유물(故曰有物) 만도불능분(萬道不能分) 고왈혼성(故曰混成)'이라 하였다. 이것은 혼일(混一)되어 나눌 수 없는 물건이다. 예를 들면 물질의 에너지와 같다.

② 寂兮寥兮(적혜요혜) : 노자익에 '적(寂) 지야(止也) 요(寥) 원야(遠也)'라 하였고, 왕필은 '적요(寂寥) 무형체야(無形體也)'라 하였다. 즉 정지하여 소리가 없고, 유원(幽遠)하여 형상이 없는 모습.

③ 域中(역중) : 왕필은 '무칭불가득이명왈역야(無稱不可得而名曰域也)'라 하였다. 즉 세계 또는 우주를 이른다.
④ 法(법) : 왕필은 '법(法) 위법칙야(謂法則也)'라 하였다. 본받다의 뜻.

고증

① 강자지왈도(强字之曰道) : 다른 책에는 '자(字)' 앞에 강(强)자가 없고, 다만 이약본(李約本)에 있다. 또 한비자 해로편(解老篇)에도 '성인관기현허(聖人觀其玄虛) 용기주행(用其周行) 강자지왈도(强字之曰道)'라 하였다.
② 인역대(人亦大) : 원래 왕역대(王亦大)인데, 부혁본과 범응원본(范應元本)에는 왕(王)을 다 '인(人)'자로 썼다. 여기서는 이에 따른다.

▸**하상공은 이 장을 '상원장(象元章)'이라 하였다.**

해설 1. 도는 무시무종(無始無終)하다

태초에 그 무엇이 있었다. 양적으로 불변이지만 질적으로 형태를 다른 물건으로 변할 수 있는 힘을 가지고 있다. 이것은 천지가 생기기 이전부터 존재하고 있다. 다른 사물도 변형하기 이전에는 다만 발(發)하려고 하나 아직 발하지 않고, 움직이려고 하나 아직 움직이지 않는[欲發而未發 欲動而未動] 상태에 있다. 이런 모습을 고요히 잠잠하고 있다고 한다.

물리학자는 이것을 잠세력(潛勢力)이라 하고, 철학자는 이것을 배후 존재, 또는 형이상학적 세계라고 한다. 이것은 창조할 수도 없고 파괴할 수도 없다. 무엇에 의존하지 않고 자기 스스로 독립하고 있다. 다른 물건으로 변화한 이후의 현상세계에서는 두루 운행하여도 어디든지 통로가 있다. 멀다고 가지 못할 데가 없고, 가깝다고 오지 못할 데가 없다. 아무리 큰 물건이라도 다 포괄하지 못할 것이 없고, 아무리 작은 물건이라도 그 속에 들어가지 못할 것이 없다.

2. 도는 만물의 어머니이다

천지만물은 다 여기서 생산되지 않는 것은 하나도 없다. 그뿐 아니라 한번 생산된 물건은 이것을 잘 육성시킨다. 그러므로 이것은 만물의 '모체(母體)'라고 말할 수 있다.

이것은 무한정자이다. 그러므로 무엇이라고 규정할 수도 없고 명명할 수도 없다. 왜냐하면 만일 무엇이라고 명제를 내리면 그것은 그것의 일부분이요, 그것의 전체는 아니며, 또 묘사한 것에 불과하기 때문이다. 비유를 들면 흐르는 강물을 촬영하였다고 하자. 종이 위에 나타난 강물은 하나의 그림자에 불과한 것과 같다.

3. 도의 이름

그러나 이것을 구태여 꼭 문자화하라고 하면 어디든지 통행할 수 있고, 또 천지만물이 다 밟지 않을 수 없다는 의미에서 '길', 즉 '도'라 할 수 있고, 그 다음 구태여 이름을 꼭 붙이라고 하면 모든 것을 다 포괄할 수 있고, 또 그 속에 내재할 수 있다는 의미에서 '큰 것', 즉 '대(大)'라 할 수 있다.

'크다'고 해서 '작은 것'에 대해서 '큰 것'이 아니요, 작은 것과 큰 것을 초월한 뒤에 오는 하나의 '큰 것'이다. 다시 말하면 유한대가 아니요, 무한대다. 원(圓)을 가지고 설명하면 중심과 원둘레가 있는 원은 유한한 원이다. 그러나 만일 중심과 원둘레가 없는 원이 있다면 그것은 무한히 큰 원이다. 이러한 원은 우리가 생각할 수 있지만 이 세계에는 없다. 하나의 관념물이라고 말할 수 있다.

그러나 노자의 도는 결코 관념물이 아니다. 참으로 존재한다고 한다. 과연 한계도 없고 규정할 수도 없는 물건이 존재할까? 노자는 이 현상계에는 없지만 본체계(本體界)에는 참으로 있다고 한다. 우리는 물질화하기 이전의 에너지와, 생물화(生物化)하기 이전의 생명과, 인식되기 이전의 물자체(物自體)를 인식할 수는 없지만 이것을 느낄 수 있고, 요해할 수 있고, 직각(直覺)할 수 있고, 또 체득할 수 있다.

다시 앞에서 말한 본체계에 있는 무한한 원이 아니고 현상계에 있는 유한한 원의 테두리 위에서 개미 한 마리가 어떤 지점에서 여행을 떠났다고 하자. 앞으로 가면 갈수록 자연히 출발점과는 점점 멀어지게 된다. 또 개미는 자기 딴에는 일직선으로 간다고 생각할는지 모르겠지만 가면 갈수록 자연히 출발점으로 되돌아오게 된다. 이와 같이 모든 사물의 생성 발전은 극에 도달하면 반드시 출발점으로 되돌아온다.

4. 네 가지 큰 것

이와 같이 도를 내포하고 발전하는 사물 가운데 네 가지 큰 것이 있다. 첫째는 온 우주를 다 포괄할 수 있는 도요, 둘째는 만물을 다 덮을〔覆〕 수 있는 하늘이요, 셋째는 만물을 다 실을〔載〕 수 있는 땅이요, 넷째는 하늘과 땅의 중간 위치에 서 있어 대도를 요해할 수 있고 직각(直覺)할 수 있고, 체득할 수 있는 힘이 있는 사람이다. 그러므로 이 우주 안에는 네 가지 큰 것이 있는데 사람의 존재도 그 중의 하나라고 한다. 이러한 능력이 있으므로 사람은 땅과 하늘과 도의 자연법칙을 본받아서 천인합일(天人合一)의 경계에 도달하게 된다.

제26장
정(靜)은 동(動)을 움직이게 한다

무거운 것은 가벼운 것의 뿌리가 되어 받치고 있다. 고요한 것은 조급한 것을 지배하고 있다.

성인은 무겁고 고요한 자리에 앉아서 종일 행사(行事)한다.

비록 볼 만한[可觀] 영화로운 일이 있더라도 유유한 태도로 뛰어나서 도의 세계에 처하여 있다.

이러하거늘 어찌 천자(天子)가 된 몸으로 천하를 가볍게 여기겠는가. 임금으로서 행동이 경솔하면 나라의 근본인 백성을 잃어버리고, 백성으로서 행동이 조급하면 임금을 잃어버리게 된다.

• • • • • • • • • • • •

중위경근 정위조 군 시이성인종일행 불리정중 수유
重爲輕根，靜爲躁①君．是以聖人終日行，不離靜重．雖有
영관 연처 초연 내하 만승지주 이이신경천하 경즉
榮觀②，燕處③超然．奈何④萬乘之主，而以身輕天下？輕則
실근 조즉실군
失根，躁則失君．

무거운 것은 가벼운 것의 뿌리요, 고요한 것은 시끄러운 것의 임금이다. 그러므로 성인은 종일 행하여도 고요한 것과 무거운 것에서 떠나지 않는다. 굉장히 볼 만한 것이 있다고 할지라도 항상 마음은 고요하고 초연하다. 어떻게 만승(萬乘)의 주(主)로서 몸으로 천하를 가볍게 여기겠는가. 가벼우면 근본을 잃고, 조급하면 인군(人君)을 잃는다.

• • • • • • • • • • • • •

주석

① 躁(조) : 조급하다. 시끄럽다. 떠들다. 노자익에 '조저(躁著) 동지심이번요야(動之甚而煩擾也)'라 하였다.
② 榮觀(영관) : 노자익에 '분화지관야(紛華之觀也)'라 하였다.
③ 燕處(연처) : 노자익에 '유연거(猶燕居) 초연고출이무계저야(超然高出而無繫著也)'라 하였다.
④ 奈何(내하) : 노자익에 '내(奈) 여야(如也)'라 했다.

고증

① 정중(靜重) : 다른 책에는 '치중(輜重)'이라 하였다. 그러나 엄영봉은 '군자종일행(君子終日行) 불리치중이구잉계로자정문(不離輜重二句仍係老子正文) 단성인오작군자(但聖人誤作君子) 이정오위치자이(而靜誤爲輜字耳)'라 하였다. 여기서는 이 설에 따른다.
② 실근(失根) : 노자도덕경고이(老子道德經考異)에는 '실본(失本)'이라 하였다.
③ 조즉실군(躁則失君) : 하상공본에는 '경즉실신(輕則失臣)'이라 하였다.
④ 다케우치 요시오는 '시이성인종일행(是以聖人終日行)'에서 '이이신경천하(而以身輕天下)'까지를 후세 사람의 부연이라 하였다.

▸하상공은 이 장을 '중덕장(重德章)'이라 하였다.

해설 1. 도는 만물을 주재한다

가볍게 움직이는 사물의 배후에는 무거워 움직이지 않고 고요히 있는 물자체(物自體), 즉 도(道)가 있다. 도를 어째서 무겁고 고요한 것이라고 하는가? 모든 물건은 가벼우면 움직이고, 무거우면 가만히 있는다. 도는 움직이는 사물 가운데 움직이지 않고 가만히 있는 존재이다. 그러므로 무겁고 고요한 것이라 한다. 무거우므로 모든 가벼운 사물을 실을[載] 수 있고, 고요하므로 모든 움직이는 사물을 지배할 수 있다. 그러므로 도는 가볍게 움직이는 모든 사물의 근저라 하고, 또 주재라 한다.

2. 성인의 도행(道行)

그러므로 도를 체득한 성인은 사물이 천태만상으로 변화하는 현상계에서도 항상 고요하고 무거운 도를 파악하고서, 모든 사물을 지도하고 제재하고 처리해 나아간다. 비록 세상 사람의 눈으로 보면 아주 훌륭하고 위대하고 영화로운 일이라 할지라도 성인은 유유자득한 태도로 그런 것을 그다지 대수롭게 여기지 않고, 또 그런 것을 취하지도 않고 높이 초월하여 도의 세계에 처하여 있다.

3. 위정자의 도

하물며 이 세상에서 하늘을 대신하여 천하의 온 백성을 다스리는 내성외왕(內聖外王), 즉 철인(哲人) 정치가의 몸으로서 어찌 천하를 하나의 자기 물건같이 가볍게 취급할 수 있겠는가? 만일 이러한 위치에 있는 임금으로서 언어 행동이 경솔하고, 천하를 물건같이 가볍게 여기면 반드시 나라의 근본인 백성을 잃어버리게 될 것이요, 또 백성들이 경거망동하면 현명한 임금을 잃어버리게 된다. 그러므로 사람은 항상 사물의 배후에 숨어 있는 도에 근거하여 정중하게 행동하여야 한다.

제27장
선(善)은 불선(不善)의 스승이요, 불선은 선의 제자

자연의 도는 굴러간 자리없이 잘 운행된다. 자연의 말은 결함없이 잘 말한다. 자연의 셈은 계산기를 쓰지 않고도 잘 셈한다. 자연히 닫는 것은 자물쇠없이도 잘 닫아 놓아 열 수 없다. 자연히 묶은 것은 노끈없이도 잘 묶어 놓아 풀 수 없다.

그러므로 성인은 항상 사람을 잘 구제하므로 버릴 사람이 없다. 또 항상 물건을 잘 구제하므로 버릴 물건이 없다. 이런 것을 무엇이라 하는가? 옛날부터 전해 내려오는 지혜라 한다.

그러므로 좋은 사람은 나쁜 사람의 스승이 되고, 도를 모르는 사람은 도를 아는 사람의 자료가 된다. 도를 아는 스승은 도를 모르는 제자를 자료로 삼아 선한 일을 하고, 나쁜 제자는 좋은 스승의 자료가 되어 선한 일을 한다. 그러고 보면 좋은 스승은 도를 모르는 제자를 떠나서 스승이 될 수 없고, 또 제자는 스승을 떠나서 제자가 될 수 없다. 그러므로 도를 아는 것과 모르는 것이 서로 통하여 '하나'가 된다. 선한 스승이라 해서 그렇게 귀할 것도 없고, 자료가 되는 제자라 해서 그렇게 아까워할 것도 없다. 이렇게 되면 지자(智者)라도 도를 안다는 것과 모른다는 것 사이의 한계를 모르게 된다. 이러한 것을 신비스럽고 지극히 미묘한 비법(秘法)이라 한다.

• • • • • • • • • • • • •

선행무철적, 선언무하적, 선수불용주책, 선폐무관

善行無轍迹①, 善言無瑕讁②, 善數不用籌策③, 善閉無關

건 이불가개 선결무승약 이불가해 시이성인상선구인
楗[4]而不可開，善結無繩約[5]而不可解．是以聖人常善救人，
고무기인 상선구물 고무기물 시위습명 고선인자 불
故無棄人，常善救物，故無棄物，是謂襲明[6]．故善人者，不
선인지사 불선인자 선인지자 불귀기사 불애기자 수
善人之師，不善人者，善人之資．不貴其師，不愛其資，雖
지대미 시위요묘
智大迷，是謂要妙[7]．

선행은 철적(轍迹)이 없고, 선언(善言)은 하적(瑕謫)이 없고, 선수(善數)는 주책(籌策)을 쓰지 않고, 선폐(善閉)는 관건(關楗)이 없어도 열 수 없고, 선결(善結)은 승약(繩約)이 없어도 풀 수 없다. 이 때문에 성인은 항상 사람을 잘 구원하므로 사람을 버리는 일이 없고, 항상 물(物)을 잘 구제하므로 물을 버리는 일이 없으니 이것을 습명(襲明)이라 한다. 그러므로 선인이란 것은 불선인의 스승이요, 불선인이란 것은 선인의 자료다. 그 스승을 귀하게 여기지 않고 그 자료를 아까워하지 않으니, 비록 지자라도 크게 미혹하는 것을 요묘(要妙)라 한다.

• • • • • • • • • • • • •

주석

① 轍迹(철적) : 수레바퀴의 자취.
② 瑕謫(하적) : 옥의 티를 하(瑕), 말의 책잡힘을 적(謫)이라 한다.
③ 籌策(주책) : 산가지. 옛날 수(數)를 놓을 때에 사용하던 것. 대〔竹〕로 만들었다.
④ 關楗(관건) : 자물쇠. 문을 잠그는 나무. 노자익에 '건(楗) 거문목야(拒門木也) 횡왈관(橫曰關) 수왈건(竪曰楗)'이라 하였다.
⑤ 繩約(승약) : 노자익에 '승(繩) 삭야(索也) 약(約) 속야(束也)'라 하였다.

⑥ 襲明(습명) : 노자익에 '습(襲) 상전습야(相傳襲也) 일작엄습지습(一作掩襲之襲) 언밀용야(言密用也)'라 하였고, 여주(呂註)에는 '지상지명(知常之明)'이라 하였고, 동주(董註)에는 '사피천지광자발(使彼天之光自發) 여명등지전습무진(如明燈之傳襲無盡)'이라 하였고, 식제주(息齊註)에는 '원명(元明)'이라 하였다.
⑦ 要妙(요묘) : 절요미묘(切要微妙)의 뜻.

고증

① 철(轍) : 노자도덕경고이에는 '철(徹)'로 되어 있다.
② 적(謫) : 노자도덕경고이에는 '적(讁)'자로 되어 있다.
③ 선수(善數) : 하상공본에는 '선계자(善計者)'라 하였다.
④ 건(楗) : 노자도덕경고이에는 '건(鍵)'자로 되어 있다.
⑤ 부혁본에는 '시이성인상선구인이십자(是以聖人常善救人二十字) 독견하상본(獨見河上本) 고본무지(古本無之)'라 하였다.

▶**하상공은 이 장을 '교용장(巧用章)'이라 하였다.**

해설 1. 자취없는 자연의 도

형태가 있는 모든 것은 움직인 뒤에 반드시 자취가 있다. 예를 들면 사람이 걸어간 뒤에는 반드시 발자국이 있고, 차가 굴러간 뒤에는 반드시 바퀴 자리가 있고, 물이 흘러간 뒤에는 반드시 습한 자리가 있다. 그러나 자연의 도는 본래 형태가 없으므로 운행한 뒤에도 자리가 나지 않는다. 사람의 언어에는 반드시 모순성이 있다. 예를 들면 갑은 알이 먼저 있고 새가 생긴다 하고, 을은 새가 먼저 있고서 알이 생긴다고 하는 것과 같다.

그러나 자연의 도는 본래 말이 없으므로 책잡을 수가 없다. 예를 들면 가을이 오면 나뭇잎이 떨어지는 것과 같다. 사람은 무엇을 셈하려면 반드시 필기구나 계산기, 또는 옛날 같으면 산가지를 사용한다.

그러나 자연의 도는 산가지 같은 것을 사용하지 않고도 잘 셈한다. 예를 들면 봄이 가면 여름이 오고, 여름이 가면 가을이 오고, 가을이 가면 겨울이 오는 것과 같다.

사람은 문을 닫으려면 자물쇠나 빗장을 사용한다. 그러나 자연의 도는 자물쇠나 빗장을 사용하지 않고도 문을 잘 닫아놓는다. 예를 들면 물리학적 세계관에는 물질이 아닌 물건, 예를 들면 관념물과 같은 것은 들어오지 못하는 것과 같다.

사람은 무엇을 묶으려면 반드시 노끈을 사용한다. 그러나 자연의 도는 노끈을 사용하지 않고도 잘 묶어 놓는다. 예를 들면 생물학적 세계에서 생명으로 모든 생명을 묶어 놓는 것과 같다.

2. 인간의 선악

그렇기 때문에 자연의 도를 본받는 성인은 자연의 관점에서 인간을 볼 때에 선악의 가치는 그렇게 대단한 것이 아니다. 절대적으로 선한 사람도 없고, 절대적으로 악한 사람도 없다. 선인과 악인의 간격은 종이 한 장 사이이다. 그러므로 도덕적으로 아무리 악한 사람이라도 버리지 않고 다 구원할 수 있다. 또 사물을 보더라도 사용가치가 그렇게 대단한 것은 아니다. 이때 이곳에서는 사용가치가 풍부하지만 저때 저곳에서는 가치가 없게 된다.

아무리 가치가 없는 물건이라도 하나의 자연물임에는 틀림없다. 여기에 노동력을 가하여 상품을 만들어, 때와 장소를 잘 살피어 유효적절하게 사용하면 가치있는 물건이 된다. 그러므로 성인은 물건을 잘 구제하여 버릴 물건이 없다. 이와 같이 사람을 잘 구원하고 물건을 잘 구제하는 방법을 노자는 예로부터 전해 내려오는 지혜로운 일이라 하였다.

그러므로 도덕적 가치세계에 있어서도 도를 아는 사람과 도를 모르는 사람이 서로 용납할 수 없는 것이 아니라, 도를 아는 사람은 도를 모르는 사람의 모범이 될 스승이 될 수 있고, 또 도를 모르는 사람은 장차 도를 아는 사람이 될 자료가 된다. 왜냐하면 이 세상에 만일 도를 모르는 사람이 없다면, 도를 아는 착한 사람도 없기 때문이다.

그러므로 도를 아는 스승이라고 해서 그렇게 훌륭한 것도 아니요, 장차 도를 알 사람이 될 소질을 가진 제자라고 해서 그렇게 아까워할 것도 아니다. 이렇게 보면 비록 지자라도 이미 도를 아는 스승이 된 사람이 더 귀한 것인지, 또는 장차 도를 알게 될 제자가 더 귀한 것인지 모르게 된다.

요컨대 사람이 만들어 사람에게 붙여 놓은 모든 가치를 티끌과 같이 다 털어 버린 뒤에 자연인으로 돌아가는 것이 가장 좋은 미묘한 비법이다.

제28장
대전제(大專制)는 전제하지 않은 전제다

수컷의 성질이 어떠한 것을 알고서 암컷을 지키고 있으면 반드시 수컷이 암컷에게로 되돌아오는 것을 볼 수 있다. 이것은 마치 큰 계곡이 가만있어도 온 골짜기의 물이 저절로 모여드는 것과 같다.

사람도 이러한 계곡의 자연법칙을 본따거나 도덕률을 삼으면 그밖에는 영구불멸의 덕이 떠나지 아니하여 천진난만한 어린이로 되돌아오게 된다.

광명의 성질이 어떠한 것을 알고서 암흑을 지키고 있으면 반드시 광명이 암흑 속에서 빛을 발하는 것을 볼 수 있다. 이것으로 미루어 보아 모든 사물의 발전은 극에 달하면 반드시 되돌아온다는 법칙을 알 수 있다.

이러한 자연법칙으로 도덕률을 삼으면 영구불변의 덕이 되어 틀림없이[不忒] 다시 양극을 지양하는 무극(無極)으로 되돌아오게 된다.

영광의 성질이 어떠한 것을 알고서 굴욕을 지키고 있으면 반드시 굴욕이 다한 뒤에 영광이 꼬리를 물고 오는 것을 볼 수 있다. 이 역시 가만히 있어도 온 골짜기의 물이 모여드는 큰 계곡과 같다. 이러한 자연법칙으로 도덕률을 삼으면 영구불변의 덕이 되어 온몸에 충족하게 되고, 인공을 가하지 않은 산의 원목과 같이 질박하게 된다. 그러나 목수가 원목을 베어다가 인공을 가하면 모든 기구(器具)가 된다.

만일 이러한 진리를 체득한 성인이 이런 도덕률을 사회생활에 적용하면 백성을 영도할 수 있는 장관이 될 수 있다. 왜냐하면 대전제(大

專制)는 전제하지 않은 전제이기 때문이다.

• • • • • • • • • • • • •

지기웅 수기자 위천하계 위천하계 상덕 불리 복
知其雄，守其雌，爲天下谿，爲天下谿①，常德②不離，復
귀어영아 지기백 수기흑 위천하식 위천하식 상덕불
歸於嬰兒，知其白，守其黑，爲天下式③，爲天下式，常德不
특 복귀어무극 지기영 수기욕 위천하곡 위천하곡
忒④，復歸於無極，知其榮，守其辱，爲天下谷，爲天下谷，
상덕내족 복귀어박 박산즉위기 성인용지 즉위관장
常德乃足⑤，復歸於樸．樸散則爲器．聖人用之，則爲官長．
고대제 불할
故大制⑥不割⑦．

그 수컷을 알아서 그 암컷을 지키면 천하의 골짜기가 되니, 천하의 골짜기가 되면 상덕(常德)이 떠나지 아니하여 다시 어린아이로 돌아간다. 그 흰 것을 알아서 그 검은 것을 지키면 천하의 법식이 되니, 천하의 법식이 되면 상덕이 어긋나지 아니하여 다시 무극(無極)으로 돌아간다. 그 영화를 알아서 그 굴욕을 지키면 천하의 골짜기가 되니, 천하의 골짜기가 되면 상덕이 바로 충족하여 다시 원목〔樸〕으로 돌아간다. 원목이 분산되면 기구가 된다. 성인이 이것을 사용하면 장관이 된다. 그러므로 대전제는 할거(割去)하지 않는다.

• • • • • • • • • • • • •

주석

① 谿(계) : 시내, 또는 골짜기. 노자익에 '중수소주(衆水所注)'라 하였다.

② 常德(상덕) : 영구불변의 덕, 상도(常道)의 대칭.

③ 式(식) : 법(法).

④ 忒(특) : 틀리다. 어긋나다. 상지(爽之)의 뜻.

⑤ 足(족) : 노자익에 '전야(全也)'라 하였다.
⑥ 制(제) : 전제(專制), 제재(制裁)의 뜻.
⑦ 割(할) : 분할, 할거(割去)의 뜻.

고증

① 대제불할(大制不割) : 회남자본에는 '불(不)'을 무(無)로 썼다.
▶**하상공은 이 장을 '반박장(反朴章)'이라 하였다.**

해설 1. 서로 호응하는 세계

암컷이나 수컷은 같은 생리를 가진 하나의 동물이다. 그러나 다르다는 점에서 보면 암놈의 성질은 여성적이요, 소극적이요, 또 정적이다. 이에 반하여 숫놈의 성질은 남성적이요, 적극적이요, 또 동적이다. 그럼에도 불구하고, 이 양자의 관계를 보면 상호 부정하는 이율배반이 아니요, 상호 긍정하는 이율대대(二律對待)이다. 다시 말하면 서로 요청하고 서로 호응하는 관계에 서 있다.

그러므로 동적인 수컷을 잡으려면 그것을 뒤따라가지 말고, 정적인 암컷을 지키고 있으면 언젠가는 수컷이 반드시 암컷이 있는 데로 되돌아온다. 그때 가만히 앉아서 수컷을 잡을 수 있다. 이와 같이 동적인 것이 결국 정적인 것에로 되돌아오는 자연법칙은 마치 동적인 물이 정적인 계곡으로 모여드는 것과 같다. 이러한 자연법칙을 본따서 인간의 도덕률로 삼으면 언제나 변하지 않는 덕이 된다. 이 상덕을 잘 보존하고 있으면 도기(道氣)가 몸에 충만하여 어린아이와 같이 몸이 부드러워진다.

백(白)은 훤한 흰색이니 광명을 뜻하고, 흑(黑)은 검은색이니 캄캄한 암흑을 뜻한다. 겉으로 보면 백색과 흑색은 서로 반대되는 관계에 있다. 그러나 근원적인 것으로 돌아가서 살펴보면 백색은 본래 광(光)

을 반사함으로써 이루어지고, 흑색은 광을 흡수함으로써 이루어진다. 그러므로 백색과 흑색은 다 동일한 광에서 나온 것이다. 백색과 흑색은 서로 부정하는 대립이 아니요, 서로 긍정하는 대립이다. 즉 이율대대 관계이다.

다시 말하면 서로 떼지 못할 관계이다. 백색이 있으면 자연히 흑색이 있지 않을 수 없고, 또 흑색이 있으면 자연히 백색이 있지 않을 수 없다. 그러므로 음성적(陰性的)인 흑색의 성질이 어떠한지를 알면 자연히 백색의 성질이 어떠한지를 알 수 있다. 이와 같이 근원적인 것을 파악함으로써 이것을 알면 저것을 알고, 저것을 알면 이것을 알게 되는 자연법칙은 이 세계 어디든지 통할 수 있는 보편타당성을 띤 법식이 된다.

이러한 자연법칙으로 사람의 도덕률을 삼으면 언제나 변하지 않는 덕이 되어 무엇에든지 맞추어 보아도 착오가 없다. 즉 반대, 또는 모순 대립 관계에 있는 모든 사물의 양극(兩極)을 지양하여 무극의 세계에서 통일한다. 예를 들면 앞서 말한 광에 있어서의 백색과 흑색 관계와 같다.

2. 음지가 양지 되는 세상

인간사회에 있어서 사람의 영화와 굴욕의 생활에 있어서도 그러하다. 사람의 감정은 흔히 영화를 좋아하고 굴욕을 싫어한다. 그러나 앞에서 본 바와 같이 영화와 굴욕은 서로 떨어져 있는 것이 아니요, 서로 꼬리를 물고 돌아간다. 그러므로 사람이 영화로운 생활을 얻으려면 먼저 당면하고 있는 굴욕적 생활을 피하려 하지 말고, 이것을 손님과 같이 맞아들이고 잘 접대하여 보내면 굴욕이 문밖으로 나가자마자 영화가 곧 문안으로 들어오는 것이다. 이 역시 동적인 물이 정적인 계곡으로 모여드는 자연법칙과 같다.

이러한 자연법칙으로 도덕률을 삼으면 언제나 변하지 않는 상덕(常

德)이 몸에 충족하여, 마치 인공을 가하지 않은 산의 원목과 같이 기운이 싱싱하게 된다. 만일 그렇지 않고 원목에 인공을 가하여 톱으로 자르고 대패로 밀고 칼로 깎아 여러 가지 그릇을 만들어 내면, 원목은 제 수명을 잃고 본질을 잃어서 본래 모습을 보존하지 못하게 된다.

만일 앞에서 말한 진리를 체득한 성인이 현상계에 있어서 상호 긍정의 이율대대의 원리를 사회현상에 적용하면 천하 만민을 인도하여 나아가는 세계의 영도자가 될 수 있다. 왜냐하면 대전제는 전제하지 않은 전제이기 때문이다.

제29장
세계는 신기(神器)다

세계를 장악해 보려고 정책을 쓰는 사람도 있지만 나는 그 사람이 세계를 얻은 예를 본 일이 없다.

세계는 신비로운 그릇이라 다루기 힘들다. 함부로 다루고자 하나 그렇게 되지 않고, 손안에 넣으려고 하여도 잡을 수 없다. 함부로 하면 반드시 실패하고, 손안에 넣으려 하면 반드시 잃어버린다.

모든 사물은 앞으로 가는 것도 있고, 뒤로 따라가는 것도 있다. 숨을 들이쉬는 것도 있고, 숨을 내쉬는 것도 있다. 강대한 것도 있고, 약소한 것도 있다. 위에 얹히는 것도 있고, 아래로 떨어지는 것도 있다. 그래서 성인은 격심(激甚)한 것을 버리고, 사치한 것을 버리고, 교만한 것을 버린다.

• • • • • • • • • • • •

장욕취 천하이위지 오견기부득이 천하신기 불가위
將欲取①天下而爲之, 吾見其不得已, 天下神器, 不可爲②
야 불가집야 위자패지 집자실지 범물혹행혹수 혹허
也, 不可執也. 爲者敗之, 執者失之, 凡物或行或隨, 或歔③
혹취 혹강혹리 혹재혹휴 시이성인거심 거사 거
或吹, 或强或羸④, 或載或隳⑤, 是以聖人去甚⑥, 去奢⑦, 去
태
泰⑧.

장차 천하를 취하려고 하여 이것을 하여도 나는 그가 얻지 못함을 볼 뿐이다. 천하는 신기(神器)니, 하여도 안되고 붙잡아도 안된다. 하는 자는 패하고, 붙잡는 자는 잃어버린다. 모든 물건은 가기도 하고 따르기도 하며, 숨을 들이쉬기도 하고 내쉬기도 하며, 강하기도 하고 약하기도 하며, 실리기도 하고 떨어지기도 한다. 그러므로 성인은 격심한 것을 버리고, 사치한 것을 버리고 교만한 것을 버린다.

• • • • • • • • • • • • •

주석

① 取(취) : 진주(陳註)는 '취자(取者) 취이림리지야(取而臨莅之也) 장자재유편(莊子在宥篇) 고군자부득이이림리천하(故君子不得已而臨莅天下) 즉기의(卽其義)'라 하였고, 다케우치 요시오는 '취천하(取天下)의 취(取)자는 횡령(橫領)의 의미가 아니요, 천하의 민심을 얻는 뜻이라' 했다.
② 爲(위) : 노자익에 '치지야(治之也)'라 하였다.
③ 歔(허) : 숨을 들이쉬다.
④ 羸(이) : 약(弱)자의 뜻.
⑤ 隳(휴) : 무너지다.
⑥ 去甚(거심) : 노자익에 '거심(去甚) 자야(慈也)'라 하였다.
⑦ 去奢(거사) : 노자익에 '검야(儉也)'라 하였다.
⑧ 去泰(거태) : 노자익에 '불감위천하선야(不敢爲天下先也)'라 하였다.

고증

① 위지(爲之) : 하상공본에는 '위지자(爲之者)'라 하였다.
② 천하신기(天下神器) : 하상공과 왕필본에는 '부천하신기(夫天下神器)'라 하였다.
③ 허(歔) : 하상공본에는 '구(呴)'자로 되어 있다.
④ 이(羸) : 노자도덕경고이에는 '좌(剉)'자로 되어 있다.
⑤ 재(載) : 노자도덕경고이에는 '배(培)'자이고, 왕필본에는 '졸(拙)'자로 되어 있다.

▶하상공은 이 장을 '무위장(無爲章)'이라 하였다.

(해설) 인간의지와 도

세계를 하나의 물건으로 알고 이것을 권력으로 자기 손안에 넣으려고 하는 독재적 정치가들이 있다. 그러나 결국에 가서는 실패하는 것을 우리는 자주 볼 수 있다. 고대 중국에 있어서는 진시황제(秦始皇帝)가 그러하였고, 근대에 있어서는 프랑스의 나폴레옹이 그러하였고, 독일의 히틀러가 그러하였고, 소련의 스탈린이 그러하였다. 이들은 다 세계를 자기의 소유물로 알았던 것이다. 그러나 세계는 불가사의의 신비로운 그릇이다. 어떤 한 사람이 자기 마음대로 이것을 관리할 수도 없고, 또 장악할 수도 없다. 왜냐하면 혼자 관리하려면 반드시 실패하고, 혼자 장악하면 반드시 잃어버리기 때문이다.

왜 그런가? 이 현상계에 있는 모든 사물의 발전은 극에 도달하면 반드시 되돌아오기 때문이다. 다시 말하면 여기에 앞으로 가는 물건이 있다고 하자. 그것이 멀리 가면 갈수록 자기도 모르는 사이에 어느덧 뒤로 물러오게 된다. 예를 들면 개미 한 마리가 쳇바퀴 위에서 곧장 기어가면 갈수록 다시 출발점으로 되돌아오는 것과 같다.

또 우리가 호흡을 할 때에 숨을 힘껏 들이쉬면 폐가 확장되지만 그것도 한계가 있다. 그래서 저절로 숨을 내쉬게 되어 폐가 수축되는 것과 같다. 이와 같이 숨을 들이쉬기도 하고 내쉬기도 하여야 몸에 피순환이 잘 되는 것이다.

또 물체의 운동에 있어서도 처음에는 작은 힘이 차츰 강대해져 한때는 온 세계라도 다 집어삼킬 것같이 보이지만 그것이 정점에 도달하자마자 어느덧 점점 약해져서 결국에는 처음과 같이 아주 조그만 힘을 가지는 물건으로 되고 만다. 이 역시 자연의 조화 법칙이다.

또 우리가 탑을 쌓는다고 하자. 처음에 돌 한 개 한 개씩 쌓아올라가면 자꾸 높아진다. 높아질 때에는 하늘 끝까지 올라갈 것 같지만 이것도 한도가 있다. 다시 말하면 탑이 설 만한 기지(基地), 탑의 길이, 탑의 중심점, 탑의 하중, 탑의 둘레, 또 그밖에 지구의 인력(引力) 관계로 인하여 나중에는 돌을 아무리 올려놓아도 떨어져 내려오게 된다. 이것이 어찌 다 자연의 신비성이 아니겠는가?

그러므로 자연법칙의 원리를 체득한 성인은 일상생활에 있어서 조화에서 벗어나는 일을 하지 않는다. 즉 격심한 것과 사치한 것과 교만한 것을 다 버린다. 바꿔 말하면 격심한 분노를 버리고 자애심을 가지며, 사치한 생활을 버리고 검소한 생활을 하며, 남보다 앞서겠다는 교만한 태도를 가지지 않는 것이다.

제30장
내가 살려면 남을 살려야 한다

자연의 도를 본받아 임금을 보좌하는 사람은 무력으로 세계와 전쟁하려 하지 않는다. 왜냐하면 이쪽에서 저쪽 나라를 침략하려고 하면 또 저쪽 나라에서도 이쪽 나라를 침략하러 오기 때문이다.

군대가 주둔하는 곳에는 토지가 거칠어지고 가시덤불이 무성하게 난다. 큰 전쟁이 끝난 뒤에는 반드시 기아(飢餓)가 따라오게 된다.

그러므로 진정으로 전쟁을 잘하는 사람은 전쟁의 목적을 달성할 뿐이요, 바로 적국에서 병장기를 철수한다. 그 목적을 달성하고도 피정복민(被征服民)에게 전공(戰功)을 자랑하지 않는다. 뽐내지도 않는다. 교만하지도 않는다. 하고 싶지 않은 전쟁을 부득이 하였다고 한다. 이쪽이 강하다고 생각지도 않는다.

모든 사물은 성장하면 반드시 노쇠한다. 이것은 사람의 힘으로 어쩔 수 없는 자연법칙이다. 그러므로 강성한 것에만 집착하는 것은 도에서 벗어나는 행위이다. 도에서 벗어나는 행위는 오래 지속하지 못한다.

• • • • • • • • • • • • • •

이도좌인주자 불이병강천하 기사호환 사 지소처형
以道佐人主者，不以兵强天下，其事好還．師①之所處荊
극생언 대군지후 필유흉년 선자 과 이이 불감이취
棘生焉，大軍之後，必有凶年．善者②果③而已，不敢以取
강 과이 물긍 과이물벌 과이물교 과이부득이
强，果而④勿矜⑤，果而勿伐⑥，果而勿驕⑦，果而不得已⑧，
과이물강 물장즉로 시위부도 부도조이
果而勿强．物壯則老，是謂不道，不道早已⑨．

도로 인주(人主)를 보좌하는 사람은 병(兵)을 천하에서 강하게 하지 않는다. 그 전사(戰事)란 되돌아오기를 좋아한다. 사병(師兵)이 처하여 있는 곳에는 형극(荊棘)이 생(生)한다. 대군이 간 뒤에는 반드시 흉년이 든다. 선전자(善戰者)는 과(果 : 적을 이김)할 뿐이요, 감히 강(强)을 취하지 않는다. 과할 뿐이요, 자긍(自矜)하지 않는다. 과할 뿐이요, 자찬〔伐〕하지 않는다. 과할 뿐이요, 교만하지 않는다. 과할 뿐이요, 부득이한 일이라 한다. 과할 뿐이요, 강하다고 아니한다. 사물은 장성하면 노쇠한다. 이것을 부도(不道)한 일이라 한다. 부도한 일은 빨리 그만두게 된다.

• • • • • • • • • • • • •

주석

① 師(사) : 군사, 군대, 전쟁의 뜻. 노자익에는 '중야(衆也)'라 하였다.
② 善者(선자) : 유도자(有道者) 또는 선전자(善戰者)임.
③ 果(과) : 전쟁의 목적을 달성하였다는 뜻. 노자익 여주(呂註)에는 '과자(果者) 극적자야(克敵者也)'라 하였다.
④ 而(이) : 뿐. 또는 '하지만'의 뜻. 노자익에는 5개의 '이(而)'자를 '어(於)'자로 보았다.
⑤ 矜(긍) : 자시(自恃), 자긍(自矜)의 뜻.
⑥ 伐(벌) : 과대, 즉 자과자찬(自誇自讚)의 뜻.
⑦ 驕(교) : 교만, 방자자사(放恣姿肆)의 뜻.
⑧ 不得已(부득이) : '위지난야(爲之難也)'의 뜻.
⑨ 已(이) : 지(止)자의 뜻. 조이(早已)는 빨리 그만두게 된다. 장구히 지속하지 못한다의 뜻.

고증

① 선자과이이(善者果而已) : 노자도덕경고이에는 '고선자과이이의(故

善者果而已矣)'라 하였다. 또 왕필본에는 '선(善)'자 다음에 '자(者)'자가 없다.

② 불감이취강(不敢以取强) : 노자도덕경고이에는 '취강(取强)' 다음에 '언(焉)'자가 있다.

③ 시위부도(是謂不道) 부도조이(不道早已) : 노자도덕경고이에는 '부도(不道)'를 '비도(非道)'라 하였다.

▶**하상공은 이 장을 '검무장(儉武章)'이라 하였다.**

해설 1. 이율대대(二律對待)의 자연법

상호 부정의 이율배반이 아니요, 상호 긍정의 이율대대의 자연법칙의 도의 원리로 임금을 보좌하는 위정자는 부국강병의 술책으로 남의 나라와 민족을 무력으로 침략하지 않는다. 왜냐하면 이쪽에서 치러 가면 저쪽에서도 치러 오기 때문이다. 그리하여 세계는 마침내 소란하게 된다. 남잡이가 제잡이가 되어 너 죽고 나 죽게 된다.

그러므로 내가 살기 위해서는 남을 죽이지 말고, 남을 살림으로써 나도 살아야 한다. 본래 나라는 것은 남이 없으면 존재하지 않는 것이다.

2. 도가(道家)의 전쟁관

전쟁이란 것은 본래 흉사(凶事)이다. 전쟁이 일어나는 곳에는 백성들이 농사를 짓지 못하여 전야(田野)에는 가시덤불로 황폐하게 되고 백성은 기근을 면하지 못하게 된다.

그러므로 도를 가진 이는 어쩔 수 없는 경우에 부득이 전쟁을 하지만, 남의 나라에 들어가서 다만 전범자(戰犯者)만 제거하여 그 나라의 백성들을 편안히 살게 할 뿐이다. 어떻게 피정복민에게 자기 나라의 군대가 강대하다고 자화자찬인들 하며, 더욱이나 교오무쌍(驕傲無雙)한 행동을 하겠는가? 이런 군대를 가진 나라는 반드시 또 멸망하고야 만다.

왜냐하면 현상계의 모든 사물은 발생하면 성장하고, 성장하면 반드시 노쇠하여 사멸(死滅)하게 되기 때문이다. 그러므로 횡포무쌍한 국가 행위는 도에서 벗어난 것이니, 도에서 벗어난 행위는 소나기와 폭풍과 같아서 길이 지속할 수 없다.

제31장
무기는 상서롭지 못한 연장이다

대체 무기란 상서롭지 못한 연장이다. 사람을 해치므로 이것을 싫어하고 미워한다. 그러므로 도를 닦는 이는 이런 것을 사용하지 않는다. 군자는 평상시 왼쪽을 윗자리로 하여 거처하고, 전쟁시에는 오른쪽을 윗자리로 하여 거처한다.

무기란 상서롭지 못한 연장이기 때문에 도덕군자가 사용할 연장이 아니다. 부득이해서 사용할 때에는 적국을 안정시키는 것으로 상책(上策)을 삼아야 한다. 승리하고도 명예롭게 생각하지 않아야 한다. 이것을 명예롭게 생각하는 사람은 사람 죽이기를 좋아하는 사람이다. 사람 죽이기를 좋아하는 사람은 세계에 인심을 잃게 된다.

축하연 석상에서 왼쪽을 윗자리로 하고, 장례식 석상에서는 오른쪽을 윗자리로 한다. 이것은 옛날부터 내려오는 관습이다. 그러나 군대에서는 부장군은 왼쪽에 앉고, 대장군은 오른쪽에 앉는다. 왜냐하면 전쟁마당이란 하나의 장례식장과 같기 때문에 사람을 많이 죽이기 위한 전쟁에 이기더라도 기뻐하지 말고 이것을 슬퍼해야 한다. 요는 승전 축하식을 장례식으로 알아야 한다.

• • • • • • • • • • • • • •

부유가 병자 불상지기 물혹오지 고유도자불처 군
夫唯〔佳①〕兵者, 不祥之器, 物或惡之, 故有道者不處. 君
자거즉귀좌 용병즉귀우 병자불상지기 비군자지기
子居則貴左, 用兵則貴右②. 兵者不祥之器, 非君子之器,
부득이용지 염담위상 승이불미 이미지자 시락살
不得已用之, 恬澹③爲上, 勝而不美④, 而美之者, 是樂殺

인 부락살인자 즉불가이득지어천하의 길사상좌 흉사
人. 夫樂殺人者, 則不可以得志於天下矣. 吉事尙左, 凶事
상우 편장군 거좌 상장군거우 언이상례처지 살인지
尙右, 偏將軍⑤居左, 上將軍居右, 言以喪禮處之. 殺人之
중 이비애읍지 전승이상례처지
衆, 以悲哀泣之, 戰勝以喪禮處之.

대개 병(兵)이란 것은 불상(不祥)의 기구다. 사물이 이것을 싫어할는지도 모른다. 그러므로 유도자(有道者)는 처하지 않는다. 군자는 거하면 왼쪽을 귀히 여기고 용병(用兵)하면 오른쪽을 귀히 여긴다. 병이란 것은 불상의 기구요, 군자의 기구가 아니다. 부득이하여 이것을 사용할 적에는 염담(恬澹)으로 상책을 삼는다. 승리하고도 아름답게 여기지 않는다. 그런데 이것을 아름답게 여기는 이는 사람을 죽이기를 즐거워한다. 대개 사람 죽이기를 즐거워하면 뜻을 천하에서 얻을 수 없다. 길사(吉事)는 왼쪽을 숭상하고, 흉사는 오른쪽을 숭상한다. 편장군(偏將軍)은 왼쪽에 있고, 상장군은 오른쪽에 있는 것은 상례(喪禮)로 여기어 처함을 말하는 것이다. 살인을 많이 하였으면 비애로 그들은 울고, 전쟁에서 이긴 것은 상례로 여기어 처하여야 한다.

• • • • • • • • • • • • •

주석

① 佳(가) : 노자익에 '가위가지야(佳謂佳之也)'라 하였다. 즉 가(佳)를 동사로 보았다. 그러나 형용사로 볼 수 있다.

② 左(좌), 右(우) : 좌는 양(陽)이요, 생(生)이며, 우는 음(陰)이요, 사(死)를 의미한다.

③ 恬澹(염담) : 안정의 뜻.

④ 美(미) : 아름답다. 가(佳)자의 뜻.

⑤ 偏將軍(편장군) : 부장군(副將軍).

고증

① 부가병자(夫佳兵者) : 왕염손(王念孫)에 의하면 '가개작추(佳改作隹) 추고유자야(隹古唯字也)'라 하였다. 노자 책에서 '부유(夫唯)'를 사용한 것은 대개 윗말을 받음으로 31장은 30장에 연속되어야 할 것이다. 또 노자도덕경고이에는 '부미병자(夫美兵者)'라 하여 '가(佳)'를 미(美)자로 썼다.

② 군자거즉(君子居則) : 노자도덕경고이에는 '군자' 앞에 '시이(是以)' 두 자가 있다.

③ 순보(純甫)는 말하기를, '이 장은 병자불상지기(兵者不祥之器) 이하는 고의소(古義疏)를 다 경(經)에 넣은 듯하니 그 문의(文義)를 자세히 살피면 알 수 있다'고 했다. 또 다케우치 요시오도 '병자불상지기'에서 '언이상례처지(言以喪禮處之)'까지를 그렇게 보았다.

④ 승이불미(勝而不美) 이미지자(而美之者) 시락살인(是樂殺人) : 노자도덕경고이에는 '고불미야(故不美也) 약미필락지(若美必樂之) 낙지자(樂之者) 시락살인야(是樂殺人也)'라 하였다.

⑤ 살인지중(殺人之衆) : 노자익과 노자도덕경고이에는 '살인중다(殺人衆多)'라 하였다.

▸ **하상공은 이 장을 '언무장(偃武章)'이라 하였다.**

해설 도가(道家)의 전쟁관

생물계는 대개 만물을 살리는 것으로 법칙을 삼고, 다투지 않고 서로 조화하는 것으로 원리를 삼는다. 그러므로 물은 열을 받으면 끓어서 수증기로 되고, 꽃은 피어 열매를 맺고 알은 까서 새가 된다. 다시 말하면 물에서 수증기가 생기고, 꽃에서 열매가 생기고, 알에서 새가 나와 발전해 나간다.

그런데 인간사회에서는 이러한 자연의 질서에 역행하여 사람의 생명을 빼앗는 전쟁 도구를 만들어 약육강식하는 전쟁을 연출하는 것이다. 그리하여 싸움 잘하고 사람 많이 죽이는 자를 칭찬하고 훈장을 준다. 그러나 자연의 법칙을 본받아 도덕 법칙을 삼는 성인은 이것을 싫어하고 미워한다. 또 전쟁과 같은 일을 일으키지도 않고, 그런 자리에 처하지 않으려고 한다.

그러므로 도를 체득한 군자는 평상시에는 옛날부터 내려오는 관습에 따라 생을 귀중히 여기는 뜻에서 왼쪽, 즉 생기(生氣)가 동한다는 동쪽 자리를 윗자리로 소중하게 여긴다. 그러나 무기를 사용할 때만은 살기가 동하는 서쪽 자리를 윗자리로 소중하게 여긴다. 무기는 본래 생명을 살해하는 연장이므로 생을 좋아하는 도덕 군자가 사용할 장기가 못된다.

만일 피치 못할 국제적 사정에 따라서 어쩔 수 없이 무기를 사용하더라도 적국의 백성을 편안히 살게 하고, 그 나라를 안정케 하는 것으로 최상의 목적을 삼는다. 비록 싸움에 이겼을지라도 그것을 좋게 생각하지도 않고, 패전국 백성들에 대해 우월감을 가지지 않고 항상 겸손한 태도를 가진다.

만일 이에 반하여 전쟁에 이기는 것만 좋게 생각하는 사람이라면 그러한 사람은 반드시 사람 죽이기를 좋아한다. 다시 말하면 내 나라 백성이 잘살기 위해서는 약소민족도 잘살게 해야 한다는 이치는 모르고, 다만 내 나라 백성이 잘살기 위해서는 약소민족을 죽이지 않을 수 없다는 것으로 생활원리를 삼는다. 이러한 나라는 지금은 강하지만 마침내는 자연질서를 어지럽게 하고, 세계 인류의 인심을 잃게 되어 멸망하고야 만다.

예로부터 축하연을 차릴 때에는 왼쪽을 윗자리로 하고, 장례식 석상에서는 오른쪽을 윗자리로 하는 것이 하나의 관습처럼 되어 있다. 왜냐하면 왼쪽은 만물을 살리는 생문방(生門方)이요, 오른쪽은 만물을 죽이는 사문방(死門方)이기 때문이다. 그러므로 전쟁시에는 부장군은 왼쪽에 앉고, 대장군은 오른쪽에 앉는다. 이것은 전쟁마당을 장례식장과 같이 불길한 곳으로 생각하기 때문이다.

다시 말하면 승전하였다고 축하연을 베풀지 말고, 장례식에 임하는 태도로 패전국의 전몰 장병의 유가족을 위하여 몸소 애통해하는 마음으로 장례식을 거행하여 주고, 도리어 그 충의(忠義)를 칭찬해 준다. 이렇게 하면 적국의 민심이 이쪽으로 돌아오게 되어 어제까지의 적국이었던 나라가 도리어 우호국이 된다. 왜냐하면 전쟁 철학은 싸우지 않고 이기고, 또 부득이 싸우더라도 적국을 우호국으로 만드는 데 있기 때문이다.

제32장
도는 수공(手工)을 가하지 않은 원목과 같다

도는 언제든지 무엇이라고 단정하여 이름을 붙일 수 없다.

'도'는 마치 목수가 찍어다가 아직 손질하지 않은 산속의 원목과 같다. 도는 크고도 작은 물건이다. 크기로 말하면 천지라도 포괄할 수 있고, 작기로 말하면 털끝 속에도 들어갈 수 있다. 비록 작다고 할지라도 이것을 사람의 힘으로 어찌할 수 없다. 다시 말하면 지배할 수 없다. 그러나 모든 것의 덕이 된다.

군주가 만일 원목과 같은 덕을 지킨다면 천하의 백성이 약속없이 저절로 와서 따르게 된다. 천지는 음양의 기운이 화합하여 단 이슬〔甘露〕을 내리게 된다. 백성에게는 명령을 하지 않아도 자기들끼리 서로 질서를 지키어 균등한 생활을 하게 된다.

그런데 도는 본래 모습이 없으므로 무엇이라고 한정하여 말할 수 없지만 한번 시공형태(時空形態)를 가지게 되면, 여러 가지 물건으로 구별되어 이름을 붙이게 된다. 일단 이름, 즉 개념(槪念)을 가진 물건이 되면 장차 머물러 있으려고 한다. 도와 더불어 머물러 있으려고 하면 변화하더라도 위태하지 않다.

비유하면 만물이 도에서 출발하여 도로 되돌아가는 것은 마치 여러 골짜기 물이 넓은 바다로 흘러들어가는 것과 같다.

• • • • • • • • • • • • • •

도상무명 박 수소 천하막능신야 후왕약능수지 만물
道常無名, 樸[1]雖小, 天下莫能臣也. 侯王若能守之, 萬物

장자빈 천지상합 이강감로 민막지령이자균 시제유명
將自賓. 天地相合, 以降甘露, 民莫之令而自均, 始制有名,
명역기유 부역장지지 지지가이불태 비도지재천하 유
名亦旣有, 夫亦將知止, 知止可以不殆. 譬道之在天下, 猶
천곡지어강해
川谷之於江海.

도는 항상 이름이 없고 박(樸)은 비록 작을지라도 천하가 신하 노릇하게 할 수 없다. 후왕(侯王)이 만일 이것을 지킬 수 있으면 만물이 장차 자기 스스로 빈객 노릇을 할 것이다. 천지가 서로 화합하여 감로를 내리고 백성은 명령하지 않아도 자기 스스로 균등하게 된다. 처음으로 제한되어 있고, 이름도 이미 있으면 그것도 머물 데를 알려고 하니, 머물 데를 알면 위태하지 않을 수 있다. 비유하면 도가 천하에 있는 것이 강해(江海)에 있어서의 천곡(川谷)과 같다.

• • • • • • • • • • • • •

주석

① 樸(박) : 엄복(嚴復)은 '박(樸)은 물(物)의 본질'이라 했다.

고증

① '민막지령(民莫之令)'의 민(民)자를 왕필본(王弼本)에는 인(人)자로 썼다.
② 부역장지지(夫亦將知止) : 왕필본에는 부(夫)자를 천(天)자로 썼다.
③ 지지(知止), 가이불태(可以不殆) : 하상공본에는 지(止)자를 지(之)자로 썼다.
④ 비도지재천하(譬道之在天下) : 노자도덕경고이에는 도(道)자가 없다.
⑤ 다케우치 요시오는 박수소(樸雖小)에서 막지령이자균(莫之令而自均)까지를 제37장의 착간(錯簡)이라 하고, '비도지재천하(譬道之在天下)' 이하를 제36장의 착간이라 했다.

▶하상공은 이 장을 '성덕장(聖德章)'이라 했다.

해설 도(道)와 박(樸)

도와 박은 본래 두 가지 물건이 아니다. 도가 사물의 내면으로 들어와서 내포되어 있는 것을 박이라 하면, 박이 밖으로 외연(外延)하여 천지만물을 다 포괄할 수 있는 것을 도라 한다. 이와 같이 사물에 내포된 박이 비록 매우 적다 하더라도 이것을 사회의 힘으로 파괴하려고 하여도 파괴할 수 없다.

군주가 만일 이것으로 덕을 삼아 정치를 하면 천한 백성이 부르지 않더라도 다 저절로 와서 따르게 된다.

천지도 이 박으로 덕을 삼으면 음과 양의 두 기운이 저절로 화합되어 이슬과 비가 제때에 내려 백곡(百穀)이 풍성하게 된다.

성인(聖人)이 이것으로 무위무욕(無爲無慾)의 정치를 하면, 백성들은 임금이 이것을 해라 저것을 해라 명령을 내리지 않더라도 백성들이 사이좋게 싸우지 않고 화목하게 각각 제 할 일을 하니, 자연히 생활이 안정되고 다 같이 균등하게 배불리 먹고 따스하게 입고 또 부모와 형제자매들이 다 안락한 생활을 하게 된다.

이러한 뒤에 군주가 박의 덕을 사회에 구현하면 문물제도가 각각 명분이 서게 되고, 백성들은 안분지족(安分知足)의 생활을 하게 되어 아무런 위태로운 일이 없어 생활에 불안감을 느끼지 않게 된다. 이러한 대도(大道)가 운행되면 무위이화(無爲而化)하여 마치 헤아릴 수 없는 골짜기와 산에서 흘러내리는 물이 넓은 바다로 모여 들어가는 것과 같다.

제33장
생사(生死)를 초월하는 사람은 오래 산다

남을 이해할 수 있는 사람을 지자(智者)라고 하면, 자기 자신을 이해할 수 있는 사람을 현명(賢明)한 사람이라 한다.

남을 이기는 사람을 힘이 센 사람이라 하면, 자기가 자기를 이기는 사람을 강한 사람이라 한다.

생활에 만족감을 느끼는 사람을 부자(富者)라 하면, 도(道)를 부지런히 실행하는 사람을 의지가 강한 사람이라 한다.

자기의 위치를 알고 굳게 지키는 사람을 참으로 오래 사는 사람이라 하면, 도에 합치하여 죽어도 멸망하지 않는 사람을 목숨이 길다고 한다.

• • • • • • • • • • • • •

지인자지 자지자명 승인자유력 자승자강 지족자부
知人者智, 自知者明；勝人者有力, 自勝者强；知足者富,
근행자유지 불실기소 자구 사이불망자수
勤行者有志；不失其所①者久②, 死而不亡者壽③.

남을 아는 사람은 지혜롭고, 자기 스스로 아는 사람은 현명하며, 남을 이기는 사람은 힘이 있고, 자기 스스로 이기는 사람은 강하며, 족(足)한 줄 아는 사람은 부유하고, 부지런히 행하는 의지가 있으며, 제자리를 잃지 않는 사람은 장구하고, 죽어도 멸망하지 않는 사람은 수(壽)한다.

• • • • • • • • • • • • •

주석

① 不失其所(불실기소) : 노자익(老子翼)에는 '즉이지지기소야(卽易之止其所也)'라 하였다.
② 久(구) : 구마라습(鳩摩羅什)은 '재생이불사(在生而不死)'라 하였다.
③ 壽(수) : 구마라습은 '재사이불사(在死而不死)'라 하였다.

고증

① 부혁본(傅奕本)에는 지(智)·명(明)·역(力)·강(强)·부(富)·지(志)·구(久)·수(壽)자 다음에 다 야(也)자가 있다.
② 근행자(勤行者) : 다른 책에는 강행자(强行者)라 했다. 그러나 엄영봉(嚴靈峯)은 '근자원작강(勤者原作强) 의유오(疑有誤) 왕주운(王注云) 근능행지(勤能行之) 기지필획(其志必獲) 원사십일장(原四十一章) 상사문도(上士聞道) 근이행지(勤而行之) 왕주운(王注云) 유지야(有志也) 장자대종사편운(莊子大宗師篇云) 이인진이위근행야(而人眞以爲勤行也) 시당작동(是當作動)'이라 했다. 필자도 이를 따랐다.

▸하상공은 이 장을 '변덕장(辨德章)'이라 했다.

해설 도(道)에 사는 사람

외적 사물의 변화하는 현상을 잘 아는 사람을 지자(智者)라고 한다. 그러나 지자라고 해서 반드시 자기 자신을 잘 안다고 말할 수 없다. 여기서 노자는 변화하는 가운데서 변화하지 않는 덕이 자기 자신 가운데 내재하여 있는 것을 아는 사람을 현명한 사람이라 했다.

외적 사물을 정복하는 사람을 힘이 있는 사람이라 하겠지만, 그것보다도 자기의 욕망을 극복하고 인간의 자연성을 획득하는 사람은 더욱 강한 것이다.

항상 부족감을 느끼는 사람은 온 천하를 차지하고도 오히려 불만이 있다. 그러나 항상 만족감을 느끼는 사람은 사람들이 잘 모르는 사물의 배후에 숨어 있는 도를 얻는 것으로 내적 생활이 부유하다는 느낌을 가지게 된다.

물리적 욕망에 견제되지 않고 도에 합치하는 생활을 강행하는 사람은 의지가 강한 사람이다.

변화하는 사물은 자꾸 그 위치가 움직이지만, 도와 더불어 사는 사람은 그의 위치가 영구히 움직이지 않는다. 도와 더불어 살고 죽는 사람은 생사를 초월하기 때문에 살아도 일시적으로 사는 것이 아니요, 죽어도 영원히 죽는 것이 아니다. 예를 들면, 꽃이 피었다가 시들어 떨어지더라도 꽃에 있던 생명이 열매로 이동하여 영원히 지속하는 것과 같다.

제34장
무한소(無限小)와 무한대(無限大)

도는 한없이 크므로 상하좌우에 충만하여 있다. 만물은 도의 구현자로서 생성한다. 그렇지만 도는 만물을 생성하면서도 자기의 소유로 지배하려 하지 않는다.

도는 만물로 하여금 자기를 완성케 하고서도 자기의 공이 있다고 자랑하지 않는다. 도는 만물을 길러내면서도 주권을 행사하지 않는다.

이와 같이 사물을 지배하려는 욕망이 없지만 아무리 티끌이나 털끝같이 작은 물건 속에라도 내재되어 있으니, 극히 작다고 말할 수 있다. 만물은 도에서 나서 다시 도로 되돌아가지만 도는 싫다고 거절하는 일 없이 무엇이든지 다 받아들이니, 크다고 말할 수 있다.

그러나 도는 예로부터 지금까지 만물에 대하여 의식적으로 자기가 이 세계에서 제일 크다고 자랑한 적이 없고, 또 말한 적도 없다. 이와 같이 자기 스스로 크다고 하지 않으므로 도는 도리어 크게 될 수 있다.

• • • • • • • • • • • • • •

대도범 혜 기가좌우 만물득지이생이불사 공성불명
大道氾①兮, 其可左右. 萬物得之而生而不辭, 功成不名
유 의양 만물이불위주 상무욕 가명어소 만물귀언이
有, 衣養②萬物而不爲主, 常無欲, 可名於小, 萬物歸焉而
불위주 가명위대 이기종부자위대 고능성기대
不爲主, 可名爲大. 以其終不自爲大, 故能成其大.

대도(大道)는 범람하여 그것이 좌우에 있을 수 있다. 만물은 이것을 얻어 생(生)하면서도 사양하지 않고, 공이 이루어져도 유(有)라 이름하지 않고, 만물을 입혀 키워도 주재하지 않고, 항상 무욕(無欲)하여 작다고 이름할 수 있고, 만물이 돌아와도 주재자가 되지 않으니, 크다고 이름할 수 있다. 그것이 마침내 자기 스스로 크다고 하지 않으므로 그것이 크게 될 수 있다.

• • • • • • • • • • • • •

주석

① 氾(범) : 노자익(老子翼)에는 '계착(繫着)이 없는 것이다'라 했고, 왕필 주(注)에는 범람의 뜻으로 보았다.

② 衣養(의양) : 입혀 키우다.

고증

① 범혜(氾兮) : 부혁본에는 '대도범범혜(大道汎汎兮)'라 했다.

② 만물득지이생(萬物得之而生) : 부혁본에는 '이(而)'자를 '이(以)'자로 썼고, 또 '득(得)'을 '지(持)'라 했다. 이순정(易順鼎)은 지는 득의 오자라 했다.

③ 공성불명유(功成不名有) : 부혁본에는 '공성이불거(功成而不居)'라 했다.

④ 의양만물(衣養萬物) : 하상공본에는 '애양(愛養)'이라 했고, 부혁본에는 '의피(衣被)'라 했다. 또 부혁본에는 '상무욕(常無欲)' 앞에 고(故)자가 있고, '가명어소(可名於小)' 다음에 의(矣)자가 있다.

⑤ 만물귀언(萬物歸焉) : 부혁본에는 '만물귀지(萬物歸之)'라 했고, 또 '불위주(不爲主)'를 부지주(不知主)라 했다.

⑥ 가명위대(可名爲大) : 부혁본에는 '가명어대의(可名於大矣)'라 했다.

⑦ 가명위대 다음에 하상공본에는 '시이성인종불위대야(是以聖人終不爲大也)', 부혁본에는 '시이성인능성기대야(是以聖人能成其大也)'라는 구절이 있다.

⑧ 이기종부자위대(以其終不自爲大) : 부혁본에는 '위(爲)'자가 없고,

하상공본에는 이 문구가 없다.

▸**하상공은 이 장을 '임성장(任成章)'이라 했다.**

해설 1. 도의 편재성(遍在性)

도는 우주에 편만(遍滿)하여 상하사방에 넘쳐흐르고 있다. 있지 않은 데가 없으니, 여기에도 있고 저기에도 있다. 있지 않을 때가 없으니, 이 때에도 있고 저 때에도 있다. 어떤 물건이든지 다 이 도를 부여받음으로써 그 사물의 원리원칙이 되어 생성 발전하지만 이 도는 어떤 한 물건에 주착(住着)되어 있는 것이 아니다. 그러므로 도는 이 사물에만 있고, 저 사물에만 존재한다고 말할 수 없다. 만물을 다 키워 자라게 하지만 결코 자기의 물건이라고 주재하지 않는다.

이와 같이 만물을 지배하려는 의욕은 없지만 아무리 작은 물건이라 하더라도 들어가지 못할 데가 없다. 예를 들면 물질을 구성한 양자(陽子)나 전자(電子) 속에도 들어갈 수 있으니, 극히 미소한 물건이라 이름할 수 있다. 만물은 도로 말미암아 발생하고, 도로 말미암아 성장하고, 도로 말미암아 쇠멸하지만, 결국은 다 고향인 도의 세계로 되돌아간다. 그러나 도는 싫다고 거절하지 않고 다 맞아들인다. 비유하면 모든 시냇물이 다 모여 넓고 넓은 바다로 들어가는 것과 같다. 그러나 도는 주재자 노릇을 하려고 하지 않으니, 가장 크고 넓은 물건이라고 말하지 않을 수 없다.

2. 성인(聖人)의 도

이러한 도를 체득한 성인은 어떤 물건이든지 버릴 물건이 없고, 어떤 사람이든지 버릴 사람이 없다. 그러나 성인은 만백성에 대하여 자기가 이 세상에서 가장 위대한 인물이라 자처하지 않고, 또 임금이라 불리기도 원하지 않는다. 이렇게 언제나 자기의 몸을 낮은 곳에 둠으로 도리어 영원히 높아지고 커지게 된다.

제35장
진리는 평범하다

큰 도의 모습을 체득하면 천하에 어디를 가든지 방해할 물건이 하나도 없다. 그러므로 항상 마음이 편안하고 화평하고 태평하다.

좋은 음악과 좋은 음식은 지나는 손님의 발걸음을 멈추게 한다.

하지만 언어로 표현되는 도의 진리는 평범하여 무의미한 듯하다. 도는 시각으로 볼 수도 없고 청각으로 들을 수도 없다. 그렇지만 이것을 실현하여도 한(限)이 없다.

• • • • • • • • • • • •

집대상　천하왕　왕이불해　안평태　악여이　과객지
執大象, 天下往, 往而不害, 安平泰. 樂與餌[①], 過客止 ;
도지출구　담호기무미　시지부족견　청지부족문　용지부
道之出口, 淡乎其無味, 視之不足見, 聽之不足聞, 用之不
족기
足旣[②].

대상(大象)을 잡고 천하에 가면, 가도 해롭지 아니하여 평안하고 화평하고 태평하다. 음악과 음식은 지나는 손님이 머문다. 입에서 나오는 도는 담백하여 맛이 없다. 보아도 볼 수 없고 들어도 들을 수 없다. 이것을 사용하여도 다하지 않는다.

• • • • • • • • • • • •

주석

① 餌(이) : 음식.

② 旣(기) : 다하다. 진(盡)의 뜻.

고증

① 집대상(執大象) : 부혁본에는 '상(象)'자 다음에 '자(者)'자가 있다.
② 왕(往) : 부혁본에는 왕(王)자로 썼다.
③ 안평태(安平泰)의 '태(泰)'는 왕필본과 하상공본에는 '태(太)'자로 되어 있다.
④ 도지출구(道之出口)의 '구(口)'자는 부혁본에는 '언(言)'자로 썼다.
⑤ 담호(淡乎)의 '호(乎)'자는 부혁본에는 '혜(兮)'자로 썼다.
⑥ 부족(不足) : 부혁본에는 다 불가(不可)로 썼다.

▸**하상공은 이 장을 '인덕장(仁德章)'이라 했다.**

해설 도는 순수동작(純粹動作)이다

노자는 도는 본래 언어나 문자로 표현할 수 없지만 억지로 이름 붙인다면 대(大)라 하였다(제25장 참조).

그러므로 대상(大象)은, 즉 도의 모습〔象〕을 말하는 것이다. 다시 말하면 모습이 없는 모습〔無象之象〕이다(제14장 참조). 모습이 없는 모습을 현대적 언어로 고친다면 순수동작이라 부를 수 있다. 순수동작이므로 생각할 수도 없고 감각할 수도 없지만, 다만 느낄 수 있다. 그러나 크다고 말하면 천지라도 포괄할 수 있고, 작다고 말하면 털끝 속이라도 들어갈 수 있다. 그러므로 세계 어느 곳에 가든지 막힐 데가 없고, 또 통하지 못할 데가 없다. 가는 곳마다 안정치 못한 물건을 안정케 하고, 화평치 못한 물건을 화평케 하고, 어지러운 물건을 태평하게 한다.

그러므로 모든 사물이 다 도를 즐겁게 맞아들인다. 비유하면 좋은 음악의 멜로디는 지나가던 나그네의 마음을 붙잡아 놓고, 향기로운 음식 냄새는 지나가던 나그네의 발걸음을 멈추게 하는 것과 같다.

도의 모습은 순수동작이므로 시각으로 보려고 하나 볼 수 없고, 청각으로 들으려고 하나 들을 수 없다. 언어로 표현하여 입에서 나오는 도의 진리는 얼핏 들으면 아주 평범하여 아무 의미가 없는 것 같다. 그러나 온갖 사물이 이것을 다 얻어 받아 가지고 체(體)를 삼아도 오히려 남음이 있다. 비유하면 온갖 물질이 에너지를 다 받아들여도 에너지가 다하는 일이 없고, 온갖 생물이 생명을 다 받아 사용하더라도 생명이 다하는 일이 없는 것과 같다.

제36장
빼앗고 싶으면 먼저 주어라

물건을 접고 싶으면 먼저 펴준다. 물건을 약하게 하고 싶으면 먼저 강하게 해준다. 물건을 폐해 버리려면 먼저 흥하게 해준다. 물건을 빼앗고 싶으면 먼저 주어라.

이런 이치를 도의 미묘한 섭리(攝理)라 한다. 이 섭리가 있기 때문에 부드럽고 약한 물건은 굳세고 강한 것을 이긴다.

물고기가 연못 속에서 밖으로 뛰어나오면 죽게 된다. 한 국가는 무력을 과시하면 반드시 멸망한다.

• • • • • • • • • • • • • •

장욕흡지 필고장지 장욕약지 필고강지 장욕폐
將欲歙[1]之, 必固[2]張之 ; 將欲弱之, 必固强之 ; 將欲廢
지 필고흥지 장욕탈지 필고여지 시위미명 유약승
之, 必固興之 ; 將欲奪之, 必固與之, 是謂微明[3]. 柔弱勝
강강 어불가탈어연 국지리기 불가이시인
剛强, 魚不可脫於淵, 國之利器, 不可以示人.

장차 접으려고 하면 반드시 미리 이것을 펴주고, 장차 약하게 하려면 반드시 미리 이것을 강하게 해주고, 장차 폐하게 하려면 반드시 미리 이것을 흥하게 해주고, 장차 빼앗으려고 하면 반드시 미리 이것을 준다. 이런 것을 미명(微明)이라 한다. 유약(柔弱)한 것은 강강(剛强)한 것을 이긴다. 물고기는 연못에서 탈출할 수 없다. 국가의 이기(利器)는 남에게 보여주면 안 된다.

• • • • • • • • • • • • • •

주석

① 歙(흡) : 걷다. 접다. 노자익(老子翼)에 '염야(斂也) 취야(聚也)'라 했다.

② 固(고) : 이미, 미리. 순보주(純甫註)에 '장욕운자(將欲云者) 장연지사야(將然之辭也) 필고운자(必固云者) 이연지사야(已然之辭也)'라 했다.

③ 微明(미명) : 순보주에 '수약유은이실(雖若幽隱而實) 지명백야의(至明白也矣) 고왈시위미명(故曰是謂微明)'이라 했다. 또 식제주(息齊註)에는 '미이난견(微而難見) 고왈시위미명(故曰是謂微明)'이라 했다. 현대어로 번역하면 '미묘한 섭리'라는 뜻이다.

고증

① 흡(歙) : 부혁본에는 '흡(翕)'자로 썼다.

② 유약승강강(柔弱勝剛强) : 부혁본에는 '유지승강(柔之勝剛) 약지승강(弱之勝彊)'이라 했고, 영락대전(永樂大全)에는 '유승강(柔勝剛) 약승강(弱勝强)'이라 했다.

③ 국지리기(國之利器) : 부혁본에는 '국(國)'자를 '방(邦)'자로 썼다.

▸**하상공은 이 장을 '미명장(微明章)'이라 했다.**

해설 1. 무위자연의 생활철학

사물의 현상은 항상 절정에 도달하면 반드시 되돌아온다. 그러므로 이 원리를 파악하여 어떤 물건의 힘을 수축시키고 싶으면 반드시 그것을 극도로 신장(伸長)시켜 준다. 그러면 그것은 다시 수축하게 된다. 예를 들면 우산을 펴면 반드시 접게 될 때가 오는 것과 같다.

어떤 물건의 세력을 약소하게 하려면 반드시 그것을 극도로 강대하게 한다. 그러면 그것은 다시 약소하게 된다. 예를 들면 물에 열 에너지를 극도로 가하면 그것이 섭씨 100도에 이르러 수증기로 변하는 것과 같다.

어떤 물건을 쇠퇴케 하려면 반드시 그것을 극도로 성장케 해준다. 그러면 그것은 다시 쇠퇴하게 된다. 예를 들면 제국주의 세력을 극도로 팽창케 하면 다시 쇠퇴해지는 것과 같다.

어떤 물건을 빼앗고 싶으면 반드시 먼저 다른 물건을 그에게 주라. 그러면 본래 가지고 있던 물건을 내놓게 된다. 예를 들면 어린아이가 위험한 칼자루를 들고 있을 때 아이에게 맛있는 과자를 주면 그 칼을 내놓는 것과 같다. 이런 이치를 무엇이라 하느냐 하면, 모든 사물은 극에 도달하면 되돌아온다는 자연법칙을 본받아서 생활 원리로 삼는 것을, 잘 알 수 없는 미묘한 도의 섭리라 한다.

2. 약자의 생존 원리

그러므로 모든 부드럽고 약한 물건은 반드시 굳세고 강한 물건을 이기게 된다. 이것은 약자의 생존 원리다. 사람은 항상 유하고 약해야 생존할 수 있다. 비유하면 기운 센 물고기가 자기 힘을 너무 믿고 잔잔한 연못 속에서 살지 않고 육지로 나오면 말라 죽는 것과 같다. 그러므로 한 국가에 있어서도 강력한 무기를 가지고 세계를 어지럽게 하고, 이것을 너무 과시하면 반드시 멸망할 때가 오게 된다.

제37장
하는 것이 없으면서 하지 않는 것이 없다

도는 비인격적이다. 그러므로 무엇을 하려고 하는 의지를 가지지 않고서도 다만 자연의 '힘'으로 모든 물건을 변화 생성케 한다. 이것이 무위자연의 도다.

군주가 만일 이러한 도의 원리를 본따서 정치를 한다면 모든 일은 어떤 목적의식을 가지지 않더라도 백성은 저절로 생성발전할 것이다.

그러나 만일 백성이 이런 생성발전 속에서도 자기의 사사로운 의지를 가지고 무슨 일을 하려고 하면 나[老子]는 그러한 백성을 도에서 얻어 받은 박(樸)의 덕으로 하지 못하게 진정제를 놓아 줄 것이다. 그러면 이 박의 덕은 백성으로 하여금 자기의 의지를 가지고 무엇을 해보려고 하지 않게 할 것이다.

백성들이 다 자기 뜻대로 해보려고 하는 욕망이 없게 되면 저절로 마음이 안정하게 되어 천하는 저절로 자연질서에 의하여 공정하게 될 것이다.

· · · · · · · · · · ·

도상　무위이무불위　　후왕　약능수지　　만물장자화　　화이
道常①無爲而無不爲. 侯王②若能守之, 萬物將自化 ; 化而

욕작　　오장진　지이무명지박　　무명지박　부역장무욕　　무
欲作③, 吾將鎭④之以無名之樸. 無名之樸, 夫亦將無欲, 無

욕이정　천하장자정
欲以靜, 天下將自正.

도는 항상 하는 것이 없으면서 하지 않는 것이 없다. 후왕(侯王)이 만일 이것을 지킬 수 있으면 만물은 장차 저절로 화(化)할 것이다. 화하지만 작위(作爲)하려고 하면 나는 장차 이것을 무명의 박(樸)으로 진정시킬 것이다. 무명의 박도 장차 무욕케 할 것이다. 무욕함으로써 정정(定靜)하면 천하는 장차 저절로 공정하게 될 것이다.

• • • • • • • • • • • •

주석

① 道常(도상) : 노자익(老子翼)에 '도의 대상(大常)'이라 했다. 그러나 부사로 볼 수 있다.
② 侯王(후왕) : 제후와 같다. 본래 제후가 왕이라 자칭한 이후에 생긴 말이다. 그러므로 적어도 이 장은 전국시대에 나온 문장이다.
③ 作(작) : 노자익에 '동야(動也)'라 했다.
④ 鎭(진) : 노자익에 '압제지사부동야(壓制之使不動也)'라 했다.

고증

① 후왕약능수지(侯王若能守之)의 후왕(侯王)과 지(之)자를 부혁본에는 왕후(王侯)라 했고, 또 '지(之)'자가 없다.
② 부역장무욕(夫亦將無欲)의 '부(夫)'자는 다른 책에는 없고, 또 '무(無)'자를 '불(不)'자로 썼고, 무욕이정(無欲以靜)의 '무'자도 '불'자로 썼고, 또 부혁본에는 이정(以靜)의 '정(靜)'자를 '정(靖)'자로 썼다.
③ 천하장자정(天下將自正) : '정(正)'자를 다른 책에는 '정(定)'자로 썼다.

▸ **하상공은 이 장을 '위정장(爲政章)'이라 했다.**

해설 도를 실현하는 사람

도는 하나의 무형한 힘, 즉 에너지다. 그러므로 어떤 의지를 가진 존재가 아니다. 그러나 자연의 힘으로 모든 만물을 생성 발전하게 한다. 그러므로 '하는 것이 없으면서 하지 않는 것이 없다'고 한다. 다시 말하면 '하는 것이 없다'고 한 것은 무엇을 해보겠다는 의지가 없다는 말이요, '하지 않는 것이 없다'고 한 것은 자체의 힘으로 모든 만물을 변화 생성케 한다는 의미다.

군주가 만일 이러한 도의 법칙을 본따서 자기 한 개인의 사리사욕 없이 정치를 해나간다면 만사만물이 목적의식없이도 다 저절로 화(化)하게 될 것이다. 다시 말하면 백성들이 다 무지무욕하여 반진귀박(返眞歸樸 : 진실되고 순수한 것)하게 될 것이다.

그러나 만일 백성들 가운데 사리사욕으로 움직여 무엇을 해보겠다는 욕망을 가지면 노자는 그 사람을 그대로 두지 않고 반드시 도에서 얻어 받은 개체(個體)의 박(樸)의 덕으로 백성에게서 지식과 욕망을 버려 안정된 상태로 돌아가게 한다. 이와 같이 사람마다 무엇을 해보겠다는 욕망을 없애면 천하는 저절로 다스려져 공정하게 된다.

제38장
무위자연의 도덕은 인위적인 도덕이 아니다

지극히 높은 덕은 인위적이 아니므로 덕이 덕같지 않다. 덕같지 않은 덕이야말로 참다운 덕이다. 아주 낮은 덕은 인위적이기 때문에 덕이 덕같다. 덕같은 덕이야말로 참다운 덕이 아니다.

지극히 높은 덕은 인위적이 아니면서 하지 못하는 것이 없고, 아주 낮은 덕은 인위적이면서 하지 못하는 것이 있다.

높은 인(仁)은 해서 하지 못하는 것이 없다.

높은 의(義)는 해서 하지 못하는 것이 없다.

높은 예(禮)는 해서 거기에 응(應)하지 않으면 팔을 부르걷고 사람을 강제로 예로 잡아끈다.

그러므로 무위자연의 도가 타락된 뒤에 덕이 나타나고, 덕이 타락된 뒤에 인이 나타나고, 인이 타락된 뒤에 의가 나타나고, 의가 타락된 뒤에 예가 나타난다.

대체 예라는 것은 사람의 성실성이 박약한 데서 일어나는 것이요, 또 자연의 질서를 어지럽게 하는 첫걸음이 된다.

이른바 선각자라는 것은 무위자연의 도를 인위적으로 허식(虛飾)하는 자요, 어리석은 사람이 되는 첫 출발점이다.

이 때문에 대장부는 자연적인 질박한 생활을 하고, 인위적인 허식에 찬 생활을 하지 않는다. 그러므로 도를 체득한 사람은 화려한 생활을 버리고 질박한 생활을 취한다.

• • • • • • • • • • • • •

상 덕 부 덕 시 이 유 덕 하 덕 불 실 덕 시 이 무 덕 상 덕 무
上德不德，是以有德；下德不失德，是以無德．上德，無
위 이 무 불 위 하 덕 위 지 이 유 불 위 상 인 위 지 이 무 불 위
爲而無不爲；下德，爲之而有不爲；上仁，爲之而無不爲；
상 의 위 지 이 유 불 위 상 례 위 지 이 막 지 응 즉 양 비 이 잉
上義，爲之而有不爲；上禮，爲之而莫之應，則攘臂[1]而扔[2]
지 고 실 도 이 후 덕 실 덕 이 후 인 실 인 이 후 의 실 의 이 후 례
之．故失道而後德，失德而後仁，失仁而後義，失義而後禮．
부 례 자 충 신 지 박 이 란 지 수 전 식 자 도 지 화 이 우 지
夫禮者，忠信之薄，而亂之首，前識[3]者，道之華，而愚之
시 시 이 대 장 부 처 기 후 불 거 기 박 처 기 실 불 거 기 화
始，是以大丈夫，處其厚，不居其薄；處其實，不居其華．
고 거 피 취 차
故去彼取此．

상덕(上德)은 덕답지 않으므로 덕이 있고, 하덕(下德)은 덕을 잃지 않으므로 덕이 없다. 상덕은 무위(無爲)이면서 불위(不爲)가 없고, 하덕은 위(爲)이면서 불위(不爲)가 있다. 상인(上仁)은 위이면서 불위가 없고, 상의(上義)는 위이면서 불위가 있다. 상례(上禮)는 위이면서 그것에 응하지 않으면 팔을 부르쥐고 잡아끈다. 그러므로 도를 잃은 뒤에 덕이요, 덕을 잃은 뒤에 인이요, 인을 잃은 뒤에 의요, 의를 잃은 뒤에 예다. 대개 예란 것은 충신(忠信)이 박약한 것인데, 난행(亂行)의 시초다. 전식자(前識者)는 도의 해석이요, 우행(愚行)의 시초이다. 그러므로 대장부는 그 후한 데 처하고 그 박한 데 거하지 않으며, 그 실박(實樸)한 데 처하고 그 화려한 데 거하지 않는다. 그러므로 저것을 버리고 이것을 취한다.

• • • • • • • • • • • • •

주석

① 攘臂(양비) : 팔을 부르걷다. 팔을 휘두르다. 맹자에 '풍부양비하거(馮婦攘臂下車)'라는 말이 있다.

② 扔(잉) : 이끌다. 노자익(老子翼)에는 잉(仍)으로 썼다.

③ 前識(전식) : 노자익에는 '여석전전진지전(如釋典前塵之前) 비유저기지위야(非有諸己之謂也)'라 했고, 또 승덕청(僧德淸)은 '전식유언조지(前識猶言蚤智) 위명견리해어미연자(謂明見利害於未然者)'라 했다. 즉 선지자, 또는 선각자의 뜻.

고증

① 무위이무불위(無爲而無不爲) : 부혁본에는 '무위이불위(無爲而不爲)'라 했고, 하상공과 왕필은 '무이위(無以爲)'라 했다. 그러나 한비자(韓非子) 해로편(解老篇)에는 '무위이무불위야(無爲而無不爲也)'라 했다.

② 위지이유불위(爲之而有不爲) : 부혁본에는 '위지이무이위(爲之而無以爲)'라 했고, 또 하상공과 왕필은 '무(無)'자를 '유(有)'자로 썼다. 필자는 상인(上仁)과 상의(上義)에 있어서도 '이위(以爲)'의 '이(以)'자를 다 '불(不)'자로 고쳤다.

③ 잉(扔) : 부혁본과 노자익에는 '잉(仍)'자를 썼고, 서계(西溪) 박세당(朴世堂)도 '잉계야(仍繼也)'라 했다.

④ 수(首) : 부혁본에는 '시(始)'자를 썼다. 필자가 생각컨대 이 장은 맹순(孟荀) 이후 진한(秦漢) 사이에 후세 사람이 쓴 것인가 한다.

▸**하상공은 이 장을 '논덕장(論德章)'이라 했다.**

해설 1. 무위의 덕

도가 만물을 생성하는 덕은 지극히 높고 크다. 지극히 높고 크므로 만물은 도리어 그 덕을 덕으로 생각지 못한다. 마치 물고기가 물속에서 살고 있으면서 물의 덕을 모르는 것과 같다. 그러나 만물이 덕 속에서 살면서 덕인 줄 모르는 덕이야말로 참다운 덕이다.

그 다음 하덕(下德)은 인간의 의지적 노력으로 얻고 또 이룩하는 것이다. 그러므로 사람들이 다 덕이 덕인 줄을 안다. 그러나 한번 얻으면 반드시 잃어버리게 되고, 한번 이룩하면 반드시 폐하게 된다. 그러므로 덕이 없게 된다. 상덕(上德)은 다만 자연법칙에 따라 순응할 뿐이요, 의지적 노력을 하지 않고도 저절로 얻을 수 있고, 또 이룩할 수 있다. 그러므로 인위적으로 하지 않으면서 이룩하지 못하는 것이 없다. 그러나 하덕은 인위적으로 하기 때문에 도리어 이룩하지 못하는 것이다.

상인(上仁)은 비록 자연적이 아니고 인위적이라 할지라도 사람의 자연적 순수감정에서 유로(流露)되는 것이므로, 모든 인하지 못한 것을 감화시켜 허물을 뉘우치고 선(善)으로 옮아가게 한다. 그러므로 하여서 하지 못하는 것이 없다.

그러나 상의(上義)는 비록 공리를 초월하였다고 하더라도 하나의 선의 의지에서 나온 것이므로 하고 싶어하는 것이 아니요, 하지 않으면 안 된다는 의무감에서 나오는 행위다. 그러므로 사람에게 은혜를 입히게 할 수 있을지언정 인애(仁愛)의 느낌을 느끼게 할 수 없다. 그러므로 해서 하지 못할 것이 없다.

상례(上禮)는 의무감의 표현이지만 만일 의를 떠나게 되면 응당 해야 할 일을 하지 않으므로 그때에는 팔을 부르걷고 법으로 강요하게 된다.

2. 대인(大人)의 덕행

그래서 도에서 타락된 것이 덕이요, 덕에서 타락된 것이 인이요, 인에서 타락된 것이 의요, 의에서 타락된 것이 예요, 예에서 타락된 것이 법이다.

다시 말하면 무위자연의 도에서 떨어진 것이 공자의 인이요, 공자의 인에서 떨어진 것이 맹자의 의요, 맹자의 의에서 떨어진 것이 순자(荀子)의 예요, 순자의 예에서 떨어진 것이 이사(李斯)와 한비자의 법이다.

왜냐하면 예라는 것은 사람의 충성과 신실성이 부족한 데서 나오는 것이므로 도리어 자연질서를 어지럽게 하는 시초가 되기 때문이다. 예법으로 질서를 유지하려는 것보다는 사람의 행위를 성실성 있게 하는 것이 근본적 해결이다.

또 남보다 먼저 알고 먼저 깨달았다는 소위 선지자니 선각자니 하는 사람도, 순박한 자연의 도를 언어와 문자로 외식(外飾)하는 사람에 불과하다.

그러므로 그것은 하나의 어리석은 사람의 행위의 첫걸음이다. 그러므로 뜻이 굳은 대장부는 화려하게 천하에 제일 넓은 고층 건물에서 천하의 대도를 행하는 사람이 아니요, 소박한 초가에서 자연의 대도를 행하는 사람이다. 즉 '해가 뜨면 밭 갈고, 해가 지면 쉬고, 우물 파서 마시니, 임금의 힘이 나에게 무엇이 있겠는가'하는 자연의 질서 가운데서 생활하는 상태와 같다. 그러므로 성인은 화려한 생활을 버리고 질박한 생활을 취한다.

제39장
태초(太初)에 도가 있었다

태초에 하나의 기(氣)를 얻어 받은 물건들이 있다. 하늘은 하나의 기를 얻어 받음으로써 청명하다. 땅은 하나의 기를 얻어 받음으로써 안정하다. 신은 하나의 기를 얻어 받음으로써 신령스럽다. 계곡은 하나의 기를 얻어 받음으로써 충실하다. 만물은 하나의 기를 얻어 받음으로써 생성한다. 군주는 하나의 기를 얻어 받음으로써 공정하다. 그것이 극치에 있어서는 다 하나의 기일 뿐이다.

하늘이 만일 청명하지 못하면 아마 무너질 것이다. 땅이 만일 안정하지 못하면 아마 꺼질 것이다. 신이 만일 신령스럽지 못하면 지혜가 없어질 것이다. 계곡이 만일 충실하지 못하면 아마 고갈될 것이다. 만물이 만일 생성하지 못하면 아마 사멸할 것이다. 군주가 만일 공정하지 못하면 아마 거꾸러질 것이다. 그러므로 귀한 것은 천한 것으로 근거를 삼고, 높은 것은 낮은 것으로 기반을 삼는다.

그러므로 군주는 자기 자신을 고독한 사람이라 하고, 덕이 적은 사람이라 하고, 선하지 못한 사람이라 한다. 이것이 다 천한 것으로 근거를 삼는 것이 아니겠는가? 그러므로 지극한 군주의 공덕은 말로 표현할 수 없는 예찬이다. 이 때문에 도를 체득한 성인은 인공을 가하여 광채가 나는 옥과, 잘 다듬은 돌이 되기를 원하지 않는다.

• • • • • • • • • • • • •

석 지 득 일 자 　천 득 일 이 청 　지 득 일 이 녕 　신 득 일 이 령 　곡
昔之得一者：天得一以淸；地得一以寧；神得一以靈；谷

득일이영 만물득일이생 후왕득일이위천하정 기치지
得一以盈，萬物得一以生；侯王得一以爲天下貞①，其致之
일야 천무이청 장공렬 지무이녕 장공폐 신무이령
一也．天無以淸，將恐裂；地無以寧，將恐廢；神無以靈，
장공헐 곡무이영 장공갈 만물무이생 장공멸 후왕무
將恐歇；谷無以盈，將恐竭；萬物無以生，將恐滅；侯王無
이정 장공궐 고귀이천위본 고이하위기 시이후왕자위
以貞，將恐蹶．故貴以賤爲本；高以下爲基．是以侯王自謂
고 과 불곡 차기이천위본야 비호 고지예무예 불
孤，寡②，不穀③，此其以賤爲本邪？非乎？故至譽無譽，不
욕록록 여옥 낙락 여석
欲琭琭④如玉，落落⑤如石．

옛날 하나를 얻은 것들이 있다. 하늘이 하나를 얻어서 맑고, 땅이 하나를 얻어서 편안하고, 신이 하나를 얻어서 영(靈)하고, 계곡은 하나를 얻어서 채우고, 만물은 하나를 얻어서 생(生)하고, 후왕은 하나를 얻어서 공정〔貞〕하니, 그것이 극치에서는 하나다. 하늘이 맑을 수 없으면 장차 아마 분열할 것이요, 땅이 편안할 수 없으면 장차 폐할 것이요, 신이 영할 수 없으면 장차 쉴 것이요, 계곡이 채울 수 없으면 장차 고갈할 것이요, 만물이 생할 수 없으면 장차 사멸할 것이요, 후왕이 공정할 수 없으면 장차 거꾸러질 것이다. 그러므로 귀한 것은 천한 것으로 근본을 삼고, 높은 것은 낮은 것으로 기반을 삼는다. 이 때문에 후왕은 스스로 이르기를 고독, 과덕(寡德), 불선하다고 하니, 이것은 그 천한 것으로 근본을 삼는 것인가? 아닌가? 그러므로 지극한 예찬은 없다. 녹록한 옥과 같고 낙락한 돌과 같기를 욕구하지 않는다.

• • • • • • • • • • • • • •

주석

① 貞(정) : 곧다, 바르다. 정(正)자의 뜻. 서(書)에 '만방이정(萬邦以

貞)'이라 했다.

② 孤(고), 寡(과) : 맹자에 '노이무처왈환(老而無妻曰鰥) 노이무부왈과(老而無夫曰寡) 유이무부왈고(幼而無父曰孤) 노이무자왈독(老而無子曰獨)'이라 했다.

③ 不穀(불곡) : 소자유(蘇子由)는 '불선야(不善也)'라 했다. 또 노자익에는 '부득기양자야(不得其養子也)'라 했다.

④ 琭琭(녹록) : 옥에 광택이 있어서 견고한 모양.

⑤ 落落(낙락) : 돌에 광택이 없고 데굴데굴 구르는 모양.

고증

① 후왕(侯王) : 부혁본에는 왕후(王侯)라 했다.

② 정(貞) : 다른 책에는 정(正)자를 썼다. 팽사(彭耜)는 '제본정작정(諸本貞作正) 피묘휘(避廟諱)'라 했다.

③ 기치지일야(其致之一也) : 하상공본에는 '일야(一也)'가 없다.

④ 갈(竭) : 하상공과 왕필은 헐(歇)자를 썼다.

⑤ 지예무예(至譽無譽) : 부혁본에는 '치수예무예(致數譽無譽)'라 했고, 다른 책에는 '치수여무여(致數輿無輿)'라 했고, 하상공본에는 '치수거무거(致數車無車)'라 했다. 그러나 오징본(吳澄本)에는 '지예무예(至譽無譽)'라 했다. 이 책은 이에 준한다.

⑥ 낙락(落落) : 왕필본에는 '낙락(珞珞)'으로 되어 있다.

▸**하상공은 이 장을 '법본장(法本章)'이라 했다.**

해설 1. 기와 우주의 발생

태초에 하나의 기가 있었다. 천지와 만물은 이 기를 말미암지 않고는 하나도 생성한 물건이 없다. 다시 말하면 기는 모든 생성자(生成者)의 근원이 되는 것이다. 만일 이 기를 잃어버린다면 본질을 잃어버려 물건이 물건답지 않게 된다.

그러면 하늘은 어떻게 그처럼 맑고 깨끗한가? 땅은 어떻게 그처럼 안정한가? 신은 어떻게 그처럼 신령스러운가? 계곡은 어떻게 그처럼 비어 있으면서 모든 물건을 채울 수 있는가? 만물은 어떻게 그처럼 끊임없이 생성변화하는가? 한 사람의 덕이 높은 군주는 어떻게 가만히 앉아서 천하 만민의 공정한 위정자가 될 수 있는가? 그것은 다름 아니라 천지 사이에 흐르고 있는 하나의 기로 체를 삼기 때문이다.

만일 이에 반하여 천지만물이 이 기를 잃어버리면 다 허물어지고 말 것이다. 즉 하늘은 맑고 깨끗한 성질을 잃어버려 무너질 것이다. 땅은 안정성을 잃어버려 꺼질 것이다. 신은 신령성을 잃어버려 혼탁해질 것이다. 계곡은 공허한 성질을 잃어버려 산천과 초목과 곤충을 키우지 못할 것이다. 만물은 생성할 수 없어 사멸될 것이다. 군주는 정치를 하는 데 공정치 못하여 거꾸러질 것이다.

세계는 본래 이율배반의 모순율로 생성하는 것이 아니요, 이율대대(二律對待)의 화합율(和合律)로 생성하는 것이다. 그러므로 천한 것이 없이 귀한 것이 될 수 없고, 낮은 것이 없이 높은 것이 될 수 없다. 이 때문에 덕이 지극히 높은 임금은 말하기를 '나는 외로운 사람이다. 나는 덕이 적은 사람이다. 현명치 못한 사람이다'고 자처한다.

2. 도의 정치

이것으로 보면 현명한 임금은 미천한 서민으로 기본을 삼는 것이 아니겠는가. 옛날부터 지금까지 백성을 천히 여기고 학대한 임금으로서 멸망하지 않은 사람은 하나도 없다.

무위자연의 대도(大道), 즉 정기(正氣)의 덕으로 정치의 원리를 삼는 내성외왕(內聖外王), 즉 철인정치가(哲人政治家)의 덕은 지극히 높고 넓어서, 마치 물고기가 물속에서 살면서 물의 공덕을 모르는 것처럼, 백성들이 그 덕을 모르므로 예찬할 줄도 모르고 송덕할 줄도 모른다. 그러므로 백성들한테 '아, 우리 임금은 착한 임금이다'고 예찬을 받는 임금보다, 덕이 너무 커서 백성들이 예찬할 줄 모르는 임금이 더욱 훌륭한 임금이다. 그러므로 깎고 닦아서〔彫琢〕 빛을 내는 옥석보다, 아직 깎고 닦지 않은 박옥(璞玉)이 더욱 낫다.

제40장
갔다가 되돌아오는 것은 도의 움직임이다

만물의 현상이 극도에 도달하면 되돌아오는 것은 도의 운동이다.
약자가 강자를 이기는 것은 도의 작용이다.
천하만물은 유(有)에서 생기고, 유는 무(無)에서 생긴다.

• • • • • • • • • • • • •

반 자 도지동 약자 도지용 천하만물생어유 유생어 무

反[①]者, 道之動 ; 弱者, 道之用. 天下萬物生於有, 有生於無[②].

되돌아오는 것은 도의 움직임이요, 유약한 것은 도의 작용이다. 천하의 만물은 유에서 생하고, 유는 무에서 생한다.

• • • • • • • • • • • • •

주석

① 反(반) : 노자익에 '반(反) 복야(復也) 수계운(須溪云) 반자동지극(反者動之極) 즉필귀야(則必歸也) 시기반야(是其反也) 정이기동야(正以其動也) 비동무반(非動無反)'이라 했다.

② 無(무) : 엄복(嚴復)은 '무부진무(無不眞無)'라 했다.

고증

① 천하만물(天下萬物) : 부혁본에는 '만(萬)'자를 '지(之)'자로 썼다.

▶하상공은 이 장을 '거용장(去用章)'이라 했다.

해설 유는 무에서 생(生)한다

만물의 현상은 극도에 달하면 반드시 되돌아온다. 예를 들면 도에서 나온 만물이 다시 도로 되돌아가고, 무에서 나온 유가 다시 무로 되돌아가는 것과 같다. 그러나 유와 무 사이에는 넘지 못할 깊은 도랑이 있는 것이 아니요, 도가 유와 무 사이의 교량을 놓아 준다. 그러나 유와 무의 대립관계는 모순 동일성이 아니고 모순 화합성이며, 투쟁이 아니요 평화이며, 견강이 아니요 유약이다. 이것이 바로 도의 작용이다.

예를 들면 우리가 유개념을 의식하였다고 하자. 그것은 바로 의식의 흐름을 타고서 무개념으로 되는 것과 같다. 이러한 모순 화합율은 의식현상에만 한정되는 것이 아니요, 사물현상계에서도 적용된다. 예를 들면 알〔卵〕이 생명의 흐름을 타고서 새〔鳥〕가 되는 것과 같다. 그러므로 천하의 만물은 유에서 나오고, 유는 무에서 나온다고 한다.

제41장
대기(大器)는 만성(晩成)이다

상류 지식계급에 속하는 사람은 도를 들으면 열심히 실행한다.

중류 지식계급에 속하는 사람은 도를 들으면 반신반의한다.

하류 지식계급에 속하는 사람은 도를 들으면 우스꽝스럽게 여긴다.

사실은 이런 사람에게 우스꽝스럽게 여겨지지 않는 도는 참 도가 아니다.

옛글에 '매우 밝은 도는 어둡게 보이고, 빨리 전진하는 도는 후퇴하는 것같이 보이고, 가장 평탄한 도는 굽은 것같이 보인다. 가장 높은 덕은 낮은 것같이 보이고, 몹시 흰빛은 검은 것같이 보이고, 매우 넓은 덕은 한쪽이 이지러진 것같이 보이고, 아주 견실한 덕은 빈약한 것같이 보이고, 매우 질박한 도는 어리석은 것같이 보인다'고 했다.

그러므로 매우 큰 사각형은 귀가 없는 것 같고, 아주 큰 그릇은 늦게서야 이루어지고, 매우 큰 소리는 들을 수 없고, 아주 큰 형상은 꼴〔形〕이 없다.

도는 사물의 배후에 은폐되어 무엇이라고 이름할 수 없다. 그러나 오직 도만이 제 것을 모든 물건에 잘 꾸어 주고, 또 모든 물건을 잘 이루어 준다.

• • • • • • • • • • • • • •

상사문도 근이행지 중사문도 약존약무 하사문도
上士聞道, 勤而行之；中士聞道, 若存若亡；下士聞道,
대이소지 불소부족이위도 고서유지왈 명도약매 진도
大而笑之, 不笑不足以爲道. 故書有之曰：明道若昧, 進道

약퇴 이 도약뢰 상덕약곡 대백약욕 광덕약부족
若退, 夷①道若纇②, 上德若谷, 大白若辱③, 廣德若不足,
건덕약투 질도약투 대방무우 대기만성 대음희성
健德若偸④, 質道若渝⑤. 大方無隅, 大器晩成, 大音希聲,
대상무형 도은무명 부유도선대 차 선성
大象無形. 道隱無名, 夫唯道善貸⑥且⑦善成.

상사(上士)는 도를 들으면 부지런히 이것을 행하고, 중사(中士)는 도를 들으면 있는 듯 없는 듯이 여기고, 하사(下士)는 도를 들으면 크게 이것을 웃으니, 웃지 않으면 도가 될 수 없다. 그러므로 책에 이런 말이 있다. '명도(明道)는 어두운 듯하고, 진도(進道)는 물러가는 듯하고, 평탄한 도는 굽은 듯하고, 상덕(上德)은 계곡과 같고, 대백(大白)은 검은 것 같고, 광덕(廣德)은 부족한 것 같고, 건덕(健德)은 구차한 것 같고, 질박한 도는 어리석은 것 같다.' 대방(大方)은 귀가 없는 것 같고, 대기(大器)는 늦되고, 대음(大音)은 소리가 들리지 않고, 대상(大象)은 무형하다. 도는 은폐되어 이름이 없다. 그 오직 도만이 잘 꾸어 주고, 또 잘 양성한다.

• • • • • • • • • • • • •

주석

① 夷(이) : 평(平)자의 뜻.

② 纇(뇌) : 실매듭. 좌전(左傳) 복주(服注)에 '뇌(纇) 불평야(不平也)'라 했다.

③ 辱(욕) : 욕(黷)의 가자(假字)이니, 흑(黑)자의 뜻.

④ 偸(투) : 노자익에 '구차야(苟且也)'라 했고, 왕필은 '필야(匹也)'라 했다.

⑤ 渝(투) : 노자익에 '변개야(變改也)'라 했고, 부혁본 음의(音義)에는 '고본작수(古本作輸)'라 했고, 광아(廣雅)에는 '수(輸) 우야(愚也)'라 했고, 혹은 유(揄)자로 쓰기도 했는데, 동우(董遇)는 또 요(搖)

자로 썼다.

⑥ 貸(대) : 꾸다, 빌리다. 노자익에는 '응인지핍(應人之乏) 이종이견환(而終以見還) 왈대(曰貸)'라 했고, 조지견(趙志堅)은 '대자잠차(貸者暫借) 비장여야(非長與也)'라 했다.

⑦ 且(차) : 노자익에 '차자권성(且者權成) 비구고야(非久固也) 욕사몽대자(欲使蒙貸者) 부장왕(不長往) 득성자(得成者) 비구주(非久住) 감대하성(感貸荷成) 속귀어도(速歸於道)'라 했다.

고증

① 근이행지(勤而行之) : 부혁본에는 '이근행지(而勤行之)'라 했고, 또 대이소지(大而笑之)에서 이(而)자가 없다. 그러나 왕염손의 독서잡지(讀書雜誌)에는 '대소지(大笑之) 본작대이소지(本作大而笑之) 유언우이소지야(猶言迂而笑之也)'라 했다.

② 서유지(書有之) : 부혁본에는 '건언유지(建言有之)'라 했다. 그러나 엄영봉은 '건언량자(建言兩字) 내서자지궐괴(乃書字之闕壞) 병분성량단이오연(並分成兩段而誤衍)'이라 했다.

③ 대백약욕(大白若辱) : 부혁본에는 욕(辱)자를 욕(黷)자로 썼고, 또 건덕약투(健德若偸)의 건(健)자를 건(建)자로 썼고, 투(偸)자를 투(婾)자로 썼다. 그러나 유월은 '체당독건(逮當讀健)'이라 했다.

④ 질도약투(質道若渝) : 부혁본에는 '질직약투(質直若渝)'라 했고, 또 노자익에는 '질진약투(質眞若渝)'라 했다. 그러나 유사배(劉師培)는 '진역당작덕(眞亦當作德) 개덕와위직(蓋德譌爲直) 직재오위진(直再誤爲眞)'이라 했고, 엄영봉은 '장자천운편운(莊子天運篇云) 시이도불투(是以道不渝) 각의편운(刻意篇云) 순소지도(純素之道) 유신시수(唯神是守) 수이물실(守而勿失) 여신위일(與神爲一) 차문사당작(此文似當作) 질도약투(質道若渝)'라 했다. 필자는 이에 의하여 개작하였다.

⑤ 희성(希聲) : 부혁본에는 '희성(稀聲)'이라 했다.

⑥ 차선성(且善成) : 부혁본에는 '차성(且成)'이라 했다.

▸**하상공은 이 장을 '동이장(同異章)'이라 했다.**

(해설) 도에 대한 세 가지 견해

도가 무엇이냐 하는 문제는 중국 옛날 철인(哲人)들에 있어서 많이 논의가 되어 왔다. 유가에서는 주로 사람이 마땅히 걸어가야 할 길, 즉 도덕법칙을 도라 하였고, 도가(道家)에서는 그렇게 되지 않을 수 없는 자연법칙을 도라 하였다. 그러므로 공자는 '아침에 도를 들으면 저녁에 죽어도 좋다'고까지 말하였다.

어떻든 어떤 도이든지 최고 지식층에 속하는 사람은 도가 어떠하다는 것을 듣고 깨달으면 곧 이것을 믿고 실천하려고 노력한다. 이런 사람은 형이상학적 도학(道學)을 하는 사람이다. 요샛말로 철학을 하는 사람이다.

그 다음 일반적 학문을 하는 사람, 예를 들면 군자의 학문, 즉 도덕적 학문 또는 정치적 학문을 하는 사람은 보아도 보이지 않고, 들어도 들리지 않고, 붙잡으려 해도 붙잡을 수 없는 도를 이야기할 때에, 정말 그런 도가 있을까 하고 반신반의한다.

또 그 다음 실업계통의 학문을 하는 사람, 예를 들면 농사짓는 법을 가르치는 농학과, 채소 가꾸는 법을 가르치는 채소학과, 장사하는 법을 가르치는 상학과, 연장을 만드는 법을 가르치는 공학을 배우는 사람들은 초형상적(超形象的)인 도를 이야기할 때에 세상에 그런 물건이 있느냐고 하하 웃어버린다.

그러나 이러한 실업계의 학문을 하는 사람들에게 웃음거리가 되지 않는 철학은 참다운 철학이라 할 수 없다. 왜냐하면 도에 대한 이야기를 듣고 웃는다는 것은 벌써 도의 일면을 이해할 사람이기 때문이다. 사실 진리라는 것도 발견하기 이전의 진리요, 알고 보면 평범하고 그렇게 싱거운 것은 없다.

그러므로 옛글에도 이런 말이 있다. '매우 밝은 도는 어둡게 보인다. 앞으로 빨리 전진하는 도는 뒤로 물러나는 것 같다. 가장 평탄한 도는 굽은 것 같다. 가장 높은 덕은 낮은 것 같다. 몹시 흰빛은 검은 것 같다. 매우 넓은 덕은 한쪽이 이지러진 것 같다. 아주 건실한 도는 빈약한 것 같다. 매우 질박한 도는 어리석은 것 같다'는 등등이다. 이 얼마나 우스꽝스러운가? 그러나 그 가운데 참다운 진리가 있는 것이다.

그러므로 아주 큰 사각형은 귀가 없고, 매우 큰 그릇은 늦게서야 이루어진다. 아주 큰 소리는 들을 수 없다. 매우 큰 형상은 무형하다. 왜냐하면 도는 항상 사물의 배후에 은폐되어 있으므로 무엇이라고 긍정할 수도 없고, 또 부정할 수도 없기 때문이다.

그러나 도는 자기 것을 온갖 사물에 잘 꾸어 주고, 또 잘 키워 준다. 그러나 꾸어 준다는 것은 아주 주는 것이 아니다. 되찾을 때가 있다. 왜냐하면 온갖 사물이 다 도를 자기 개체 속에 대여받아 그것을 가지고 생성 발전하다가 도(道)로 되돌아가기 때문이다

제42장
도는 음(陰) · 양(陽) · 충(沖) 삼기(三氣)로 만물을 생성한다

우주의 근원인 도에서 일원(一元)의 기(氣)가 생기고, 일원의 기에서 음기와 양기가 생기고, 음기와 양기에서 화기(和氣)가 생겨, 이 삼기(三氣)의 화합(和合)운동으로 말미암아 만물이 생성된다.

사람들은 누구나 고독과 과덕(寡德), 불선(不善)을 싫어하지만, 현명한 군주는 자기의 이름을 대신하여 이 세 가지로 부른다.

그러므로 모든 사물은 손해를 받음으로 이익을 보고, 이익을 받음으로 손해를 본다. 이것이 현상계의 법칙이다.

사람들이 가르치는 것은 나도 가르친다. 그것은 무엇인가? '힘을 자랑하는 사람은 제 명에 죽지 못한다'고 하는 것이다. 나도 이것으로 교육의 제1조를 삼으려 한다.

• • • • • • • • • • • • •

道生一, 一生二, 二生三, 三生萬物, 萬物負[1]陰而抱陽, 沖氣[2]以爲和 ; 人之所惡, 唯孤 · 寡 · 不穀, 而王公以爲稱. 故物或損之而益, 或益之而損, 人之所敎, 我亦敎之, 强梁者[3]不得其死, 吾將以爲敎父[4].

도는 1을 생(生)하고, 1은 2를 생하고, 2는 3을 생하고, 3은 만물을 생하고, 만물은 음을 업고 양을 안고서 충기(沖氣)로 화(和)를 삼는다. 사람이 싫어하는 것은 오직 고(孤)와 과(寡), 불곡(不穀)일 뿐인데, 왕공(王公)은 그것으로 호칭한다. 그러므로 물(物)은 혹 이것을 덜어서 보태기도 하고, 혹 이것을 보태서 덜기도 한다. 사람들이 가르치는 것을 나도 가르치니, 힘이 강한 자는 제 죽음을 얻지 못한다. 나는 장차 그것으로 교부(敎父)를 삼으려 한다.

• • • • • • • • • • • • •

주석

① 負(부) : 지다, 업다. 노자익에 '범동물배지어후(凡動物背止於後) 음정야(陰靜也) 이목구비거전(耳目口鼻居前) 양동야(陽動也) 고왈부음포양(故曰負陰抱陽)'이라 했다.

② 沖氣(충기) : 풍우란(馮友蘭)은 '도생일(道生一)의 일(一)을 천하편(天下篇)에 말한 태일(太一)이라 했고, 이생삼(二生三)의 삼(三)은 음기(陰氣) 양기(陽氣) 화기야(和氣也)'라 했다. 또 사마광(司馬光)은 '도생일(道生一) 자무이유(自無而有) 일생이(一生二) 분음분양(分陰分陽) 이생삼(二生三) 음양교이생화(陰陽交而生和) 삼생만물(三生萬物) 화기합이생물(和氣合而生物)'이라 했다.

③ 强梁者(강량자) : 노자익에 '목절수왈량(木絶水曰梁) 대부동역왈량(大負棟亦曰梁) 취기방지강야(取其方之强也) 고왈강량(故曰强梁)'이라 했다. 즉 강력(强力)을 이른다.

④ 敎父(교부) : 노자익에 '노자독존지왈교부자(老子獨尊之曰敎父者) 여언만물지모지위(如言萬物之母之謂) 모주양(母主養) 부주교(父主敎) 고언생즉왈모(故言生則曰母) 언교즉왈부(言敎則曰父)'라 했다. 또 엄영봉은 '시교지본(施敎之本)'이라 했다.

고증

① 불곡(不穀) : 하상공은 불곡(不轂)이라 했다.

② 인지소교(人之所教) 아역교지(我亦教之) : 부혁본에는 '인지소이교아(人之所以教我) 역아지교인(亦我之教人)'이라 했다.

③ 교부(教父) : 부혁본에는 교(教)자를 학(學)자로 썼다. 범응원은 '음변운(音辨云) 고본작학부(古本作學父) 하상공작교부(河上公作教父) 안상서(按尙書) 유효학반(惟斆學半) 고본병작학자(古本並作學者) 즉학의음효(則學宜音斆) 역교야(亦教也) 의동(義同) 부시야(父始也) 금병종고본(今並從古本)'이라 했다.

④ 다케우치 요시오는 '일생이(一生二)의 일(一)은 즉 도(道)인데, 이(二)는 음과 양이요, 삼(三)은 다시 충기(沖氣)를 가(加)한 것이다. 도가 현상(現象)으로 되는 데는 먼저 음양 이기(二氣)가 나타나고, 이기교합(二氣交合)에 의하여 충기를 생(生)하고, 이 음양충(陰陽沖)의 삼(三)에 의하여 만물이 생한다고 하는 것이 노자의 우주생성론이다'라 했고〔노자의 연구, 301〕 양계초(梁啓超)는 '내가 생각하기에는 노자의 생각은 1과 2를 대대(對待)의 명사(名詞)라고 하여 2가 없으면 결코 1의 명(名)도 얻을 수 없다. 이미 1이라고 말하였으면 자연히 2가 있어서 그것과 대대한다. 그러므로 일생이(一生二)라 했다. 1과 2가 대립하여 두 개를 이루고, 두 개로 말미암아 제3개가 나온다. 그러므로 이생삼(二生三)이라 한다……'고 하여 이것을 생물의 자웅(雌雄) 변화법칙으로 설명하였다. 〔노자철학, 11〕

▸ 하상공은 이 장을 '도화장(道化章)'이라 했다.

(해설) 1. 도의 변증법적 발전

노자의 도는 비록 허(虛)라 하지만 가만히 있는 허가 아니요, 본래 움직일 수 있는 허다. 그러므로 현상계의 배후에 은폐되어 있던 도, 즉 기가 움직여 눈앞의 사물, 즉 유(有)의 세계로 나타나서 만물의 유일한 근원자가 된다. 그러므로 도는 1을 생한다고 한다. 이미 1인 이상 그것과 대대(對待)되는 2, 즉 음양을 생성하지 않을 수 없다.

음양은 본래 남녀의 원형으로 상대되는 두 힘이다. 음은 정체적이요, 양은 약동적이다. 예를 들면 여기에 기어가는 자벌레가 있다고 하자. 허리를 굽히는 것은 음이요, 펴는 것은 양이다. 그러나 그 두 대립 관계는 투쟁이 아니요, 화합이다. 이와 같이 모든 사물의 현상은 투쟁을 경과한 뒤에 신에 의하여 화합하는 것이 아니요, 양자의 대대성에 의한 직접적인 화합이다. 그러므로 음기와 양기의 결합으로 충기(沖氣), 즉 화기(和氣)가 생기는 것을 2에서 3이 생한다고 한다.

대대성이라 함은 양자가 서로 호응함을 말하는 것이다. 이 원리를 우주만물과 사회현상에 적용시킬 수 있다. 즉 우주현상에 있어서는 하늘과 땅, 해와 달, 광명과 암흑 같은 것이요, 시간 관계에 있어서는 봄과 가을, 여름과 겨울, 낮과 밤과 같은 것이요, 공간 관계에 있어서는 위와 아래, 앞과 뒤, 높은 것과 낮은 것과 같은 것이요, 인륜 관계에 있어서는 아버지와 어머니, 남편과 아내 같은 것이요, 인사 관계에 있어서는 귀한 것과 천한 것, 윗사람과 아랫사람, 영광과 치욕 같은 것이다.

그리하여 이러한 사물과 현상이 잘 화합하여 다시 차원 높은 제3의 사물로 전환한다. 그러므로 3에서 만물이 생성한다고 한다. 다시 말하면 도가 무에서 유의 현상으로 되는 데는 먼저 음양 2기(氣)의 결합으로 충기가 생겨 우주만물이 생성발전한다는 것이다.

2. 화합의 원리

우주 자연계에 있어서도 이와 같이 이율대대의 화합 원리로 생성발전하니, 인간계, 즉 사회관계에 있어서도 적용되지 않을 리가 없다. 즉 투쟁에 대체하여 부쟁(不爭), 이율배반에 대체하여 이율대대의 원리를 도입하면 무위자연의 세계로 돌아갈 수 있다.

먼저 위정자 자신이 태도를 어떻게 가지느냐 하면, '아아, 나는 고

독한 사람이다, 나는 덕이 부족한 사람이다, 나는 불선한 사람이다!' 고 스스로 몸을 낮추어 겸손해야 한다. 그러면 마치 높은 산골짜기의 물이 낮고 넓은 바다로 들어가는 것과 같이 온 천하 만민이 다 돌아오게 된다.

이렇게 천하 만민을 다 포섭하게 되면 다시 평등의 세계를 이룩하기 위하여 남는 것은 덜어서 부족한 것에 보충하고, 백성들로 하여금 성지(聖智)와 인의(仁義), 기교(技巧) 같은 것을 다 끊어버리고 소박한 생활을 하게 한다. 그러므로 노자는 자기도 옛날 사람과 같이 '굳센 사람은 반드시 요절하여 자연사를 못한다'는 것으로 교육의 근본 정신을 삼는다.

제43장
무위(無爲)의 유익(有益)

가장 부드럽고 약한 것은 가장 강하고 굳센 것을 극복한다. 왜냐하면 형체가 없는 물건은 틈이 없는 물건 속으로 스며들어가기 때문이다. 이것을 보더라도 무위가 유익한 것을 알 수 있다.

그러므로 무언의 교육과 무위의 유익함은 세상사람이 하기 어렵다.

• • • • • • • • • • • • •

천하지지유 치빙 천하지지견 무유입무간 오시이

天下之至柔，馳騁①天下之至堅②，無有入無間③，吾是以

지무위지유익 불언지교 무위지익 천하희급지

知無爲之有益. 不言之敎, 無爲之益, 天下希及之.

천하의 지극히 유(柔)한 것은 천하의 지극히 강한 것에 치빙(馳騁)하고, 무유(無有)는 간격이 없는 것에 들어간다. 나는 이것으로 무위(無爲)가 유익한 것을 안다. 불언(不言)의 교육과 무위의 이익은 천하가 이에 미치기가 드물다.

• • • • • • • • • • • • •

주석

① 馳騁(치빙) : 노자익에 '역사야(役使也)'라 했다.

② 堅(견) : 노자익에 '견유강강(堅猶剛强) 불왈강강(不曰剛强) 이왈견(而曰堅) 변문(變文) 협운야(叶韻也)'라 했다.

③ 無間(무간) : 노자익에 '무내야(無內也)'라 했다.

고증

① 천하지지유(天下之至柔), 치빙천하지지견(馳騁天下之至堅) : 팽사(彭耜)는 '섭몽득(葉夢得)은 빙(騁)자가 없고, 달진자(達眞子)는 견(堅)을 강(剛)자로 쓰고, 회남자(淮南子)에는 또 천하지(天下之)의 지(之)자가 없다'고 했다.

② 무유입무간(無有入無間) : 부혁은 '출어무유(出於無有) 입어무간(入於無間)'이라 했다.

▶하상공은 이 장을 '편용장(徧用章)'이라 했다.

해설 무위의 이익

현상계에 있어서 강한 물건과 강한 물건이 서로 부딪치면 부서지기 쉽고 꺾어지기 쉽다. 예를 들면 쇠와 돌과 같다. 그러나 강한 물건과 부드러운 물건이 서로 만나면 잘 조화된다. 예를 들면 돌과 물과 같다. 또, 유가 유의 안으로 들어가기는 어렵지만, 무가 유의 안으로 들어가기는 쉽다. 예를 들면 기가 물질 속에 들어가는 것과 같다.

이러한 무형의 기는 모든 물질을 초월하면서 물질 속에 내재하고 있다. 초월한다는 의미에서 무위라 하고, 내재한다는 의미에서 하지 않는 것이 없다〔無不爲〕고 한다. 왜냐하면 모든 물질은 기를 떠나서는 생성하지 못하기 때문이다.

그러므로 나〔老子〕는 이러한 무위자연의 법칙을 알기 때문에 일반 민중의 배후의 근원적 존재자로서 눈앞에 나타나지 않고, 무언의 교육과 무위의 이익으로 조종해 나간다.

제44장
자연의 질서에 따라 살라

명예와 생명은 어느 것이 사랑스러운가? 생명과 재산은 어느 것이 중한가? 얻는 것과 잃는 것은 어느 것이 괴로운가?

너무 아끼면 반드시 크게 낭비하게 된다. 많이 소유하면 반드시 크게 잃어버린다.

지금 가지고 있는 것을 대견히 생각하면 수치를 당하지 않는다. 자기 영역 안에 머물 줄 알면 위태하지 않고 장구할 수 있다.

• • • • • • • • • • • •

명여신숙친 신여화숙다 득여망숙병 시고심애필대
名與身孰親? 身與貨孰多①? 得與亡孰病? 是故甚愛必大
비 다장필후망 지족 불욕 지지 불태 가이장구
費, 多藏必厚亡. 知足②不辱, 知止③不殆, 可以長久.

이름과 몸은 어느 것이 친근한가? 몸과 재화는 어느 것이 중한가? 얻는 것과 잃는 것은 어느 것이 병인가? 그러므로 매우 아끼면 반드시 낭비하고, 많이 간직하면 반드시 크게 잃어버린다. 족한 줄을 알면 욕되지 않고, 머물 줄을 알면 위태하지 아니하여 장구할 수 있다.

• • • • • • • • • • • •

주석

① 多(다) : 노자익에 '다유중야(多猶重也)'라 했다.

② 知足(지족) : 노자익에 '낙금유지이다(樂今有之已多) 무구자야(無

求者也) 무구해욕(無求奚辱)'이라 했다.

③ 知止(지지) : 노자익에 '구후진지유손(懼後進之有損) 지기자야(知幾者也) 지기해태(知幾奚殆)'라 했다.

고증

① 시고심애(是故甚愛) : 하상공본에는 '시고(是故)'가 없다.

▶ **하상공은 이 장을 '입계장(立戒章)'이라 했다.**

해설 현명한 처세술

사람은 자연히 나서 자연으로 살다가 자연으로 돌아간다. 그런데 세상 사람들은 인위적인 명예를 구하다가 자기의 목숨을 잃는다. 또 사람이 만들어 낸 재물을 탐하다가 목숨을 잃는다.

비록 명예욕에 의하여 명예를 많이 얻고, 소유욕에 의하여 재물을 많이 얻는다 하더라도 자기의 귀중한 몸을 부자연하게 잃게 되면 이것은 자연 질서에 어긋나는 일이다.

자연히 태어난 몸이 자연히 살다가 자연히 죽지 못하고 인위적인 명예와 재산을 탐하다가 목숨을 부자연하게 잃게 되니, 이런 모순이 또 어디에 있겠는가?

그러므로 명예를 너무 사랑하다가는 반드시 자기 몸을 잃게 되니, 이보다 더 큰 손해가 또 어디에 있겠는가? 재물을 너무 탐하다가는 반드시 자기 몸을 잃게 되니, 이보다 더 큰 손실이 또 어디에 있겠는가?

그러므로 현명한 처세술은 지금 자기가 가지고 있는 것을 대견하게 생각하고, 내일의 장차 얻을 것을 두려워하면 장구히 살 수 있다.

제45장
대기교(大技巧)는 졸렬한 듯하다

크게 완성된 것은 한쪽이 이지러진 것 같다. 그러나 그것을 아무리 사용하여도 다함이 없다. 아주 가득 차 있는 것은 텅 빈 것 같다. 그러나 그것을 아무리 사용하여도 다함이 없다. 매우 곧은 것은 굽은 것과 같다. 가장 교묘한 것은 졸렬한 듯하다.

훌륭한 웅변은 말을 더듬는 듯하다. 냉정한 것은 조급한 것을 이긴다. 찬 것은 더운 것을 이긴다. 그러므로 깨끗함〔淸潔〕과 고요함〔靜寂〕은 천하의 바른 규범이 된다.

• • • • • • • • • • • • •

대성약결 기용불폐 대영약충 기용불궁 대직약굴
大成若缺, 其用不敝①, 大盈若沖②, 其用不窮 ; 大直若屈,
대교약졸 대변약눌 정승조 한승열 청정위천하정
大巧若拙, 大辯若訥③, 靜勝躁④, 寒勝熱, 淸靜爲天下正.

대성(大成)은 이지러진 것 같으나 그 용처는 폐해가 없고, 대영(大盈)은 공허한 것 같으나 그 용처는 곤궁하지 않고, 대직(大直)은 굴곡진 것 같고, 대기교(大技巧)는 졸렬한 것 같고, 대변(大辯)은 어눌(語訥)한 것 같고, 정적(靜寂)한 것은 조급한 것을 이기고, 한랭한 것은 서열(暑熱)한 것을 이긴다. 청정(淸靜)은 천하의 정(正)이다.

• • • • • • • • • • • • •

주석

① 敝(폐) : 해지다. 무너지다. 사원(辭源)에 '괴야(壞也)'라 했다.
② 沖(충) : 비다. 사원에 '허야(虛也)'라 했다.
③ 訥(눌) : 말더듬다. 사원에 '언지지둔야(言之遲鈍也)'라 했다.
④ 躁(조) : 조급하다. 사원에 '성급조야(性急躁也)'라 했다.

고증

① 폐(敝) : 왕필과 하상공은 폐(弊)자로 썼다.
② 영(盈) : 이선위부주(李善魏賦注)에는 만(滿)자로 썼다.
③ 굴(屈) : 부혁은 굴(詘)자로 썼다.
④ 정승조(靜勝躁), 한승열(寒勝熱) : 본래 '조승한(躁勝寒) 정승열(靜勝熱)'인데 장석창(蔣錫昌) 설에 의하여 고쳤다.
⑤ 청정위천하정(淸靜爲天下正) : 부혁본에는 청(淸)자 앞에 지(知)자가 있고, 또 위(爲)자 앞에 이(以)자가 있다.

▸**하상공은 이 장을 '홍덕장(洪德章)'이라 했다.**

해설 천하의 정칙(定則)

노자는 도에 대하여 '이것은 본래 무한정자(無限定者)이므로 언어와 문자로 표현할 수 없지만 억지로 표현하면 큰 것〔大〕이라 말할 수 있다'고 했다. '크다'는 것은 이쪽에만 있는 것이 아니요, 저쪽에도 있는 것을 뜻한다. 다시 말하면 극동(極東)에서 극서, 또는 극남에서 극북까지 뻗어가는 것이다. 그러므로 또 멀다〔遠〕고 한다. 무한히 멀리 가면 출발점으로 되돌아온다〔返〕.

현상계의 모든 사물은 이러한 도로 체를 삼고 생성 발전하므로 어떤 하나의 물건이 완성되는가 하면 얼마 안 가서 괴멸된다. 그러므로 '크게 이루어지는 것은 이지러지는 것과 같다〔大成若缺〕'고 한다. 그러나 온갖 사물이 다 도를 부여받아 이로 인하여 생성 발전하더라도 고갈되지 아니한다.

도는 우주 어느 곳에나 가득 차 있다. 또 크나 적으나 어떤 사물이든지 다 그 안에 담아 넣을 수 있다. 그러므로 '크게 차 있는 것은 비어 있는 것과 같다'고 한다. 그러나 모든 사물이 아무리 도를 퍼내서 쓰더라도 고갈할 줄을 모른다.

도를 하나의 긴 직선이라 하면 가까운 거리에서는 A점과 B점의 간격이 아주 곧은 것 같지만, 만일 무한한 직선이라면 멀리 가면 갈수록 자연히 곡률이 생겨 커다란 원을 형성하게 된다. 그러므로 '크게 곧은 것은 굽은 것 같다'고 한다.

자연의 꽃은 비록 아름답다고 하지만 그러나 완전한 미는 아니다. 왜냐하면 시들면 추하게 되기 때문이다. 그러나 화가가 교묘하게 그린 꽃은 늘 아름답기만 하고 시들어서 추해지지 않는다. 이런 의미에서 자연의 예술적 기교는 화가의 예술적 기교보다 졸렬한 듯하다.

웅변가와 변호사, 논리학자는 말을 잘한다. 그러나 무언의 교육을 하는 성인의 말은 다만 질박하고 신실성만 있으므로 비논리적이요, 비수식적이다. 그러므로 '큰 언변은 말을 더듬는 듯하다'고 한다.

그러나 결국에 가서는 고요한 태도로 도를 지키고 있는 사람은 이기기에만 분주하여 조급하게 떠드는 사람을 이긴다. 찬 기운을 온축(蘊蓄)하고 있는 추위는 더운 기운을 발사하는 더위를 이기고 만다.

그러므로 언제든지 깨끗하고 고요한 자세를 갖추고 있는 사람은 천하의 공정한 모범이 된다.

제46장
전쟁은 부족감에서 일어난다

무위자연의 도를 본받아 정치를 하면 무사하여, 군마(軍馬)를 농촌으로 돌려 분거(糞車)를 끌게 한다.

그러나 세상이 무도하게 되면 농마(農馬)를 징발하여 군마로 전쟁터에 보낸다.

이러한 전화(戰禍)는 그 원인이 어디에 있는가? 이만하면 족하다고 하는 만족감을 느끼지 못하고, 항상 소유욕과 지배욕을 무한히 신장하려고 하는 데 있다.

그러므로 이만하면 족하다고 만족감을 가지는 사람은 비록 가난하여도 항상 만족감을 가지고, 부족감을 가지는 사람은 비록 부자라도 항상 부족감을 가진다.

• • • • • • • • • • • • •

천하유도 각 주마이분 천하무도 융마 생어교 화
天下有道；卻①走馬以糞②；天下無道, 戎馬③生於郊④. 禍
막대어부지족 구막대어욕득 고지족지족 상족의
莫大於不知足, 咎莫大於欲得, 故知足之足, 常足矣.

천하에 도가 있으면 주마(走馬)로 분거(糞車)를 끌게 하고, 천하에 도가 없으면 융마(戎馬)가 국경에서 생(生)한다. 화(禍)는 족함을 모르는 것보다 더 큰 것이 없고, 허물은 얻으려고 하는 것보다 더 큼이 없다. 그러므로 족함을 아는 족함은 항상 족하다.

• • • • • • • • • • • • •

주석

① 卻(각) : 물리치다. 노자익에 '병거야(屛去也)'라 했고, 사원(辭源)에는 '불수이환지야(不受而還之也)' 또는 '퇴후야(退後也)'라 했다.
② 糞(분) : 노자익에는 '분전야(糞田也)'라 했고, 오유청본(吳幼淸本)에는 분(糞)자 다음에 거(車)자가 있다.
③ 戎馬(융마) : 전마(戰馬).
④ 郊(교) : 교야(交也). 이국상교지경야(二國相交之境也). 즉 국경(國境)을 말한다.

고증

① 각(卻) : 부혁본에는 파(播)자로 썼다. 고문자(古文字)에 이 두 자를 통용하였다고 한다.
② 융마생어교(戎馬生於郊) : 부혁본에는 '죄막대어가욕(罪莫大於可欲)'의 한 구(句)가 더 있다.
▸**하상공은 이 장을 '검욕장(儉欲章)'이라 했다.**

해설 욕망과 전쟁

무위자연의 대도가 천하에 실현될 때에는 국가 이기주의가 없어져 백성의 물질적 소유욕과 정치적 지배욕이 세력을 얻지 못한다. 백성마다 안분지족할 줄 알고 자기 수양만 하기 때문에, 침략적 도구였던 군마(軍馬)는 농촌 진흥사업에 돌려 경작과 분거를 끄는 데 사용된다. 그러나 대도가 실현되지 못할 때에는 다른 나라를 정복하는 전쟁 도구로써 농마(農馬)가 군마로 뽑혀 전쟁 마당인 국경으로 보내지게 된다.

이 세상에 재화가 많지만 족한 줄을 모르는 침략의 재화보다 더 큰 것이 없고, 이 세상에 죄악이 많지만 제한 없는 정복의 욕망보다 더 큰 것이 없다. 그러므로 이만하면 족하다는 만족감을 가지고 있는 것을 대견히 여기면 비록 가난하여도 항상 족하게 생각하고, 그렇지 않으면 비록 풍부하여도 항상 부족감을 느낀다.

전쟁의 원인을 소급하면 결국 족한 줄을 모르는 소유욕과 남을 지배하겠다는 지배욕에서 기인된다. 전쟁은 인류의 최대 죄악이다.

제47장
문밖을 나가지 않아도 천하를 알 수 있다

도를 체득하면 문밖에 나가지 않고도 천하 대세의 움직임을 알 수 있고, 바라지창으로 밖을 내다보지 않고도 천체의 운행을 알 수 있다.

지식을 외적 세계로만 향하여 탐구하면 멀리 갈수록 그 지식이 점점 적어져 결국 모르는 것이 더 많은 것을 알게 된다.

그러므로 사물의 근원자를 파악한 성인(聖人)은 행하지 않고도 알 수 있고, 보지 않고도 명제를 내릴 수 있고, 작위하지 않고도 이룩할 수 있다.

• • • • • • • • • • • • • •

불출호 지천하 불규 유 견천도 기출미원 기지미
不出戶, 知天下; 不闚①牖②, 見天道. 其出彌遠, 其知彌
소 시이성인불행이지 불견이명 불위이성
少. 是以聖人不行而知, 不見而名, 不爲而成.

문호(門戶)를 나가지 않고도 천하를 알고, 창유(窓牖)를 내다보지 않고도 천도(天道)를 본다. 그것이 나아갈수록 더욱 멀어지고, 그것을 알수록 더욱 적어진다. 그러므로 성인은 행하지 않고도 알고, 보지 않고도 이름하고, 하지 않고도 이룩한다.

• • • • • • • • • • • • • •

주석

① 闚(규) : 엿보다. 머리를 기울여 문 가운데로 본다는 뜻. 규(窺)와

통합. 사원(辭源)에 '소시야(小視也)'라 했다.

② 牖(유) : 바라지. 사원에 '천벽이목위교창야(穿壁以木爲交窓也)'라 했다.

고증

① 불출호(不出戶)와 지천하(知天下) 사이에 부혁본에는 '가이(可以)'가 있다. 또 육희성본(陸希聲本)에는 그 사이에 이(而)자가 있고, 한비자본(韓非子本)에는 '불출어호가이지천하(不出於戶可以知天下)'라 했다.

② 불규유(不闚牖)와 견천도(見天道) 사이에는 '가이(可以)' 두 자가 있고, 또 견(見)자를 지(知)자로 썼다.

③ 불행이지(不行而知)의 지(知)자를 다른 책에는 지(至)자로 썼다.

▶**하상공은 이 장을 '감원장(鑒遠章)'이라 했다.**

해설 도와 진리는 가까운 곳에 있다

우주에 가득 차 있는 대도는 조그만 내 몸속에도 내포되어 있다.

그러므로 사람이 만일 이 도를 체득하면 문밖을 나가지 않더라도 천하의 대세가 어떻게 돌아가는지 알 수 있다.

진리는 먼 데 있지 않고 가까운 데 있다. 밖으로 현상계에 대한 지식만 탐구하여 가면 갈수록 점점 아득해져, 아는 것보다 모르는 것이 더 많아지는 것을 알게 된다. 다시 말하면 나중에는 인식작용마저 정지하게 된다. 참다운 지식은 현상계를 초월하여 사형취상(捨形取象)의 방법으로 근원적인 도체(道體)를 파악하는 데 있다. 이 도체만 파악하면 현상계로 나아가지 않더라도 만물을 다 요해할 수 있다. 그러므로 도를 체득한 철인은 실험하지 않고도 알 수 있고, 보지 않고도 이룩할 수 있다.

제48장
하는 것이 없으면서 하지 않음이 없다

학문을 하면 지식이 나날이 늘어나고, 도학을 하면 지식이 나날이 줄어간다. 줄어가고 또 줄어가서 무지의 경지에 도달하면 유(有)에 대한 지식은 없어지지만 무에 대한 지식은 있게 된다.

천하를 다스리는 데는 항상 무사(無事)로 다스려야 한다. 만일 유사(有事)로 천하를 다스리게 되면 천하를 다스릴 수 없다.

• • • • • • • • • • • • •

위학일익 위도일손 손지우손 이지어무위 무위이무

爲學日益, 爲道日損, 損之又損, 以至於無爲, 無爲而無

불위 취 천하상이무사 급기유사 부족이취천하

不爲. 取①天下常以無事②, 及其有事, 不足以取天下.

학문을 하면 날로 플러스되고, 도학을 하면 날로 마이너스가 된다. 마이너스되고, 또 마이너스되어서 무위에 이르면 하는 것이 없으면서 하지 않음이 없다. 천하를 취하는 데는 항상 무사(無事)로 하니 그것이 유사(有事)하게 되면 천하를 취할 수 없다.

• • • • • • • • • • • • •

(주석)

① 取(취) : 개원소(開元疏)에 '섭화(攝化)와 같다'고 하였다.

② 無事(무사) : 바로 무위자화(無爲自化)의 뜻과 같다.

고증

① 부혁본에는 위학(爲學)과 위도(爲道) 다음에 자(者)자가 있다.
② 부혁본에는 우손(又損) 다음에 지(之)자가 있다.
③ 부혁본에는 '무위이무불위(無爲而無不爲)'의 이(而)자를 즉(則)자로 썼다.
④ 부혁본에는 '취천하(取天下)'를 '장욕취천하자(將欲取天下者)'라 했다.
⑤ 부혁본에는 '부족이취천하(不足以取天下)'를 '우부족이취천하의(又不足以取天下矣)'라 했다. 또 하상공본에는 족(足)자를 가(可)자로 썼다.

▶**하상공은 이 장을 '망지장(忘知章)'이라 했다.**

해설 현상학과 본체학

사물의 현상에 관한 학문을 하면 지식이 나날이 플러스되어 가지만, 본체에 관한 학문, 즉 도학을 하면 현상학에 대한 지식은 나날이 마이너스가 된다. 마이너스가 되고 또 마이너스가 되어 무의 경지에 도달하면 인식이 정지되어 물자체(物自體), 즉 도를 파악하게 된다. 다시 말하면 다(多)와 유(有)에 대한 지식을 제거함으로써 일(一)과 무(無)에 대한 지식을 얻게 된다.

무에 대한 지식은 바로 무지다. 일자(一者)는 만물의 근원이다. 이 근원자를 파악하면 도리어 모든 사물의 현상을 조종할 수 있다. 그러므로 하는 것이 없으면서 하지 않음이 없다고 한다. 예를 들면 여기에 알과 새가 있다고 하자. 생물학자는 알과 새에 대한 지식을 많이 가진다. 그러나 철학자는 생물학을 통하여 이미 알았던 지식을 종합하여 모든 생물의 공통적이요, 근원적인 것이 무엇인가를 탐구하는 것과 같다.

정치가가 만일 현상계 뒤에 가려 있는 근원자, 즉 다자(多者)에 대한 일자(一者)와 유에 대한 무를 파악하고서 천하를 다스리면 무위이화(無爲而化)하게 된다. 그러나 이에 반하여 만일 다자로 다자를 다스리고, 유로 유를 다스리려고 하면 천하는 어지러워진다.

제49장
위정자는 백성의 마음으로 마음을 삼아야 한다

성인(聖人)은 변하지 않는 고정된 마음이 없다. 그러나 백성의 마음으로 자기의 마음을 삼는다.

성인의 덕은 선한 사람도 더욱 선하게 하고, 불선한 사람도 선하게 한다. 신실한 사람도 더욱 신실하게 하고, 신실치 못한 사람도 신실하게 한다.

성인이 천하를 다스리는 데는 자기 한 개인의 주의(主意)와 주견(主見)을 세우지 않고 다만 온 백성의 마음을 종합하여 자기의 마음을 삼는다.

백성들은 다 성인이 무엇을 듣고 무엇을 보는가 그 이목을 주시하지만, 성인은 다만 백성들을 무지무욕(無知無欲)하게 하여 철모르는 어린이와 같게 한다.

• • • • • • • • • • • •

성인무상심 이백성심위심 선자오선지 불선자오역
聖人無常心①, 以百姓心爲心；善者吾善之, 不善者吾亦
선지 덕선 신자오신지 불신자오역신지 덕신 성인재천
善之, 德善；信者吾信之, 不信者吾亦信之；德信. 聖人在天
하 흡흡 위천하 혼기심 백성개주기이목 성인개해지
下, 歙歙②爲天下, 渾其心；百姓皆注其耳目, 聖人皆孩之.

성인은 상심(常心)이 없어 백성의 마음으로 마음을 삼는다. 선한 사람도 나는 그를 선하게 하고 불선한 사람도 내가 그를 선하게 하니,

덕은 선하기 때문이요, 신실한 사람도 내가 그를 신실케 하고 신실치 못한 사람도 그를 신실케 하니, 덕은 신실하기 때문이다. 성인이 천하에서는 흡흡(歙歙 : 무심한 모습)히 천하를 위하여 그 마음을 혼합한다. 백성들은 그의 이목을 주시하지만, 성인은 그들을 어린이같이 되게 한다.

• • • • • • • • • • • •

주석

① 無常心(무상심) : 노자익에 '심무소주야(心無所主也)'라 했다.
② 歙歙(흡흡) : 왕필은 '무심무소주야(無心無所主也)'라 했다. 즉 무심무욕(無心無欲)의 뜻.

고증

① 덕선(德善) : 부혁본에는 '득선의(得善矣)'라 하고, 또 덕신(德信)을 '득신의(得信矣)'라 했다.
② 흡흡(歙歙) : 하상공본에는 '출출(怵怵)'이라 하고, 명황주본(明皇注本)에는 '접접(慄慄)'이라 했다.
③ 혼기심(渾其心) : 부혁본에는 '혼혼언(渾渾焉)'이라 했다.
④ 백성개주기이목(百姓皆注其耳目) : 부혁본에 의한다.
▸**하상공은 이 장을 '임덕장(任德章)'이라 했다.**

해설 여론을 존중하는 정치

성인의 마음은 본래 무형한 도로 체를 삼는다. 그러므로 일정불변한 자기의 마음이 없다. 그러나 백성의 마음으로 자기의 마음을 삼는다. 다시 말하면 백성의 기쁨으로 기쁨을 삼고, 백성의 슬픔으로 슬픔을 삼으며, 백성이 좋아하는 것을 좋아하고, 백성이 싫어하는 것을 싫어한다. 그리하여 선한 사람이나 선하지 못한 사람이나, 또 신실한 사람이나 신실치 못한 사람이나 다같이 한결같이 진선진미(眞善眞美)한 덕의 경지로 끌어올려 자연의 상태로 돌아가게 한다.

그러므로 성인이 천하에 정치를 할 때에는 아무런 자기 한 개인의 목적의식이 없는 태도로 온 백성의 의견을 종합하여 하나의 공통된 목표를 삼는다. 이것을 천하 백성의 마음이라 한다. 온 백성의 이목이 자기에게 집중될 때에는 성인은 다만 백성들로 하여금 무지무욕하게 하여 천진난만한 어린아이로 돌아가게 한다.

제50장
자연히 나서 자연히 살다가 자연으로 돌아간다

사람이 죽고 살고 하는 것은 도가 나갔다가 들어오는 현상이다. 무에서 유로 나아가면 바로 생(生)이요, 유에서 무로 들어오면 바로 사(死)다.

사는 무리들도 열 사람 가운데 세 사람이 있고, 죽는 무리들도 열 사람 가운데 세 사람이 있다.

사람이 살아서 움직여 사지(死地)로 가는 것도 열 사람 가운데 세 사람이 있다. 그것은 무슨 까닭이냐 하면 산다는 것을 너무 중히 여기기 때문이다.

나는 대개 이런 말을 들었다. '섭생(攝生)을 잘하는 사람은 육지에 가도 사나운 외뿔소〔野牛〕와 호랑이를 만나지 않고, 싸움터에 나아가도 병장기의 해를 받지 않는다. 외뿔소도 그 사람을 뿔로 받는 일이 없고, 호랑이도 그 사람을 발톱으로 할퀴는 일이 없고, 군대에 들어가도 그 사람을 칼날로 해치는 일이 없다.' 그것은 무슨 까닭인가. 생에 집착하지 않는 사람에게는 죽을래야 죽을 곳이 없기 때문이다.

• • • • • • • • • • • • • •

출생입 사 생지도 십유삼 사지 도십유삼 인지생
出生入①死. 生之徒②十有三③, 死之④徒十有三, 人之生,
동지사지 역십유삼 부하고 이기생생지후 개문선섭
動之死地, 亦十有三, 夫何故? 以其生生之厚. 蓋聞善攝
생 자 육행불우시 호 입군불피갑병 시무소투기각 호
生⑤者, 陸行不遇兕⑥虎, 入軍不被甲兵, 兕無所投其角, 虎

무소차기조 병무소용기인 부하고 이기무사지
無所借其爪, 兵無所容其刃, 夫何故? 以其無死地.

나아가면 생(生)이요, 들어오면 사(死)다. 생의 무리도 열에 셋이 있고, 사의 무리도 열에 셋이 있고, 사람의 생이 동하여 사지(死地)로 가는 것도 열에 셋이 있다. 그것은 무슨 까닭인가? 그것은 생을 생으로 하는 것이 후하기 때문이다. 대개 들으니, 섭생(攝生)을 잘하는 사람은 육행(陸行)을 하여도 들소와 호랑이를 만나지 않고, 군대에 들어가도 갑병(甲兵)의 해를 입지 않고, 들소도 그 뿔을 투입하는 일이 없고, 호랑이도 그 조아(爪牙)를 두는 일이 없고, 군사도 그 도인(刀刃)을 쓰는 일이 없다고 한다. 그것은 무슨 까닭인가? 사지가 없기 때문이다.

• • • • • • • • • • • • •

주석

① 出(출), 入(입) : 노자익에 '출(出)은 무(無)에서 유(有)로 나타나는 것이요, 입(入)은 유에서 무로 돌아오는 것이다'고 했다.
② 徒(도) : 유(類)자의 뜻.
③ 十有三(십유삼) : 십중유삼(十中有三)의 뜻. 그러나 한비자는 '인지신삼백육십절(人之身三百六十節) 사지구규(四肢九竅) 기대구야(其大具也)'라 했다.
④ 之(지) : 가다.
⑤ 攝生(섭생) : 노자익에 '섭정(攝政), 섭관(攝官)의 섭(攝)과 같으니, 생(生)을 자기의 소유로 인정하지 않는 것이다'고 했다.
⑥ 兕(시) : 외뿔소. 야우(野牛)와 같음. 산해경(山海經)에 '시출상수지남(兕出湘水之南) 창흑색(蒼黑色)'이라 했고, 이아(爾雅)에는 '형여야우(形如野牛) 일각중천근(一角重千斤)'이라 했다.

고증

① 인지생(人之生), 동지사지(動之死地) : 부혁본에는 '이민지생(而民之生) 생이동(生而動) 동개지사지(動皆之死地)'라 했다.

▸하상공은 이 장을 '귀생장(貴生章)'이라 했다.

해설 도가의 생사관(生死觀)

도를 하나의 생명이라고 하면 생명이 현상계로 나오면 바로 생(生)이요, 본체계(本體界)로 들어가면 바로 사(死)다. 다시 말하면 생과 사는 생명류의 기류(起流)와 복류(伏流)와 같다.

사는 것도 생명을 이어가는 것이요, 죽는 것도 생명을 이어가는 것이다. 비유하면 새가 알을 낳는 것도 생명을 지속하기 위함이요, 알이 까서 새가 되는 것도 생명을 지속하기 위함이다. 알만 보면 새가 생긴 뒤에 알은 껍질만 남겨 놓고 없어지는 것 같지만, 알의 생명은 새에게로 옮아가는 것이다.

또 알을 낳고 죽은 새는 아주 죽는 것 같지만, 새의 생명은 알에게로 옮아가는 것이다. 그리하여 생명은 영원히 지속되는 것이다. 사람이 죽고 사는 것도 이와 마찬가지 현상이다. 생과 사를 초월하여 생명의 관점에서 보면, 사는 것이 곧 죽는 것이요, 죽는 것이 곧 사는 것이다.

그럼에도 불구하고 사람들은 산다는 것에 너무 애착을 가지고, 죽는다는 것을 너무 기피한다. 그러나 도는 생에 너무 집착하는 자를 도리어 빨리 죽게 하고, 죽음을 자연히 받는 자를 오래 살게 한다.

이와 같이 죽음을 자연히 받음으로써 오래 살게 되는 사람이 열 사람 가운데 서너 사람쯤 되고, 생에 너무 애착을 가짐으로써 도리어 빨리 죽는 사람이 열 사람 가운데 서너 사람쯤 되고, 생에 애착도 가지지 않고 생사를 초월할 줄도 몰라, 초목과 같이 나서 움직여 사지

(死地)로 나아가는 사람도 열 사람 가운데 서너 사람이 있다. 그것은 무슨 까닭인가 하면, 다 사는 것만 알고 죽는 것을 모르기 때문이다.

나는 이런 말을 들었다.

섭생을 잘하는 사람, 즉 사는 것도 자연이요 죽는 것도 자연이라고 하여, 죽고 사는 것에 좋아하고 싫어하는 감정을 개입시키지 않는 사람은, 들에 가도 사나운 외뿔소가 그를 해치지 않고, 산에 가도 호랑이가 그를 해치지 않고, 싸움터에 나아가도 병장기가 그를 해치지 않는다. 외뿔소도 그 사람을 만나도 뿔로 찌르지 않고, 호랑이는 그 사람을 만나도 발톱으로 할퀴지 않고, 병정은 그 사람을 만나도 칼을 빼어 해치려 하지 않는다는 것이다. 이것은 다 무슨 까닭인가 하면, 생명에 집착하지 않는 사람에게는 죽음이 들어갈 여지가 없기 때문이다.

제51장
주고도 누구에게 준 지 모르고, 받고도 누구에게 받았는지 모른다

온갖 사물은 도로 말미암아 생기고, 덕을 얻어 키워지고, 물건이 되어 형체를 갖추고, 세력으로 인하여 형성된다.

그러므로 만물은 모두 도와 덕을 떠나 있을 수 없으므로, 도와 덕을 존귀하게 여긴다. 그러나 존귀한 도와 덕은 인위적이 아니고 항상 자연적이다.

그러므로 도는 만물을 생성하면, 덕은 만물을 있게 하고, 자라게 하고, 육성하여 안정시키고, 양성하여 비호(庇護)하여 준다.

도는 만물을 생산하고도 제것으로 차지하지 않고, 해주고도 공(功)을 바라지 않고, 자라게 하고도 간섭하지 않는다. 이런 것을 신비스러운 도덕이라 한다.

• • • • • • • • • • • • •

道生之, 德畜之, 物形之, 勢成之. 是以萬物莫不尊道而貴德. 道之尊, 德之貴, 夫莫之爲而常自然. 故道生之, 德畜之, 長之育之, 亭①之毒②之, 養之覆之. 生而不有, 爲而不恃, 長而不宰, 是謂玄德.

(도생지, 덕축지, 물형지, 세성지. 시이만물막부존도이귀덕. 도지존, 덕지귀, 부막지위이상자연. 고도생지, 덕축지, 장지육지, 정지독지, 양지복지. 생이불유, 위이불시, 장이부재, 시위현덕.)

도(道)는 생(生)하고, 덕은 축(畜)하고, 물(物)은 형(形)하고, 세

(勢)는 성(成)한다. 그러므로 만물은 도와 덕을 존귀하게 여기지 않음이 없다. 존도와 귀덕은 사물에 작위하지 않고서도 항상 저절로 그러하게 한다. 그러므로 도는 사물을 생성하고, 덕은 사물을 길러서 자라게 하고, 육성하여 안정시키고, 양성하여 비호한다. 생성하고도 차지하지 않고, 하고서도 자랑하지 않고, 자라게 하고서도 주재하지 않으니, 이것을 현덕(玄德)이라 한다.

• • • • • • • • • • • • • •

주석

① 亭(정) : 평안하다. 안정(安定)의 뜻. 설문(說文)에 '정민소안정야(亭民所安定也) 인신유안정의(引申有安定義)'라 했다.
② 毒(독) : 편안하다. 광아석힐(廣雅釋詰)에 '독(毒) 안야(安也)'라 했다.

고증

① 부막지위(夫莫之爲) : 부혁본에는 위(爲)자를 작(爵)자로 썼고, 하상공과 왕필은 명(命)자로 썼다. 그러나 엄영봉은 '작자내위지와(爵字乃爲之訛) 형근오야(形近誤也) 맹자만장운(孟子萬章云) 영지위(英之爲) 이위자(而爲者) 천야(天也) 장자전자방편운(莊子田子方篇云) 무위이재자연의(無爲而才自然矣) 선성편운(繕性篇云) 막지위이상자연(莫之爲而常自然) 의즉인용차문(疑卽引用此文)'이라 했다.
② 양지(養之) : 부혁본에는 양(養)자를 개(蓋)자로 썼다.
▸ **하상공은 이 장을 '양덕장(養德章)'이라 했다.**

해설 도의 작용

보편적 존재인 도(道)는 만물의 근원이요, 도의 운동법칙인 덕(德)

은 그 본질이요, 물(物)은 그 시공(時空)의 형태요, 세(勢)는 곧 세력이다. 그러므로 만물은 도에 말미암지 않고서는 생성할 수 없고, 덕을 얻지 못하고서는 축적될 수 없고, 물을 떠나서는 형성될 수 없고 세력을 떠나서는 성장할 수 없다.

그러므로 만물은 그 근원인 도와 본질인 덕을 존귀하게 여기지 않을 수 없다. 그러나 만물이 도와 덕을 존귀하게 여기는 것은 무엇이 그렇게 시켜서 하는 것이 아니요, 항상 저절로 그렇게 하는 것이다. 그러므로 만물이 도로 말미암아 생성되면, 개개 사물은 덕을 얻어서 축적되고, 성장되고, 화육(化育)되고, 안정되고, 비호(庇護)된다.

그러나 도는 이와 같이 만물을 생성하고도 자기가 차지하지 않고, 작위하고서도 자랑하지 않고, 자라게 하고서도 주재 노릇을 하지 않는다. 이와 같이 도는 천지만물에 덕을 주고도 무엇에 주었는지 모르고, 천지만물이 도에서 덕을 받고서도 무엇에서 받았는지 모르는 것을 불가사의(不可思議)의 덕, 즉 현덕(玄德)이라 한다.

제52장
도는 만물의 어머니다

이 세계에는 근원인 도(道)가 있으니, 그것을 모체(母體)라 한다. 만일 모체를 파악하면 모체에서 생산된 아들, 즉 만물을 알 수 있다.

아들인 만물을 알면서 다시 그 모체인 도를 지킬 수 있어 일생토록 위태하지 않다.

외계와 접촉하는 감각작용을 닫아버리면 일생토록 근원인 도가 고갈하지 않는다.

만일 감각작용을 개방시키면 일생토록 욕망에 사로잡혀 구원을 얻지 못한다.

자기 몸에 내재하여 있는 미소(微小)한 도를 보고 있으면 날마다 마음이 밝아지고, 유(柔)한 기(氣)를 지키고 있으면 날마다 몸이 강해진다.

도의 빛으로 만물을 비추어 보면 마음은 다시 밝아지고, 부드러운 기를 지키고 있으면 몸이 강해져 요사(夭死)하지 않는다. 이러한 몸가짐을 옛날부터 인습(因襲)하여 오는 상도(常道)라 한다.

• • • • • • • • • • • •

천하유시 이위천하모 기득기모 이지기자 기지기자
天下有始, 以爲天下母. 旗得其母, 以知其子；旣知其子,
복수기모 몰신불태 색기혈 폐기문 종신불근 개기
復守其母, 沒身不殆；塞其穴, 閉其門, 終身不勤；開其
혈 제기사 종신불구 견소일명 수유일강 용기광 복
穴, 濟其事, 終身不救. 見小日明, 守柔日强, 用其光, 復

귀기명 무유신앙 시위습상
歸其明, 無遺身殃, 是謂襲常①.

천하에 시원(始源)이 있으니, 천하의 모체라 한다. 이미 그 모체를 얻었으니, 그 아들을 알 수 있고, 이미 그 아들을 알았으니, 다시 그 모체를 지키면 종신토록 위태하지 않다. 그 구멍을 막고 그 문을 닫으면 종신토록 고갈하지 않는다. 그 구멍을 열고 그 일을 하면 종신토록 구제되지 않는다. 작은 것을 보면 날로 밝아지고, 유한 것을 지키면 날로 강해진다. 그 빛을 쓰면 다시 그 밝은 데로 돌아와서 몸에 재앙을 남김이 없다. 이것을 습상(襲常)이라 한다.

• • • • • • • • • • • •

(주석)

① 襲常(습상) : 노자익에 '습상유전언습명(襲常猶前言襲明) 밀이불로야(密而不露也) 기왈(記曰) 엄이충구왈(揜而充裘曰) 습(襲)'이라 했고, 고연제(高延第)는 '습(襲) 인야(因也) 상(常) 상도(常道)'라 했다.

(고증)

① 이위천하모(以爲天下母) : 부혁본에는 이(以)자 앞에 가(可)자가 있다.
② 색기혈(塞其穴), 폐기문(閉其門) : 다른 책에는 혈(穴)자를 태(兌)자로 썼다. 그러나 유월은 '태독위혈(兌讀爲穴)'이라 했다.
③ 견소일명(見小日明), 수유일강(守柔日强) : 일(日)자를 다른 책에는 왈(曰)자로 썼다. 그러나 하상공본에는 다 일(日)자로 썼다.
④ 습(襲) : 하상공과 왕필본에는 습(習)자로 썼다.
▸**하상공은 이 장을 '귀원장(歸元章)'이라 했다.**

해설 1. 도를 어머니로 모시고 살라

노자는 제1장에서, '도가 세계의 배후에 있을 때는 무형하여 천지의 근원이 되고, 세계 안으로 들어와서는 만물의 어머니가 된다'고 했다. 어째서 근원이라 하는가. 천지가 태초에 도로 말미암아 생겼기 때문이다. 어째서 어머니라 하는가. 만물을 낳아서 키워주기 때문이다. 도를 만물의 어머니라 하면 만물은 도의 아들이다. 그러므로 도와 만물의 관계는 마치 어머니와 아들의 관계와 같다. 따라서 어머니가 누구인가를 알면 자연히 아들이 누구인가를 알 수 있다. 곧 만물의 근원인 도를 이해한다면 도에서 나온 만물의 본질을 파악할 수 있을 것이다.

이 세상에 어떤 어머니든지 다 자기 아들을 사랑하지 않는 어머니는 별로 없다. 그러므로 어머니를 잘 따르는 사람은 득이 있을지언정 손해는 없고, 안전이 있을지언정 위험은 없다. 도를 자기 어머니같이 소중히 생각하는 사람은 도, 즉 어머니를 문밖으로 내보내지 않고, 도를 항상 자기 몸안에 간직하여야 한다.

도를 간직하는 방법은 외적 세계와 접촉하는 감각기관을 닫아야 한다. 왜냐하면 사람이 외적 세계에 눈을 뜨게 되면 내적 세계에 눈이 어두워지기 때문이다. 만일 사람이 내적 수양에 충실하면 일생토록 생명의 근원이 메마르지 않는다.

2. 감각기(感覺器)를 열어 놓은 생활

이와 반대로 사람이 감각기관의 문을 열어 마음이 욕망의 세계로 달린다면 무슨 일을 하여도 분주만 하고 아무 소득이 없다.

그러므로 사람이 내적 세계에 눈을 떠서, 전체의 도에서 일부분을 자기 몸안에 얻어 받은 미소(微小)한 도, 즉 기(氣)를 볼 줄 아는 사람을 현명하다고 한다. 이 유(柔)한 기, 즉 에너지를 소비하지 않고 저장하여 두는 사람을 강하다고 한다. 자기 몸에 저장된 에너지를, 지혜의 빛〔光〕을 에너지로 전환하는 사람을 현명하다고 한다. 이러한 사람은 자연질서에 따라서 생활하는 사람이므로 아무런 불행을 초래하지 않는다. 이러한 생활 방법은 역사가 있기 이전부터 이어온 영구불변의 법칙이라 한다.

제53장
도적(盜賊)의 정치

나로 하여금 잠깐 동안 정치적 지식을 가지게 하여 큰 도〔大道〕에 따라 정치를 하게 한다면, 다른 것은 거리낌이 없지만 다만 어떻게 하면 허영에 들뜬 백성들을 사도(邪道)에 들어가지 않도록 할까 하는 것만이 걱정될 뿐이다.

사실 알고 보면 내가 말하는 큰 도는 매우 평탄하다. 그런데 이 세상의 인군(人君)들은 눈앞에 보이는 좁고 꼬부라진 정치 노선을 걷기 좋아한다.

나라의 관청은 매우 깨끗하고 화려한데 농촌에는 논밭이 황무지가 되고, 백성의 곳간은 텅 비어 있다.

관리들은 몸에 비단옷을 두르고 허리에 예리한 칼을 차고 다닌다. 식탁에는 맛있는 음식을 배불리 먹다가 남기고, 집에는 귀중한 재화를 소비하고도 남음이 있다. 이런 정치적 행위를 하는 사람을, 힘들이지 않고 먹는 교만한 도적이라 한다.

그것은 높은 것을 낮추고 움푹한 것을 메우는 평등의 도가 아니다.

• • • • • • • • • • • •

사아개연 유지 행어대도 유시 시외 대도심이 이인
使我介然①有知, 行於大道, 唯施②是畏. 大道甚夷, 而人

호경 조 심제 전심무 창심허 복문채 대리검
好徑③; 朝④甚除⑤, 田甚蕪, 倉甚虛; 服文采⑥; 帶利劍,

염 음식 화재유여 시위도과 비도야
厭⑦飮食, 貨財有餘, 是謂盜夸⑧. 非道也!

나를 잠시 지식이 있어 대도(大道)를 행하게 한다면 다만 사도(邪道)가 두려울 뿐이다. 대도는 매우 평탄하지만 사람들은 지름길을 좋아한다. 궁실(宮室)은 매우 청결하지만, 전야(田野)는 매우 황무(荒蕪)하고 창고는 매우 공허하다. 문채(文采)를 입고 이검(利劒)을 차고, 음식을 포식하고 재화는 남음이 있다. 이것을 대도(大盜)라 한다. 도가 아니지 않은가!

• • • • • • • • • • • • •

주석

① 介然(개연) : 노자익에 '미유(微有)'라 하고, 사원(辭源)에는 '견정불이지모(堅正不移之貌)'라 하고, 서계(西溪)는 '소경지간(小頃之間)'이라 했다.

② 施(시) : 왕염손(王念孫)은 '시독위이(施讀爲迤) 이(迤) 사야(邪也)'라 하고, 노자익에는 '과장왈시(夸張曰施) 색지반야(嗇之反也)'라 했다.

③ 而人好徑(이인호경) : 인(人)자는 인주(人主)의 뜻. 경(徑)은 이소(離騷) 왕일주(王逸注)에 '경(徑) 사도야(邪道也)'라 했다.

④ 朝(조) : 왕필주(王弼注)에 '조(朝) 궁실야(宮室也)'라 하였다.

⑤ 除(제) : 왕필 주에 '결호야(潔好也)'라 했다.

⑥ 文采(문채) : 노자익에 '청적위문(靑赤爲文) 색사위채(色絲爲采)'라 하고, 부혁은 '채시고문수자(采是古文繡字)'라 했다.

⑦ 厭(염) : 염(饜)자의 뜻. 포만(飽滿)한 것.

⑧ 盜夸(도과) : 사원에 '대야(大也) 화언무실왈과(華言無實曰夸)'라 했다. 즉 대도(大盜)의 뜻.

고증

① 화재(貨財) : 한비자는 자화(資貨)로 썼고, 부혁은 재화(財貨)로 썼

고, 또 도과(盜夸)를 한비자는 도간(盜竿)이라 했다.

② 과(夸) : 하상공은 과(誇)자로 썼고, 왕필과 부혁은 과(夸)자로 썼다.

▶**하상공은 이 장을 '익증장(益證章)'이라 하였다.**

해설 강도를 양성하는 정치

나〔노자 책의 저자〕는 본래 우주를 대상으로 하여 무지(無知)를 주장하는 철인이지만, 잠깐 동안 유지자(有知者)가 되어 자연의 큰 도〔大道〕를 본떠서 이 세상을 다스리는 정치를 한다면, 다른 문제는 걱정되지 않지만 다만 어떻게 하면 백성들로 하여금 재물을 독점하겠다는 소유욕과 남의 우두머리가 되겠다는 지배욕을 없애고 무위무욕의 자연인이 되게 할까 하는 것만이 걱정될 뿐이다.

사실 알고 보면 내가 항상 말하는 큰 도는 만백성이 다같이 걸어갈 수 있는 평탄한 대로(大路)이지만, 웬일인지 이 세상의 위정자들은 국가 백년의 먼 장래는 내다보지 않고 다만 눈앞에 보이는 좁고 구부러진 정치노선만 걸어가기를 좋아한다.

그리하여 농사를 부지런히 하고 있는 농민들을 동원시켜 화려한 궁실(宮室)을 높이 쌓아 올린다. 그리하여 논밭은 황무지가 된다. 민간의 쌀 창고는 텅 비어 백성들은 기아상태에 빠지게 된다. 그 반면에 정부의 관리들은 수놓은 비단옷을 몸에 걸친다. 허리에는 백성들을 위협하는 날카로운 검을 차고 횡행한다. 관리들이 둘러앉아 회식하는 식탁 위에는 만반진수(滿盤珍羞)가 차려지고 배불리 먹고도 남아 돌아간다. 잉여가치를 착취한 재화는 소비하고도 남음이 있다.

나는 이런 나라의 정치를 횡포한 강도를 양성하는 정치라 한다. 이 어찌 유여한 것을 덜어서 부족한 것을 보충하는 평등의 대도라 하겠는가.

제54장
덕은 사물의 본질이다

잘 세운〔建〕 것은 빠지지 않고, 잘 안은〔抱〕 것은 벗겨지지 않는다. 자기 안에 있는 덕을 꼭 지키고 놓아주지 않는다. 자손들이 그치지 않고 제사를 지낸다.

이러한 것으로 몸을 닦으면 그 덕이 바로 참되고, 이러한 것으로 가정을 다스리면 그 덕이 바로 남음이 있고, 이러한 것으로 마을을 다스리면 그 덕이 바로 장구하고, 이러한 것으로 나라를 다스리면 그 덕이 바로 풍부하고, 이러한 것으로 천하를 다스리면 그 덕이 넓고 크다.

그러므로 몸으로 몸을 보고, 가정으로 가정을 보고, 마을로 마을을 보고, 나라로 나라를 보고, 천하로 천하를 본다. 내가 어떻게 천하가 그러한 줄을 알겠는가. 이 때문이다.

• • • • • • • • • • • •

선건자불발 선포자불탈 자손이제사불철 수지어신 기
善建者不拔；善抱者不脫；子孫以祭祀不輟. 修之於身, 其
덕내진 수지어가 기덕내여 수지어향 기덕내장 수지
德乃眞；修之於家, 其德乃餘；修之於鄕, 其德乃長；修之
어방 기덕내풍 수지어천하 기덕내보 고이신관신 이
於邦, 其德乃豊；修之於天下, 其德乃普. 故以身觀身, 以
가관가 이향관향 이국관국 이천하관천하 오하이지천
家觀家, 以鄕觀鄕, 以國觀國, 以天下觀天下. 吾何以知天
하지연재 이차
下之然哉? 以此.

잘 세운 것은 빠지지 않고, 잘 안은 것은 벗어지지 않으니, 자손이 제사를 그치지 않는다. 이것을 몸에 닦으면 그 덕이 바로 참되고, 이것을 집에 닦으면 그 덕이 바로 남게 되고, 이것을 향리(鄕里)에 닦으면 그 덕이 바로 길이 가고, 이것을 나라에 닦으면 그 덕이 바로 풍부해지고, 이것을 천하에 닦으면 그 덕이 바로 보편화한다. 그러므로 몸으로 몸을 보고, 집으로 집을 보고, 향리로 향리를 보고, 국가로 국가를 보고, 천하로 천하를 본다. 내가 어떻게 천하가 그러한 것을 아느냐 하면 이 때문이다.

• • • • • • • • • • • • •

고증

① 선건자(善建者), 선포자(善抱者) : 한비자본에는 자(者)자가 없다.
② 자손이제사불철(子孫以祭祀不輟) : 한비자본에는 '자손이기제사(子孫以其祭祀) 세세불철(世世不輟)'이라 했다.
③ 수지어신(修之於身) 이하의 5개 수(修)자가 부혁본에는 없다.
④ 기덕내보(其德乃普) : 부혁본에는 박(薄)자로 썼다.
⑤ 고(故) : 정대창본(程大昌本)에는 없다.
⑥ 재(哉) : 한비자본에는 야(也)자를 썼다. 또 '수지어방(修之於邦)'의 방(邦)자를 국(國)자로 썼다.

▶ **하상공은 이 장을 '수관장(修觀章)'이라 했다.**

해설 기반(基盤)인 도와 본질인 덕

이 세계에서는 한번 세워 놓은 물건치고서 빠지지〔拔〕 않는 물건이 없고, 한번 안은〔抱〕 물건치고서 이탈되지 않는 물건이 없다. 그러나 도로 기반을 삼아 그 뒤에 세워진 모든 물건은 빼려고 하나 빠지지 않고, 덕으로 본바탕을 삼아 그 안에 안아 놓은 모든 물건은 이탈시키려고 하여도 이탈되지 못한다.

예를 들면 에너지를 기반으로 하여 그 위에 구성된 모든 물질은 에너지에서 빼버리려고 하나 빼버릴 수 없고, 생명으로 본바탕을 삼아 생장하는 모든 생물을 생명의 범위 안에서 이탈시키려고 하나 이탈시킬 수 없는 것과 같다.

이와 같이 도로 기반을 삼고 덕으로 본바탕을 삼아 정치를 하는 군주의 나라는 영구히 지속할 수 있어서 그의 자손들이 대대로 국맥(國脈)을 이어가게 되어 제사를 받들게 된다.

이러한 도에서 부여받은 덕으로 한 개인의 몸을 수양하면 그 덕이 사람을 참답게 한다. 한 가정을 다스리면 그 덕이 한 집안을 여유있게 한다. 한 마을을 다스리면 그 덕이 마을을 장구하게 한다. 한 나라를 다스리면 그 덕이 나라를 풍부하게 한다. 온 세계를 다스리면 그 덕이 온 세계를 보편화한다.

그러므로 도로 몸을 닦으면 그 몸에서 덕을 빼내지 못할 것을 관찰할 수 있다. 도로 가정을 다스리면 그 가정에서 덕을 빼내지 못할 것을 관찰할 수 있다. 도로 마을을 다스리면 그 마을에서 덕을 빼내지 못할 것을 관찰할 수 있다. 도로 나라를 다스리면 그 나라에서 덕을 빼내지 못할 것을 관찰할 수 있다. 도로 세계를 다스리면 온 세계에서 덕을 빼내지 못할 것을 관찰할 수 있다.

우리가 어떻게 온 세계가 그러한 줄을 알 수 있겠는가. 다른 것이 아니라, 도와 덕은 몸과 집과 마음과 나라와 온 세계의 기반이요 본질이기 때문이다. 바꾸어 말하면 어떤 사물에서든지 기반인 도와 본질인 덕을 떠나서는 사물의 성질을 잃어버려 사물다운 사물이 되지 못하기 때문이다.

제55장
후덕한 사람은 적자(赤子)와 같다

덕이 후하게 있는 사람은 갓난아이〔赤子〕에 비교할 수 있다.

이런 사람은 독한 벌도 쏘지 않는다. 무서운 호랑이도 발톱으로 할퀴지 않는다. 사나운 독수리도 채가지 않는다.

몸의 뼈가 약하고 힘줄이 유하여도 손으로 잡는 힘은 세다. 아직 암컷과 수컷의 교미(交尾)를 모르지만 성기가 일어나는 것은 자연의 정기(精氣)가 지극한 증거이다.

온종일 울어도 목이 쉬지 않는다. 이것은 자연에 순응하여 화기(和氣)가 지극한 증거이다.

화기를 지극하게 하면 영구히 변치 않는 도에 이른다. 이 극진한 경지를 알 때에 밝은 지혜라 한다. 생(生)만을 위하면 마침내 제 명에 죽지 못한다 하고, 마음이 기운을 심부름시킬 수 있는 것을 강하다고 한다. 사물이 성장하면 노쇠하는 것을 영구불변의 도가 아니라 한다. 영구불변의 도가 아닌 것은 길이 지속할 수 없다.

• • • • • • • • • • • •

함덕지후 비어적자 독충 불석 맹수 불확 지조 불
含德之厚, 比於赤子. 毒蟲①不螫, 猛獸②不攫, 鷙鳥③不
박 골약근유이악고 미지빈모지합이최작 정지지야
搏；骨弱筋柔而握固④, 未知牝牡之合而朘作⑤, 精之至也；
종일호이불사 화지지야 치화왈상 익생왈상 심사기
終日號而不嗄⑥, 和之至也. 致和曰常, 益生曰祥⑦, 心使氣
왈강 물장즉로 위지부도 부도조이
曰强. 物壯則老, 謂之不道, 不道早已.

덕을 후하게 포함함을 적자에게 비한다. 독충도 쏘지 않고, 맹수도 움켜쥐지 않고, 지조(鷙鳥)도 채지 않는다. 뼈가 약하고 근육이 유하여도 움켜쥐는 힘이 군세다. 자웅(雌雄)이 교합함을 아직 몰라도 성기가 일어남은 정기가 지극함이요, 종일 호읍(號泣)하여도 목이 쉬지 않음은 화기가 지극함이다. 화기를 극치케 함을 상(常)이라 하고, 생(生)만 이익하게 함을 재(災)라 하고, 마음이 기(氣)를 부림을 강(强)이라 한다. 물(物)이 장성하면 노쇠함을 도(道)답지 않다 한다. 도답지 않은 것은 빨리 정지된다.

• • • • • • • • • • • •

주석

① 毒蟲(독충) : 노자익에 '봉채지류(蜂蠆之類) 이미단사독왈석(以尾端肆毒曰螫)'이라 했다.

② 猛獸(맹수) : 노자익에 '호표지류(虎豹之類) 이조안나왈거확(以爪按拏曰據攫)'이라 했다.

③ 鷙鳥(지조) : 맹조(猛鳥). 노자익에 '조악지류(鵰鶚之類) 이우거격촉왈단(以羽距擊觸曰搏)'이라 했다.

④ 握固(악고) : 조지견(趙志堅)은 '이사지악무지위악고(以四指握拇指爲握固)'라 했다.

⑤ 朘作(최작) : 성기가 일어나다.

⑥ 嗄(사) : 목쉬다. 노자익에 '성시야(聲嘶也) 우제극무성왈사(又啼極無聲曰嗄)'라 했다.

⑦ 祥(상) : '길흉지후야(吉凶之候也)'라 했다. 여기서는 요(夭)의 뜻. 서계(西溪)는 '후기생자(厚其生者) 다욕이장생(多欲而戕生) 시위불상(是謂不祥)'이라 했다.

고증

① 후(厚) : 부혁본에는 후(厚)자 다음에 자(者)자가 있다.

② 비(比) : 부혁본에는 비(比)자 다음에 지(之)자가 있다.
③ 적자(赤子) : 부혁본에는 야(也)자가 있다.
④ 독충(毒蟲) : 부혁본에는 봉채(蜂蠆)로 썼고, 왕필본에는 봉채훼사(蜂蠆虺蛇)라 썼다.
⑤ 맹수불확(猛獸不攫), 지조불박(鷙鳥不搏) : 부혁본에는 '맹수불거(猛獸不據) 확조불박(攫鳥不搏)'이라 했다.
⑥ 최작(朘作) : 왕필은 전작(全作)이라 했다. 즉 어린 남자아이의 성기.
⑦ 불사(不嗄) : 부혁본에는 '애불우(嗌不嚘 라 했다.
⑧ 치화왈상(致和曰常) : 다른 책에는 '지화왈상(知和曰常) 지상왈명(知常曰明)'이라 했다. 그러나 고형(高亨)은 '지의당작치(知疑當作致) 성근(聲近) 이오(而誤)'라 했다.

▶하상공은 이 장을 '현부장(玄符章)'이라 했다.

해설 영구불변의 도

노자는 이상적 사회를 말할 때에는 항상 문명이 발달되지 못한 원시사회의 상태를 말하고, 이상적 인간을 말할 때에는 항상 지능이 아직 발달되지 못한 어린아이를 그 모델로 들어, 모든 인간은 어린아이와 같이 되라고 한다. 왜냐하면 어린아이는 어른들과 같이 물건을 보면 자기 것으로 만들겠다는 욕망과, 또 사람을 보면 자기가 지배하겠다는 욕망도 없기 때문이다.

그뿐 아니라 어린아이는 아무 욕망이 없으므로 마음이 공허하여 자연히 부여한 기운을 보존하고 있다고 한다. 노자는 자연이 인간에게 부여한 기를 덕이라 하였다. 그러므로 유가에서 말하는 덕을 인덕(仁德)이라 하면, 도가에서 말하는 덕은 기덕(氣德)이라 말할 수 있다. 이런 의미에서 공맹학파를 덕화(德化)주의라 하면, 노장학파를 기화(氣化)주의라 말할 수 있다. 이제 구체적으로 예를 들어 말하겠다.

이 세계의 모든 액체는 고체보다 유약하고, 모든 기체는 액체보다 유약하다. 그러므로 내면에 덕기(德氣)를 안에 가지고 있는 사람은, 몸은 어린아이와 같이 유약하고 마음은 깨끗하다. 그리하여 욕심이 없어서 외적 사물의 침해를 받지 않는다. 그러므로 그 덕기에 감촉되어 벌과 쐐기 같은 독충도 쏘지 않는다. 매와 독수리 같은 맹금도 후려채지 않는다. 곰과 사자 같은 맹수도 해치지 않는다.

정기가 몸에 충만하여도 뼈는 약하고, 근육은 부드럽지만 손으로 물건을 잡아 쥐는 힘은 도리어 강하다.

암컷과 수컷이 교미하는 것을 모르지만 음경(陰莖)은 늘 일어나 있다. 또 화기가 온몸에 충만하여 온종일 울어도 목이 쉬지 않는다.

이와 같이 자기 몸에 내재하여 있는 화기를 발산시키지 않고 극치의 경지에 도달하여 물자체(物自體)를 파악하는 것을 영구불변의 도의 모습이라 한다. 이 도를 아는 것을 밝은 지혜라고 한다. 이와 반대로 혈기와 육체의 생에만 집착하면 도리어 제 명에 살지 못하고 요사(夭死)하게 된다. 도심(道心)이 혈기에 좌우되지 않고, 도심이 혈기를 지배하는 것을 강하다 한다. 이 현상계의 모든 물건은 한때 성장하면 반드시 노쇠한다. 그러나 도는 물건이 성장한다고 해서 같이 성장하는 것도 아니요, 물건이 노쇠한다고 해서 같이 노쇠하는 것도 아니다.

도는 언제나 생하지도 않고 멸하지도 않는다. 많아지는 것도 아니요 줄어지는 것도 아니다. 그러므로 성장하였다가 노쇠하는 현상은 영구불변의 도의 모습이 아니다.

제56장
화광동진(和光同塵)

참으로 아는 사람은 말을 하지 않고, 안다고 말을 하는 사람은 참으로 모르는 사람이다.

참된 지자(智者)는 감각 기관을 막고 욕망의 문을 닫아 놓는다. 예리한 것을 좌절시키고 복잡한 것을 풀어 놓는다. 광채 나는 것을 흐리게 하여 티끌 속에 묻어 놓는다. 이런 것을 다 불가사의한 동등(同等)이라 한다.

무엇을 얻었다고 이것을 친근히 할 것도 아니요, 무엇을 얻었다고 이것을 소홀히 할 것도 아니다. 무엇을 얻었다고 이것을 이롭게 여길 것도 아니요, 무엇을 얻었다고 이것을 해롭게 여길 것도 아니다. 무엇을 얻었다고 이것을 귀하게 여길 것도 아니요, 무엇을 얻었다고 이것을 천하게 여길 것도 아니다. 그렇기 때문에 도리어 천하의 귀한 인물이 된다.

• • • • • • • • • • • •

지자불언 언자부지 색기혈 폐기문 좌기예 해기
知者不言, 言者不知, 塞其穴[1], 閉其門, 挫其銳, 解其
분 화기광 동기진 시위현동 불가득이친 불가득이
紛, 和其光, 同其塵. 是謂玄同[2]. 不可得而親, 不可得而
소 불가득이리 불가득이해 불가득이귀 불가득이천
疎, 不可得而利, 不可得而害, 不可得而貴, 不可得而賤.
고위천하귀
故爲天下貴.

지자(知者)는 말하지 않고 언자(言者)는 알지 못한다. 그 구멍을 막고, 그 문을 닫는다. 그 날카로움을 좌절시키고, 그 어지러움을 풀어 놓는다. 그 빛을 고르게 하여 그 티끌과 같이 한다. 이런 것을 현동(玄同)이라 한다. 얻었다고 친근히 할 것도 못되고, 얻었다고 소홀히 할 것도 못된다. 얻었다고 이롭게 여길 것도 못되고, 얻었다고 해롭게 여길 것도 못된다. 얻었다고 귀하게 여길 것도 못되고, 얻었다고 천하게 여길 것도 못된다. 그러므로 천하에 귀함이 된다.

• • • • • • • • • • • • •

주석

① 穴(혈) : 제52장을 참조할 것.
② 玄同(현동) : 현(玄)은 제1장의 현(玄)자와 뜻이 같다.

고증

① 혈(穴) : 다른 책에는 태(兌)자를 썼다. 제52장을 참조할 것.
② 분(紛) : 왕필본에는 분(分)자를 썼다.
③ 불가득이친(不可得而親) : 하상공과 왕필본에는 앞에 고(故)자가 있다.
④ 불가득이소(不可得而疎) : 부혁본에는 앞에 역(亦)자가 있다.
⑤ 해(害) : 소영지서(蘇靈芝書)에는 예(穢)자로 썼다.
▸**하상공은 이 장을 '현덕장(玄德章)'이라 했다.**

해설 도의 신비로운 작용

도는 다만 느낄 뿐이요, 감각할 수 없다. 도는 다만 직관할 뿐이요, 인식할 수 없다. 도는 언어와 문자로 규정할 수 없다. 그러므로 도를 참으로 요해(了解)하는 이는 말을 하지 않고, 도를 규정하여 말하는 이는 도를 참으로 모르는 이다.

도를 자기 몸에 간직하고 있는 이는 외적 사물과 접촉하는 감각작용을 눌러버리고, 밖으로 달리려고 하는 욕망의 작용을 억제한다.

도는 평등과 조화를 좋아한다. 그러므로 예리한 물건을 좌절시켜 둔하게 만들어 놓는다. 난잡한 것을 정돈하여 질서있게 한다. 너무 빛나는 물건을 흐리게 하여 더러운 티끌 속으로 몰아넣는다. 이러한 도의 작용을 다 불가사의한 동일성(同一性)이라 한다.

도는 초월자(超越者)요, 또 유동적이다. 그러므로 이러한 도로 체(體)를 삼는 사람은 무엇을 얻었다고 그렇게 친근하게 하지도 않고, 또 소홀히 하지도 않는다. 왜냐하면 무엇을 친근하게 하면 그것은 바로 흘러서 소홀히 하게 되는 까닭이다. 또 무엇을 얻었다고 그렇게 이롭게 여기지도 않고, 또 해롭게 여기지도 않는다. 왜냐하면 이롭게 여기던 물건은 바로 흘러서 해로운 물건이 되기 때문이다. 또 무엇을 얻었다고 그렇게 귀하게 여기지도 않고, 천하게 여기지도 않는다. 왜냐하면 귀하게 여기는 물건은 바로 흘러서 천하게 여기게 되기 때문이다.

그러므로 이 세계에서 가장 참다운 의미의 귀한 것이란 친소(親疎), 이해(利害), 귀천(貴賤)과 같은 모든 상대적인 관계를 초월하여 그것들의 근원인 일자(一者)를 파악하는 것이다.

제57장
위정자는 욕심이 없어야 한다

나라는 정의로 다스리고 전쟁에는 기계(奇計)를 쓴다.

그러나 정의나 기계는 상대적인 것에 지나지 않는다. 그런 것을 초월하여 천하를 무위로 다스린다.

나는 어떻게 그런 것을 아는가. 다음의 실례를 보라.

천하에 금지령이 많으면 많을수록 백성의 생활은 더욱 가난해진다. 백성들이 문명의 이기(利器)를 많이 가지면 가질수록 국가는 도리어 더욱 혼란해진다. 사람들의 기술이 발달되면 될수록 기괴한 도구가 더욱 많아진다. 법령이 정비되면 될수록 도둑은 점점 많아진다.

그러므로 성인은 이렇게 말한다.

'내가 무위무욕하면 백성들이 저절로 감화된다. 내가 움직이지 않고 가만히 있으면 백성들이 저절로 정직해진다. 내가 일을 하지 않고 있으면 백성들이 저절로 부유해진다. 내가 욕심이 없으면 백성들이 저절로 질박한 생활을 하게 된다'고.

• • • • • • • • • • • • •

이정치국 이기용병 이무사취천하 오하이지기연재
以正治國, 以奇用兵, 以無事取天下. 吾何以知其然哉?

이차 천하다기휘 이민자미빈 민다리기 국가자혼
以此. 天下多忌諱①, 而民自彌貧; 民多利器, 國家滋昏,

인다기교 기물자기 법령자창 도적다유 고성인운 아
人多伎巧, 奇物滋起; 法令滋彰, 盜賊多有. 故聖人云; 我

무위이민자화 아호정이민자정 아무사이민자부 아무욕
無爲而民自化, 我好靜而民自正, 我無事而民自富, 我無欲

이 민 자 박
而民自樸.

정(正)으로 나라를 다스리고, 기(奇)로 군사를 쓰고, 무사(無事)로 천하를 취한다. 내가 어떻게 그러한 줄을 아는가. 이 때문이다. 천하에 기휘(忌諱)가 많으면 백성이 저절로 더욱 가난해지고, 백성이 이기(利器)가 많으면 국가가 더욱 혼란해지고, 사람들이 기교(伎巧)가 많으면 기물(奇物)이 더욱 생긴다. 법령이 밝을수록 도둑이 많이 있게 된다. 그러므로 성인은 이르기를, '내가 무위하면 백성들이 저절로 화(化)하고, 내가 정(靜)을 좋아하면 백성들이 저절로 정직해지고, 내가 무사(無事)하면 백성들이 저절로 부유해지고, 내가 무욕(無欲)하면 백성들이 저절로 질박해진다'고 한다.

• • • • • • • • • • • • •

주석

① 忌諱(기휘) : 승덕청(僧德淸)은 '기(忌) 위금불감작(謂禁不敢作) 휘위불감언(諱謂不敢言)'이라 했다.

고증

① 이정치국(以正治國) : 부혁본에는 정(正)자를 정(政)자로 썼다.
② 오하이지기연재(吾何以知其然哉) : 부혁본에는 하(何)자를 해(奚)자로 썼다. 또 기(其)자를 천하(天下)로 썼다.
③ 천하(天下) : 부혁본에는 앞에 부(夫)자가 있다.
④ 민다리기(民多利器) : 부혁본에는 민(民)자를 인(人)자로 썼다.
⑤ 인다기교(人多伎巧) : 부혁본에는 민다지혜(民多知慧)라 했다.
⑥ 기물자기(奇物滋起) : 부혁본에는 기사자기(奇事滋起)라 했다.
⑦ 법령자창(法令滋彰) : 부혁본에는 창(彰)자를 장(章)자로 썼다. 또 하상공본에는 영(令)자를 혹(或)자로 썼다.

▶하상공은 이 장을 '순풍장(淳風章)'이라 했다.

해설 무위의 정치

공자는 '정(政)은 정(正)이다' 했고, 병가(兵家)에서는 '병(兵)은 기(奇)'라고 했다. 정(正)은 사물을 명실일치(名實一致)케 하여 질서정연케 한다는 뜻이다. 그러므로 공자는 임금은 임금다워야 하고, 신하는 신하다워야 하고, 아버지는 아버지다워야 하고, 아들은 아들다워야 한다고 했다. 기(奇)는 전쟁을 할 때에는 기특한 계략을 써야 한다는 뜻이다.

그러나 노자 책의 저자는 도덕과 모략을 초월하여 무사주의(無事主義)로 천하를 다스려야 한다고 했다. 다시 말하면 자연은 말이 없어도 춘하추동 사시절이 저절로 운행되고, 만물은 시키지 않아도 저절로 생성하는 것과 같다.

이에 반하여 만일 인위적인 도덕률과 법률로 정치를 하면 할수록 모순되는 현상이 일어난다. 예를 들면 가혹한 금지령을 많이 만들어 내면 백성들이 자유롭게 활동하지 못하여 빈궁에 빠지는 것과 같다. 백성들이 문명의 이기를 많이 만들어 내면 국가가 도리어 혼란해지는 것과 같다. 백성들의 기술이 많이 발달되면 사람을 해치는 기괴한 기계가 많이 생기는 것과 같다. 까다로운 법을 많이 만들어 낼수록 도둑은 점점 많아지는 것과 같다.

그러므로 철인정치가는 '위정자 자신이 무위의 도덕으로 정치를 하면 백성들을 가르치지 않아도 저절로 감동이 된다. 위정자는 백성을 가르치지 않고 가만히 있어도 저절로 마음이 정직해진다. 무사주의로 정치를 하면 백성들이 저절로 생활이 부유해진다. 위정자가 욕심이 없으면 백성이 저절로 질박한 생활을 한다'고 한다.

제58장
흥(興)이 다하면 비애(悲哀)가 오고, 괴로움이 다하면 즐거움이 온다

나라의 정치가 대범하면 백성들이 순박해진다. 나라의 정치가 번잡하면 백성들이 실망하게 된다.

불행은 행복의 원인이 되고, 행복은 불행의 원인이 된다. 그러나 누가 그 궁극에는 좋은 것도 없고 나쁜 것도 없는 줄을 알겠는가. 좋은 것은 다시 나쁜 것으로 되고, 선은 다시 악으로 된다. 여기서 백성들이 미혹에 빠진 지 시일이 꽤 오래 되었다.

그러므로 성인이 백성들을 방정(方正)케 하면서도 재가(裁可)의 단안(斷案)을 내리지 않는다. 청렴하게 하면서도 인색하지 않게 하고, 솔직하게 하면서도 왜곡되지 않게 하고, 광명이 있게 하면서도 빛이 나지 않게 한다.

• • • • • • • • • • • •

기정민민 기민순순 기정찰찰 기민결결 화혜
其政悶悶①，其民淳淳②；其政察察③，其民缺缺④．禍兮，
복지소의 복혜 화지소복 숙지기극기무정사 정부위
福之所倚；福兮，禍之所伏，孰知其極其無正邪？ 正復爲
기 선부위요 인지미야 기일고구 시이성인방이불할렴
奇，善復爲妖；人之迷也，其日固久！ 是以聖人方而不割廉⑤
이불귀 직이불사 광이불요
而不劌⑥；直而不肆，光而不燿．

그 정치가 민민(悶悶)하면 그 백성이 순순(淳淳)하고, 그 정치가

찰찰(察察)하면 그 백성이 결결(缺缺)하다. 재화(災禍)는 행복의 의지(倚支)가 되고, 행복은 재화의 잠복(潛伏)함이 된다. 누가 그 극에는 그 정사(正邪)가 없는 줄을 알겠는가. 정(正)은 다시 기(奇)가 되고, 선(善)은 다시 요(妖)가 되니, 백성의 미혹됨이 그 시일이 참으로 오래 되었도다! 그러므로 성인은 방정(方正)케 하면서도 재할(裁割)하지 않고, 청렴케 하면서도 상해(傷害)하지 않고, 솔직케 하면서도 편벽(偏僻)되지 않고, 광명(光明)케 하면서도 빛을 내지 않는다.

• • • • • • • • • • • • •

주석

① 悶悶(민민) : 승덕청(僧德淸)은 '무지모(無知貌)'라 했다.
② 淳淳(순순) : 순박(淳樸)의 뜻.
③ 察察(찰찰) : 박희일(朴希逸)은 '번쇄야(煩碎也)'라 했다.
④ 缺缺(결결) : 노자익 주(註)에 '실망모(失望貌)'라 했다.
⑤ 廉(염) : 노자익에 '능야(稜也)'라 했다. 즉 '망리상물야(芒利傷物也)'라 했다.
⑥ 劌(귀) : 노자익에 '할야(割也)'라 하고, 왕필은 '상야(傷也)'라 했다.

고증

① 민민(悶悶) : 부혁본에는 '민민(閔閔)'이라 했다.
② 정사(正邪) : 하상공본에는 사(邪)자가 없고, 소철본(蘇轍本)에는 야(耶)자로 썼으나, 이것은 원동암(源東菴)의 말과 같이 정사(正邪)의 사(邪)자로 보아야 한다. 그는 '정자(正者) 사지본(邪之本) 사자(邪者) 정지엽(正之葉)'이라 했다.
③ 기일고구(其日固久) : 부혁본에는 일(日)자를 왈(曰)자로 썼다.
④ 귀(劌) : 하상공본에는 할(割)자로 썼다.
⑤ 요(耀) : 이약본(李約本)에는 요(燿)자로 썼다.

▸하상공은 이 장을 '순화장(順化章)'이라 했다.

해설 화(禍)와 복(福)

철인정치가는 천하를 다스릴 때에 항상 상호 부정의 모순 대립을 지양하고 궁극적인 극(極)에로 끌어올린다. 그러므로 그 정책은 뚜렷한 정강(政綱)이 있는 것이 아니요, 다만 근본적인 것만 파악하고서 그저 대범하고 자연스럽게 시행해 나아간다.

시비(是非)와 선악을 한칼에 두 도막내듯이 분명하게 갈라놓지 않는다. 그러나 백성들은 도리어 마음이 순박해진다. 이와 반대로 정치의 강령이 너무 명백하고 법조문이 너무 세밀하면 백성의 행동을 구속하게 되어 민망(民望)을 잃게 된다.

화나 복은 본래 절대적이 아니다. 화가 다하면 복이 화의 꼬리를 물고 오고, 복이 다하면 화가 복의 꼬리를 물고 온다. 백성으로 하여금 화를 받는다고 너무 실망하게 하지 않고, 복을 받는다고 너무 기뻐하지 않게 한다. 화와 복을 초월하여 극에 도달하게 한다. 왜냐하면 극에 도달하면 좋은 것도 없고 나쁜 것도 없고, 선도 없고 악도 없기 때문이다. 그런데 백성들은 좋은 것이 다시 나쁜 것이 되고, 선이 다시 악이 될 때에 세상의 행복과 불행은 알 수 없는 일이라고 미혹한다. 백성들이 이러한 모순에 빠진 지 이미 오래 되었다.

그러므로 성인이 도(道)로 정치를 할 때에는 백성으로 하여금 양자택일을 하지 않고, 이것도 아니요 저것도 아닌 중간자(中間者)를 파악하게 한다. 이 중간자야말로 양극단의 근원자가 되는 것이다. 악한 백성에게 유죄판결을 내리지 않고도 품행이 방정한 사람이 되게 하고, 염치가 없는 백성에게 도덕적 훈계를 하지 않고도 청렴한 사람이 되게 하고, 행실이 방자한 백성에게 벌을 주지 않고도 정직한 사람이 되게 하고, 암흑의 길을 걷는 백성에게 광명의 빛을 던져주고도 생색을 내지 않는다.

제59장
농부는 이상적 정치가다

사람을 다스리고 하늘을 섬기는 데는 김을 매는 농부를 모방하여야 한다.

농부야말로 밭의 잡초를 제거하여 식물을 자연에 맡겨 잘 자라게 한다. 일상생활에 있어서도 잡초와 같은 허영을 버리고, 인간의 자연성으로 하루 바삐 되돌아와야 한다. 하루 바삐 자연성으로 되돌아옴을 다시 덕을 쌓는다고 한다.

다시 덕을 쌓게 되면 어떤 욕망이든지 극복되지 않을 수 없다. 모든 욕망을 극복할 수 있으면 백성들이 양극단으로 달리지 않는다. 백성들이 양극단으로 달리지 않으면 양극단을 초월한 무극(無極)의 경지에 도달하여 나라를 보존할 수 있고, 나라에 도가 있으면 길이 지속할 수 있다. 이런 것을 뿌리가 깊고 열매의 꼭지가 단단하여 장생불멸(長生不滅)의 도라 한다.

• • • • • • • • • • • • • •

치인사천 막약색 부유색 시이조복 위지중적덕 중
治人事天，莫若嗇①．夫唯嗇，是以早復②謂之重積德．重
적덕 즉무불극 무불극 즉막지기극 막지기극 가이유
積德，則無不克；無不克，則莫知其極；莫知其極，可以有
국 유국지모 가이장구 시위심근고저 장생구시지도
國；有國之母，可以長久．是謂深根固柢，長生久視之道．

사람을 다스리고 하늘을 섬기는 데는 농부와 같은 이가 없다. 그 오직 농부만이 이것으로 빨리 되돌아왔다. 빨리 되돌아온 것을 거듭 덕을 쌓는다고 한다. 거듭 덕을 쌓으면 이기지 못할 것이 없고, 이기지 못할 것이 없으면 그 극(極)을 모르고, 그 극을 모르면 나라를 보유할 수 있고, 국모(國母)가 있으면 장구(長久)할 수 있다. 이런 것을 심근고저(深根固柢) 장생구시(長生久視)의 도라 한다.

• • • • • • • • • • • • • •

주석

① 嗇(색) : 왕필은 '색(嗇) 농부(農夫)'라 했다. 한비자 해(解)에는 '소비지위색(少費之謂嗇)'이라 했다. 검박한 농부의 뜻.

② 早復(조복) : 박희일(朴希逸)은 '조복자(早復者) 언색즉복귀어근극자조의(言嗇則復歸於根極者早矣) 조(早) 불원야(不遠也) 복(復) 반본환원야(反本還元也)'라 했다.

고증

① 치인(治人) : 육희성(陸希聲)은 인(人)을 민(民)자로 썼다.

② 시이조복(是以早復) : 다른 책에는 이(以)자를 위(謂)자로 썼다. 범응원(范應元)은 '부유자애정기(夫惟自愛精氣) 시이조복사천도야(是以早服事天道也)'라 했고, 부혁본에는 '시이(是以)'라 했다. 복(復)자도 다른 책에는 복(服)자로 썼고, 유월(兪樾)도 복(復)자가 옳다고 했다.

③ 가이유국(可以有國) : 한비자본에는 앞에 즉(則)자가 있다.

④ 심근고저(深根固柢) : 하상공본에는 저(柢)자를 체(蒂)자로 썼다.

⑤ 다케우치 요시오는 시위(是謂) 이하는 신선가(神仙家)의 말이라 했다. [노자 연구, 358]

▶하상공은 이 장을 '수도장(守道章)'이라 했다.

해설 자연법칙에 따르는 생활

인간사회를 다스리고 자연법칙에 순응하는 데는 농부를 모방하여야 한다. 농부는 사시 운행에 따라 봄에 씨뿌리고 여름에 김매고, 가을에 추수하고 겨울에 저장한다. 이와 같이 농부는 작물을 키울 때 잡초를 제거할 뿐이니, 곧 작물 성장을 방해하는 원인을 제거하는 것은 자연에 맡기고 초조해하지 않는다. 농부는 자연법칙에 따라 생활할 뿐 아니라, 검박한 생활을 한다.

'검박'이라는 것은 인색과 사치의 중간이다. 검박한 것으로 생활의 원리를 삼으면 빨리 자연으로 돌아갈 수 있다. 이 검박은 노자의 세 가지 보배 가운데 하나다. 노자는 '검박하면 광대하여진다' 하였다.

그러므로 농부와 같이 자연으로 돌아가서 검박한 생활을 하면 덕을 저축할 수 있다. 덕을 저축하여 광대하여지면 인간의 부자연스러운 욕망, 즉 물건에 대한 소유욕과 정치에 대한 지배욕을 지양할 수 있다. 이러한 욕망이 다 지양되면 무극의 도의 세계에 도달할 수 있어서 국가를 보존할 수 있다. 이와 같이 나라에 국모(國母), 즉 도가 있게 되면 그 나라는 영구히 지속될 수 있다.

이러한 것을 나라의 근원이 깊고 꼭지가 단단하여 길이 생성 발전할 수 있고, 또 그 나라가 잘되어 가는 모습을 오랫동안 볼 수 있는 방법이라 한다.

제60장
한 나라를 요리하는 것은 생선국을 끓이는 것과 같다

한 나라를 다스리는 것은 마치 조그마한 생선을 끓이는 것과 같다. 도로 다스리는 나라에서는 귀신도 영험을 나타내지 않는다. 그 귀신에게 영험이 없는 것이 아니라, 사람이 그것을 의식하지 못하기 때문이다. 그 귀신뿐 아니라 성인도 의식하지 않는다.

그 귀신도 성인도 의식하지 않지만 귀신의 은덕과 성인의 덕이 백성에게 돌아온다.

치대국 약팽소선 이도리천하 기귀불신 비기귀불신
治大國, 若烹小鮮. 以道莅天下, 其鬼不神, 非其鬼不神,
이기신불상인 기신불상인 성인역불상인 부량불상상
以其神不傷人. 其神不傷人, 聖人亦不傷人. 夫兩不相傷,
고덕교귀언
故德交歸焉.

대국을 다스리는 것은 조그만 생선을 끓이는 것과 같다. 도(道)로 천하에 임하면 그 귀신이 신령스럽지 않다. 그 귀신이 신령스럽지 않은 것이 아니라, 그 귀신이 사람을 상해하지 않기 때문이다. 그 귀신도 사람을 상해하지 않고, 성인도 사람을 상해하지 않는다. 그 둘이 서로 상해하지 않으므로 덕이 교체로 돌아온다.

고증

① 대국(大國) : 한비자본에는 다음에 자(者)자가 있고, 또 개원석각(開元石刻)에는 팽(烹)을 향(享)자로 썼다.

② 이기신불상인(以其神不傷人) 기신불상인(其神不傷人) : 다른 책에는 '기신불상인(其神不傷人) 비기신불상인(非其神不傷人)'이라 하여, 앞 구(句)에는 이(以)자가 없고 뒷구에는 비(非)자가 있다. 또 장후(張煦)는 '조맹부본무정기신불상인일구(趙孟頫本無鼎其神不傷人一句)'라 하고, 또 앞에 비기귀불신(非其鬼不神)의 1구(句)가 없다. 또 도홍경(陶鴻慶)은 '비기이자(非其二字) 개섭상문비기귀불신이오연야(蓋涉上文非其鬼不神而誤衍也)'라 했다. 여기서는 엄영봉의 노자장구신편(老子章句新編) 1〔113〕에 의거하여 개정하였다. 또한 '고덕교귀언(故德交歸焉)'에서 고(故)자가 없다.

▸**하상공은 이 장을 '거위장(居位章)'이라 했다.**

해설 무위(無爲)의 정치

최고 위정자가 천지 사이에 있는 한 나라를 요리하는 것은 마치 요리사가 생선을 솥에 넣고 끓이는 것과 같다. 서투른 요리사는 젓가락으로 생선을 건드려 살이 흩어지지만, 익숙한 요리사는 그것을 건드려도 살을 온전케 한다.

이와 마찬가지로 악한 위정자는 가혹한 법률로 백성을 탄압하여 민심이 흩어지고 생활의 위협을 받아 생산도 부진하게 된다.

그러나 무위자연의 도로 나라를 다스리면, 우주를 섭리하는 천지신명, 즉 우주정신과 사회를 운영하는 인간의지가 한데 화합하여, 백성은 자연 속에서 아무런 구속도 모르고 행복된 생활을 노래한다. 따라서 백성의 마음으로 마음을 삼는 철인정치가도 백성을 위해 무위로 다스리지만, 백성은 그런 정치가의 존재를 의식하지 않는다.

무위정치가 이루어지는 사회에는 신령의 은혜가 없는 것이 아니요, 위대한 철인정치가의 덕이 없는 것은 아니지만, 백성은 그런 것이 있는지 없는지 자연스럽게 유족한 생활을 즐길 뿐이다.

제61장
강대국은 약소국에 겸손하라

광대한 국가를 바다에 비유한다면 그것은 세계 여러 약소국이 모여드는 하류에 속하는 곳이요, 세계 약소국이 교류되는 곳이다.

또 광대한 국가를 짐승에 비유해서 한 마리의 암놈이라 하면, 세계 여러 약소국은 하나의 암놈을 찾아가는 여러 마리의 숫놈과 같다.

암놈은 항상 수동적 태도로 가만히 있지만 능동적인 숫놈을 이긴다. 그것은 수동적 태도로 가만히 있기 때문에 겸손한 태도로 오만한 숫놈을 조종한다. 그러므로 큰 나라로서 작은 나라에 대하여 겸손하면 작은 나라가 스스로 받들 것이요, 작은 나라로서 큰 나라에 대하여 겸손하면 큰 나라에게 보호될 것이다. 이와 같이 겸손함으로써 추대도 되고, 겸손함으로써 보호도 된다.

큰 나라는 작은 나라의 백성을 부양하려고 함에 불과하고, 작은 나라는 큰 나라에 들어가서 협조하려고 함에 불과하다. 큰 나라와 작은 나라는 각각 자기가 희망하는 것을 달성하게 된다. 그러므로 큰 나라는 마땅히 작은 나라에게 겸손해야 한다.

・・・・・・・・・・・・

대국자 천하지하류 천하지교 천하지빈 빈상이정승
大國者, 天下之下流, 天下之交, 天下之牝. 牝常以靜勝
모 이기정고위하야 고대국이하소국 즉취어소국 소국
牡, 以其靜故爲下也. 故大國以下小國, 則取於小國, 小國
이하대국 즉취어대국 혹하이취 혹하이취 대국불과욕
以下大國, 則取於大國, 或下以取, 或下而取. 大國不過欲

_{겸 축 인　소 국 불 과 욕 입 사 인　양 자 각 득 기 소 욕　고 대 자 의}
兼畜人, 小國不過欲入事人. 兩者各得其所欲, 故大者宜
_{위 하}
爲下.

대국이란 것은 천하의 하류요, 천하의 교류요, 천하의 암컷이다. 암컷은 항상 정적으로 수컷을 이기니, 그것은 정적이므로 겸하(謙下)하기 때문이다. 그러므로 대국으로서 소국에 겸하면 소국에 취하여지고, 소국으로 대국에 겸하면 대국에 취하여지니, 혹 겸하함으로써 취하여지기도 하고, 혹 겸하하여서 취하여지기도 한다. 대국은 사람을 겸하여 양(養)하려고 함에 불과하고, 소국은 들어가서 사람을 섬기려고 함에 불과하다. 양자(兩者)는 각각 그 욕구함을 얻음으로 대자(大者)는 마땅히 겸하하여야 한다.

· · · · · · · · · · · ·

【고증】

① 천하지하류(天下之下流) : 다른 책에는 '천하지(天下之)' 세 글자가 없고, 다만 부혁본에만 있다.
② 이기정고위하야(以其靜故爲下也) : 다른 책에는 기(其)자가 없고, 부혁본에는 있다.
③ 취어대국(取於大國) : 하상공본에는 취(取)자를 취(聚)자로 썼다.
④ 혹하이취(或下以取) : 왕필본에는 앞에 고(故)자가 있고, 또 하상공본에는 '혹하이취(或下以聚)'라 했다.
⑤ 양자(兩者) : 하상공과 왕필본에는 앞에 부(夫)자가 있고, 또 '고대자(故大者)'에서 고(故)자가 없다.
▶ 하상공은 이 장을 '겸덕장(謙德章)'이라 했다.

【해설】 강대국과 약소국

무위자연의 대도가 운행되는 세계에서는 강대국과 약소국의 관계가 상호부정의 이율배반이 아니요, 상호긍정의 이율대대(二律對待)다. 다시 말하면 상보상충(相補相充)의 관계다. 강대국이 있으므로 약소국이 보존되고, 약소국이 있으므로 강대국이 강대해진다.

대국을 강해(江海)에 비유하면 여러 소국은 천산만곡(千山萬谷)에서 흘러내리는 온갖 냇물과 같다. 여러 냇물이 모여서 강해를 이루는 것과 같이, 여러 약소국이 모여서 강대국을 이룬다. 만일 약소국이 없으면 강대국은 무너지게 된다. 그러므로 대국은 여러 소국의 하류요, 또 교류되는 곳이다.

또 대국은 짐승에 있어서 암놈에 비유하면 모든 약소국은 여러 숫놈과 같다. 암놈은 항상 수동적 자세로 가만히 있어도 여러 숫놈이 찾아오는 것과 같이, 대국은 항상 소극적 태도로 평화하고 겸손하므로 여러 약소국이 합류된다.

그러므로 큰 나라가 약소국에 대하여 오만하지 않고 겸손하면 큰 나라는 여러 약소국에게 섬김을 받을 것이요, 또 약소국도 큰 나라에 대하여 질투하지 말고 겸손하면 큰 나라에 보호함을 받을 것이다. 이와 같이 호혜평등(互惠平等)의 원칙하에서 큰 나라가 약소국의 추대를 받기도 하고, 약소국이 큰 나라의 보호를 받기도 한다.

본래 큰 나라라는 것은 약소국을 병탄하려는 야망을 가지는 것이 아니요, 약소국의 백성들을 잘 키워서 보호하는 것으로 의무를 삼아야 한다. 또 약소국이라는 것도 강한 자의 밥이 되는 것이 아니요, 큰 나라를 잘 섬김으로써 자기도 사는 것이다.

이와 같이 큰 나라는 작은 나라를 살림으로써 자기도 살고, 작은 나라는 큰 나라를 살림으로써 자기도 산다. 이렇게 되면 큰 나라와 작은 나라는 서로서로가 욕구를 충족하게 되어 세계는 평화하게 된다. 그러므로 한마디 말로 말하면 큰 자는 항상 작은 자에게 오만하지 말고 겸손해야 한다.

제62장
도에 즉(卽)하면 불선(不善)도 선(善)이 된다

도는 만물의 뒤에 가려 있는 근원자다. 좋은 사람은 유일의 보물로 존중한다. 또한 나쁜 사람도 그 안에 도를 보전하고 있는 것이다.

참으로 착하고 아름답고 좋은 말은, 여러 사람의 값없이 팔리는 물건이 될 수 있고, 존귀한 행실은 사람들에게 모범이 되어 보탬이 될 수 있다.

깨닫지 못한 사람도 도를 보전하고 있으니, 어찌 사람을 버릴 수 있겠는가?

그러므로 인간사회에서 천자를 세우고 대신을 두고, 한아름 되는 구슬을 예물로 삼아 수레를 타고 현인을 구할지라도, 가만히 앉아서 이 도를 진행하는 것만 못하다.

옛날부터 이 도를 귀하게 여긴 까닭은 무엇인가? '구하지 않아도 얻고, 죄가 있어도 용서를 받기 때문이다.'

그러므로 도는 이 세상에서 가장 귀한 것이다.

• • • • • • • • • • • • •

도자　만물지오　선인지보　불선인지소보　미언가이
道者, 萬物之奧①, 善人之寶, 不善人之所保. 美言可以
시　존행가이가인　인지불선　하기지유　고립천자　치
市②, 尊行可以加人, 人之不善, 何棄之有? 故立天子, 置
삼공　수유공벽　이선사마　불여선진차도　고지소이귀
三公, 雖有拱璧③, 以先駟馬, 不如先進此道. 古之所以貴
차도자하　왈　불구이득　유죄이면　고위천하귀
此道者何? 曰; '不求而得, 有罪以免.'; 故爲天下貴.

도란 것은 만물의 오(奧)요, 선인의 보물이요, 불선인의 보전되는 것이다. 미언(美言)은 팔릴 수 있고, 존행(尊行)은 사람에게 보탬이 될 수 있으니, 사람의 불선함을 어찌 버리는 일이 있겠는가? 그러므로 천자를 세우고 삼공을 두어 비록 한아름 되는 구슬을 가지고 사마(駟馬)를 앞세운다고 하더라도 먼저 이 도를 진행하는 것만 못하다. 옛날의 이 도를 귀하게 여긴 까닭은 무엇인가? '구하지 않아도 얻고, 죄가 있어도 면한다'고 하였다. 그러므로 천하의 귀함이 된다.

• • • • • • • • • • • •

주석

① 奧(오) : 왕필은 '오(奧) 유난야(猶暖也) 가득비음지사(可得庇廕之辭)'라 했고, 승덕청(僧德淸)은 '오자(奧者) 실지서남우(室之西南隅) 유실필유오(有室必有奧) 단인수거기실(但人雖居其室) 이부지오지심수(而不知奧之深邃) 이비도재만물(以譬道在萬物) 시지일용심상지간(施之日用尋常之間) 인일용이부지(人日用而不知) 고여오야(故如奧也)'라 했고, 오징(吳澄)은 '도지존귀(道之尊貴) 유침묘당오지오(猶寢廟堂奧之奧) 실지서남우(室之西南隅) 침랑지제(寢廊之制) 유당유실(有堂有室) 실재내(室在內) 고실위귀(故室爲貴) 실중제(室中制) 동남우왈환(東南隅曰宧) 서남우왈옥루(西南隅曰屋漏) 오(奧) 존자소거(尊者所居) 고오위귀(故奧爲貴)'라 했다.

② 市(시) : 팔다. 오징은 '가언가애(嘉言可愛) 여미물지가이죽매(如美物之可以鬻賣) 탁행가종(卓行可宗) 고출중인지상(高出衆人之上)'이라 했다.

③ 拱璧(공벽) : 한아름 되는 구슬. 박희일(朴希逸)은 '공벽이선사마(拱璧以先駟馬) 빙현지례야(聘賢之禮也)'라 했다.

고증

① 선인지보(善人之寶) : 부혁본에는 보(寶)자 앞에 소(所)자가 있다.

② 불선인지소보(不善人之所保) : 곡신자본(谷神子本)에는 소불보(所不保)라 했다.

③ 가이시(可以市) : 부혁본에는 시(市)자 앞에 어(於)자가 있고, 회남자본(淮南子本)에는 시(市)자 다음 존(尊)자에 마침점이 있다.

④ 존행가이가인(尊行可以加人) : 부혁본에는 '존언가이가어인(尊言可以加於人)'이라 했고, 회남자본에는 '미행가이가인(美行可以加人)'이라 했다.

⑤ 불여선진차도(不如先進此道) : 부혁본에는 선(先)자가 없고, 하상공과 왕필본에는 진(進)자 앞에 좌(坐)자가 있다.

⑥ 왈불구이득(曰不求而得) : 부혁본에는 왈(曰)자 앞에 불(不)자가 있고, 하상공본에는 왈자를 일(日)자로 썼고, 또 왕필은 '불왈이구득(不曰以求得)'이라 했다. 그러나 엄영봉은 '왈(曰) 불구이득(不求而得)'〔노자장구신편(老子章句新編) 1, 125〕이라 했고, 유월(兪樾)도 '당경룡비급부혁본병작(唐景龍碑及傅奕本並作) 구이득(求以得) 정여(正與) 유죄이면(有罪以免) 상대성문(相對成文) 당종지(當從之)'라 했다.

▸**하상공은 이 장을 '위도장(爲道章)'이라 했다.**

해설 도(道)가 제일 귀하다

도는 만물의 배후에 은폐되어 있는 근원자다. 도는 만물을 꿰고 있는 자다. 도를 아는 사람은 이 근원자를 파악하고 현상계에서 생성하고 있는 모든 사물에 대응한다. 그러므로 선한 사람은 귀한 사람처럼 도를 소중히 여긴다. 지금 도를 모르는 사람이라도 이 근원자를 파악하면 장차 도를 아는 사람이 되어 보전될 수 있다.

근원적인 도에 따른 아름다운 말은 섞지 않는 금언(金言)이 되어 사람마다 그것을 구송(口頌)하니, 값없이 팔리는 보물이라고 말할 수 있다. 또 도에 따른 존귀한 행위는 만 사람의 모범이 되니, 사람에게 보탬이 될 수 있다.

도를 파악한 선인은 더욱 선하여지고, 불선한 사람도 선한 사람이 되니, 이 세상에 버릴 사람이 또 어디에 있겠는가.

그런데 인간사회에서는 정치를 하기 위하여 부질없이 자기 위에 임금을 세우고, 그 아래에 대신을 둔다. 그것도 부족하게 생각하여 귀중한 보물을 예물로 사용하여 거마(車馬)를 앞세우고 현인(賢人)을 구하러 다니지만 가만히 앉아서 이 무위자연의 도를 실현하는 것만 못하다. 옛날부터 이 도를 귀하게 여긴 까닭은 무엇일까? 그것은 구하지 않고서도 저절로 얻게 되고, 죄가 있어도 용서를 받을 수 있기 때문이다. 그러므로 이 세계에서 제일 귀한 것은 다만 도일 뿐이다.

제63장
원수(怨讐)를 덕으로 갚아라

인위적인 것을 하지 않고 자연적인 것을 한다. 인위적인 일을 하지 않고 자연적인 일을 한다. 인위적인 취미를 가지지 않고 자연적인 취미를 가진다.

큰 것은 작은 것에서 생기고 많은 것은 적은 것에서 일어난다. 원수를 덕으로 갚는다.

어려운 일은 쉬운 일에서 계획된다. 큰 일은 사소한 일에서 시작된다.

그러므로 천하의 모든 어려운 일은 반드시 쉬운 일에서 시작된다. 천하의 모든 큰 일은 반드시 사소한 일에서 시작된다.

그러므로 성인은 끝까지 크게 되려 하지 않으므로 크게 될 수 있다. 대개 가볍게 승낙하는 것은 반드시 믿음성이 적다. 너무 쉬운 일은 반드시 어려운 일이 많다.

그러므로 성인은 도리어 쉬운 것을 어렵게 여기므로 마침내는 어려운 것이 없게 된다.

• • • • • • • • • • • •

위 무위 사 무사 미 무미 대생어소 다기어소 보원
爲①無爲, 事②無事, 味③無味；大生於小, 多起於少；報怨
이덕 도난어이 위대어기세 천하난사 필작 어이 천
以德；圖難於易；爲大於其細. 天下難事, 必作④於易；天
하대사 필작어세 시이성인 종불위대 고능성기대 부경
下大事, 必作於細. 是以聖人, 終不爲大, 故能成其大. 夫輕
낙필과신 다이필다난 시이성인유난지 고종무난의
諾必寡信, 多易必多難. 是以聖人猶難之, 故終無難矣.

무위(無爲)를 위(爲)로 하고, 무사(無事)를 사(事)로 하고, 무미(無味)를 미(味)로 한다. 큰 것은 작은 것에서 생기고, 많은 것은 적은 것에서 시작되고, 원수를 덕으로 갚고, 어려운 것은 쉬운 것에서 도모하고, 굵은 것은 가는 것에서 한다. 천하의 어려운 일은 반드시 쉬운 일에서 시작되고, 천하의 큰 일은 반드시 사소한 일에서 시작된다. 그러므로 성인은 마침내 크게 되려고 하지 않는다. 그러므로 크게 될 수 있다. 대개 가볍게 허락하는 것은 반드시 믿음성이 적고, 너무 쉬운 것은 반드시 어려운 것이 많다. 그러므로 성인은 오히려 이것을 어렵게 여긴다. 그러므로 마침내 어려운 것이 없다.

• • • • • • • • • • • • •

주석

① 爲(위) : 노자익에 '위(爲) 영위야(營爲也)'라 했다.
② 事(사) : 노자익에 '사(事) 무위지조건야(無爲之條件也)'라 했다.
③ 味(미) : 노자익에 '미(味) 소위지리취야(所爲之理趣也)'라 했다.
④ 作(작) : 노자익에 '작(作) 기야(起也)'라 했다.

고증

① 대생어소(大生於小), 다기어소(多起於少) : 생어(生於)와 기어(起於)는 다른 책에는 없다. 그러나 요정(姚鼎)은 '대소다소(大小多少) 하유탈자(下有脫字) 불가강해(不可强解)'라 하고, 마서륜(馬敍倫)은 '대소구(大小句) 요설시(姚說是) 오본무대소이하팔자(吳本無大小以下八字)'라 했다. 이제 엄영봉설에 의하여 고쳤다. [노자장구신편 1, 119]
② 보원이덕(報怨以德) : 마서륜은 제79장 화대원(和大怨)의 앞에 있어야 한다고 했다.
③ 도난(圖難)과 위대(爲大) 다음에 부혁본에는 호(乎)자가 있다.

④ 천하(天下) : 부혁본에는 그 다음에 지(之)자가 있다.
⑤ 경낙(輕諾)과 다이(多易) 다음에 부혁본에는 자(者)자가 있다.
⑥ 고종무난의(故終無難矣)에거 의(矣)자가 하상공본에는 없다.
▶**하상공은 이 장을 '은시장(恩始章)'이라 했다.**

해설 도의 작용과 생(生)

도는 항상 현상계의 사물을 반대 방향으로 전환케 한다. 그러므로 무위는 유위(有爲)로 된다. 무사(無事)는 유사로 된다. 무미(無味)는 유미로 된다. 큰 일은 작은 일에서 생긴다. 많은 것은 적은 것에서 생긴다. 그러므로 원수를 원수로 갚지 말고 덕으로 갚아야 한다. 어려운 일은 쉬운 일에서 계획되어야 한다. 거대한 것은 세미(細微)한 데서부터 하여야 한다. 이것으로 보면 이 세상의 어려운 일은 반드시 쉬운 일에서 시작되고, 이 세상의 큰 일은 반드시 작은 일에서 시작된다.

이러한 자연법칙을 본받는 성인은 어디까지나 크게 되려고 하지 않는다. 그러므로 도리어 크게 된다. 대개 가볍게 승낙하는 사람은 반드시 신뢰성이 적고, 일을 너무 쉽게 처리하는 사람은 반드시 곤란한 일이 많아진다. 그러므로 성인은 오히려 쉬운 것을 어렵게 여긴다. 그러므로 마침내는 어려운 일을 당하지 않게 된다.

제64장
9층 탑도 한 삼태기 흙에서 시작된다

안정된 것은 유지하기 쉽다. 징조가 나타나기 전 일은 처리하기 쉽다. 연약한 것은 부수기 쉽다. 미약한 것은 흩어지기 쉽다.

일은 나기 전에 처리하고 질서가 어지럽기 전에 수습할 것이다.

아름드리 나무는 털끝 만한 싹에서 나온다. 9층 다락도 한 삼태기 흙에서 시작된다. 천리 길도 첫 발자국에서 시작된다.

이 자연의 도리를 거스르려 하는 자는 실패하고, 붙잡는 자는 잃어버린다. 그러므로 성인은 하려 하지 않으므로 실패하는 일이 없고, 붙잡지 않으므로 잃어버리는 일이 없다.

사람들은 일을 할 때에 항상 거의 성공될 무렵에 패한다. 일이 끝날 무렵에 처음 시작할 때와 같이 삼가면 실패하는 일이 없다.

이런 까닭에 성인은 소유욕이 없으므로 구하기 어려운 재화를 탐내지 않는다. 학문이 아닌 학문을 공부하여 뭇 사람이 소홀히 하는 도로 되돌아온다. 그리하여 만물의 자연성을 보존할 뿐이요, 감히 인위적인 일을 하지 아니한다.

• • • • • • • • • • • •

기안이지 기미조이모 기취 이반 기미이산 위지어
其安易持, 其未兆易謀；其脆[1]易泮[2], 其微易散；爲之於
미유 치지어미란 합포지목 생어호말 구층지대 기어
未有, 治之於未亂；合抱之木, 生於毫末；九層之臺, 起於
루토 천리지행 시어족하 위자패지 집자실지 시이
累土[3]；千里之行, 始於足下；爲者敗之, 執者失之. 是以

성인무위 고무패 무집 고무실 민지종사 상어기성이
聖人無爲, 故無敗 ; 無執, 故無失. 民之從事, 常於幾成而
패지 신종여시 즉무패사 시이성인욕불욕 불귀난득지
敗之, 愼終如始, 則無敗事. 是以聖人欲不欲, 不貴難得之
화 학불학 복 중인지소과 이보만물지자연 이불감위
貨 ; 學不學, 復④衆人之所過, 以輔萬物之自然, 而不敢爲.

그 안정한 것은 유지하기 쉽고, 그 아직 징조가 보이지 않는 것은 도모하기 쉽고, 그 취약한 것은 부수기 쉽고, 그 미세한 것은 분산하기 쉽다. 이것을 미유(未有)에서 하고, 이것을 미란(未亂)에서 다스려야 한다. 한아름 되는 나무는 호말(毫末)에서 생기고, 9층의 누대(樓臺)는 누토(累土)에서 시작되고, 천리의 행보는 발 밑에서 시작된다. 하는 자는 패하고, 붙잡는 자는 잃어버린다. 그러므로 성인은 무위를 하므로 패하는 일이 없고, 붙잡지 않으므로 잃어버리는 일이 없다. 백성이 하는 일은 항상 거의 이루어지는 데서 실패한다. 나중에 삼가기를 처음 시작할 때와 같이 하면 실패하는 일이 없다. 그러므로 성인은 불욕(不欲)을 욕구로 하여 얻기 어려운 재화를 귀히 여기지 않고, 불학(不學)을 학(學)으로 하여 뭇 사람이 간과하는 데로 되돌아와서 만물의 자연을 보조하여 감히 작위하지 않는다.

• • • • • • • • • • • • •

주석

① 脆(취) : 연하다. 옥편에 '소연물이단(小耎物易斷)'이라 했다.
② 泮(반) : 풀리다, 흩어지다. 사원(辭源)에 '산야(散也)'라 했다.
③ 累土(누토) : 삼태기에 흙을 담아서 쌓아 올리는 것.
④ 復(복) : 노자익에 '복(復) 반야(反也)'라 했다.

고증

① 기취이반(其脆易泮)의 반(泮)자를 부혁본에는 판(判)자로 썼고, 하

상공은 파(破)자로 썼고, 왕필은 반(泮)자로 썼다.

② 기미이산(其微易散) 앞에 이약본(李約本)에는 고(故)자가 있다.

③ 위지어미유(爲之於未有), 치지어미란(治之於未亂)의 두 어(於)자를 부혁본에는 호(乎)자로 썼고, 또 미유(未有)와 미란(未亂) 앞에 기(其)자가 있다.

④ 시이성인무위(是以聖人無爲)의 시이(是以)가 하상공본에는 없다.

⑤ 상어기성이패지(常於幾成而敗之)의 기성(幾成) 앞에 부혁본에는 기(其)자가 있다.

⑥ 즉무패사(則無敗事) 다음에 부혁본에는 의(矣)자가 있다.

⑦ 복(復) 앞에 부혁본에는 이(以)자가 있고, 한비자본에는 불욕(不欲) 다음에 이(而)자가 있고, 복(復) 다음에 귀(歸)자가 있고, 소과(所過) 다음에는 야(也)자가 있다.

⑧ 불감위(不敢爲) 다음에 부혁본에는 야(也)자가 있다.

▶**하상공은 이 장을 '수미장(守微章)'이라 했다.**

해설 인위적인 일

도는, 항상 사물의 발전하는 현상이 극(極)에 도달하면 반대 방향으로 전환시키는 힘이 있다. 그러므로 안정된 물건은 위태롭게 된다. 안정된 물건이 위태로운 데로 아주 기울어지기 전에 미리 붙들면 유지하기 쉽지만 이미 다 기울어진 다음에는 붙들기 힘들다.

사건이 어떤 징조가 보일 때에 이것을 제거하기는 쉽지만 일이 이미 터진 다음에는 수습하기 어렵다.

연약한 상태에 있는 사물은 부수기 쉽지만 이미 견고하여진 다음에는 파괴하기 어렵다. 미세한 상태에 있는 사물은 분산시키기 쉽지만 이미 거대해진 다음에는 분산시키기 어렵다.

그러므로 모든 사람은 이미 존재하기 전에 무(無)로 조종해야 하고, 질서가 어지럽게 되기 전에 다스려야 한다.

한아름 되는 큰 나무도 본래는 털끝 만한 싹에서 돋아 나오는 것이다.

9층이나 되는 높은 누대도 본래는 한 삼태기 흙을 쌓아 올리는 데서 기공(起工)된다.

천리 길의 긴 여로도 첫 발자국에서 출발된다.

무위자연의 일을 하지 않고 인위적으로 일을 하면 반드시 실패하고, 흐르는 존재를 붙잡으면 반드시 진상(眞相)을 잃어버린다.

그러므로 성인은 인위적인 일을 하지 않는다. 그러므로 실패하는 일이 없다. 흐르는 존재를 붙잡지 않는다. 그러므로 잃어버리는 일이 없다.

가만히 사람들이 하는 일을 보면 항상 거의 성공될 무렵에 실패한다. 만일 나중 끝날 무렵에 처음 일을 시작할 때와 같이 신중히 한다면 결코 실패하는 일이 없을 것이다.

그러므로 성인은 본래 사유욕이 없기 때문에 얻기 어려운 재화를 귀중하게 생각하지 않는다. 무지의 지식을 학문으로 하기 때문에 범인(凡人)이 소홀히 지내 보내는 근원적인 도로 되돌아와서 만물의 자연성을 도와줄 뿐이요, 인위적으로 감히 작위하지 않는다.

제65장
지식에 치우치면 질서가 어지럽게 된다

옛날 도로 나라를 잘 다스리는 사람은 백성을 현명케 하지 않고 도리어 어리석게 한다.

백성을 다스리기 힘든 것은 지혜가 많기 때문이다. 지혜로 나라를 다스리는 것은 나라를 해치는 도적이요, 지혜로 나라를 다스리지 않으면 도리어 나라의 행복이 된다. 이 두 가지는 나라를 다스리는 데 있어서 본보기가 된다.

언제나 본보기를 아는 것을 불가사의의 현덕(玄德)이라 한다. 현덕은 심원(深遠)하여 사물과 더불어 되돌아온다. 되돌아오는 것이야말로 대자연의 질서에 순응하는 것이다.

• • • • • • • • • • • • •

고지선위도자 비이명민 장이우지 민지난치 이기다
古之善爲道者, 非以明民, 將以愚之; 民之難治, 以其多
지 고이지치국 국지적 불이지치국 국지복 차량자역
智. 故以智治國, 國之賊; 不以智治國, 國之福. 此兩者亦
계식 상지계식 시위현덕 현덕심의원의 여물반 의
稽式①, 常知稽式, 是謂玄德. 玄德深矣遠矣②, 與物反③矣,
연후내지대순
然後乃至大順④.

옛날 도를 잘하는 이는 백성을 현명케 하는 것이 아니요, 우매(愚昧)케 하니, 백성을 다스리기 어려운 것은 그 지혜가 많기 때문이다. 그러므로 지혜로 나라를 다스리는 것은 나라의 도적이요, 지혜로 나라를 다스리지 않는 것은 나라의 행복이다. 이 양자는 역시 계식(稽式)이니, 항상 계식을 아는 것을 현덕이라 한다. 현덕은 깊고 멀어서 사물과 더불어 되돌아오니, 그러한 뒤에야 바로 대순(大順)에 이르게 된다.

• • • • • • • • • • • • •

주석

① 稽式(계식) : 노자익에 계(稽)를 해(楷)자로 썼는데, '해(楷) 모야(模也) 식(式) 법야(法也)'라 했고, 왕필은 '계동야(稽同也) 금고지소(今古之所) 동즉불가폐야(同則不可廢也)'라 했다. 즉 모범전형(模範典型)의 뜻.

② 深矣遠矣(심의원의) : 노자익에 '하철왈심(下徹曰深) 방주왈원의(旁周曰遠矣)'라 했다.

③ 反(반) : 노자익에 '반내순자야(反乃順者也)'라 했다.

④ 大順(대순) : 박희일(朴希逸)은 '즉자연(卽自然)'이라 했다.

고증

① 다지(多智)를 하상공과 왕필본에는 '지다(智多)'라 하였고, 부혁본에는 '다지야(多智也)'라 했다.

② 고이지치국(故以智治國), 국지적(國之賊)의 고(故)자는 하상공본에는 없고, 또 부혁본에는 국지적(國之賊) 다음에 야(也)자가 있다.

③ 차량자역계식(此兩者亦稽式) : 부혁본에는 '상지차량자(常知此兩者) 역계식야(亦稽式也)'라 하여 상지(常知)와 야(也)자가 더 있고, 왕필본에는 상야(常也) 두 글자가 없고, 또 하상공본에는 계식(稽式)을 해식(楷式)이라 했다. 그러나 이도순(李道純)에는 지(知)자도 없다.

④ 상지계식(常知稽式)의 상(常)자를 부혁본에는 능(能)자로 썼다.

▸**하상공은 이 장을 '순덕장(淳德章)'이라 했다.**

해설 자연주의(自然主義)

공자는 덕치(德治)를 주장하였고, 묵자(墨子)는 겸애(兼愛), 즉 평등애로 천하를 다스릴 것을 말하였다. 그러나 노자 책의 저자는 도(道)로 백성을 다스릴 것을 주장하였다.

도로 백성을 다스리는 데는 주지주의(主知主義)를 배척하고 자연주의를 내세운다. 자연주의라 함은 백성으로 하여금 이미 알고 있던 지식을 버리고 인간의 자연성을 회복케 하는 것이다. 다시 말하면 백성으로 하여금 교활한 지식을 버리고 반진귀박(返眞歸樸)케 하는 것이다.

왜냐하면 백성들이 지식이 많으면 많을수록 다스리기 힘들기 때문이다. 지식에만 너무 치중하면 사람이 본래의 성질을 잃어버리고, 인위적인 지식과 기계가 발달되면 될수록 인간은 기계의 노예가 된다.

그러므로 주지주의는 나라의 도적이요, 자연주의는 나라의 행복이 된다. 도로 백성을 다스리면 백성들이 기계문명을 버리고 자연의 질서로 되돌아와서 행복하게 산다. 행복하게 살면서도 행복한 줄을 모르는 것이야말로 참된 행복이요, 불가사의의 덕이다.

인간의 소산(所産)인 문명을 버리고, 자연히 낳은 몸, 자연히 살다가 자연으로 되돌아가는 것이야말로 자연의 질서에 순응하는 것이다.

제66장
부쟁(不爭)으로 정치의 원리를 삼는다

여러 골짜기에서 흘러내리는 시냇물이 모여 강과 바다는 왕자(王者)가 된다. 강과 바다는 시냇물보다 가장 낮은 하류에 있어 냇물을 모아 왕자가 된다.

그러므로 백성을 통치하려고 하는 위정자가 백성들의 윗자리에 서려고 하면 반드시 언사(言辭)를 낮추어야 한다.

백성들의 앞에 서려고 하면 반드시 자기 몸을 후퇴시켜야 한다.

그러므로 철인정치가가 다스리는 곳에서는 백성들이 압력을 느끼지 않는다. 백성들 앞에서도 장해물로 여기지 않는다.

이 때문에 천하 백성들이 다 그를 싫어하지 않고 즐거이 추대한다. 왜냐하면 그는 백성들과 대립하여 싸우지 않는 것으로 정치의 원리를 삼기 때문이다. 그러므로 이 세계에 그와 같이 견주어 싸울 사람이 없다.

• • • • • • • • • • • • •

강해소이능위백곡왕자 이기선하지 고능위백곡왕 시
江海所以能爲百谷王者，以其善下之，故能爲百谷王．是
이욕상민 필이언하지 욕선민 필이신후지 시이성인처
以欲上民，必以言下之；欲先民，必以身後之．是以聖人處
상 이민부중 처전 이민불해 시이천하락추이불염 이
上，而民不重；處前，而民不害．是以天下樂推而不厭．以
기부쟁 고천하막능여지쟁
其不爭，故天下莫能與之爭．

강해(江海)가 백곡(百谷)의 왕이 될 수 있는 까닭은 그것이 제일 낮은 곳에 있기 때문이다. 그러므로 백곡의 왕이 될 수 있다. 그러므로 백성의 위가 되려고 하면 반드시 언사를 낮추어야 하고, 백성의 앞에 서려고 하면 반드시 몸을 뒤로 돌려야 한다. 그러므로 성인은 윗자리에 처하여도 백성이 무겁게 여기지 않고, 앞에 처하여도 해롭게 여기지 않는다. 그러므로 천하가 추대하기를 즐거워하며 싫어하지 않는다. 그는 다투지 않기 때문에 그러므로 천하는 그와 더불어 다툴 수 없다.

• • • • • • • • • • • •

고증

① 이기선하지(以其善下之) : 부혁본에는 다음에 야(也)자가 있다.
② 시이욕상민(是以欲上民) : 부혁본에는 앞에 성인(聖人) 두 자가 있다.
③ 시이성인처상이민부중(是以聖人處上而民不重), 처전이민불해(處前而民不害)의 두 처(處)자 다음에 지(之)자가 있다.

▸하상공은 이 장을 '후기장(後己章)'이라 했다.

해설 무위(無爲)의 정치가의 자세

공자는 물을 보고 '만물이 유전(流轉)하는 것이 이러하다' 하여 물의 흐르는 모습을 간파(看破)하였고, 맹자는 '물을 보는 방법은 그 물결을 보라'고 하여 물의 동적인 면을 간취(看取)하였다.

그러나 노자는 강과 바다가 낮은 곳에 있으므로 도리어 여러 골짜기의 시냇물이 모여든다는 데서 자기를 낮춘다는 겸손의 덕을 취하였다. 다시 말하면 사람은 강과 바다가 낮은 곳에 있으므로 온 냇물이 모여들어 커지는 것과 같이, 자기 몸을 낮추어 겸손하여야 큰인물이 된다는 것이다.

그러므로 사람이 만백성 위에 있으려면 반드시 백성들 앞에서 언사와 행동을 낮추어야 한다. 또 백성 앞에 서서 하나의 지도자가 되려면 반드시 몸가짐이 겸손하여야 한다.

그러므로 철인정치가는 만백성의 윗자리에 있으나 백성은 전혀 압력을 느끼지 않는다. 또 만백성의 앞에 서서 지도를 하여도 백성들은 그들의 전진을 막는 방해물로 생각지 않는다.

이러기 때문에 온 세계 사람들이 그를 즐겁게 추대하여 싫어하는 사람이 한 사람도 없다. 이것은 왜 그런가. 그는 천하 백성들과 대립되어 싸우지 않는 것으로 정치의 원리를 삼기 때문이다. 그러므로 이 세계에서 누구든지 그와 더불어 싸울 사람이 없는 것이다. 다시 말하면 적을 최후에 가서는 나의 동무로 삼기 때문이다.

제67장
나는 삼보(三寶)가 있다

세상 사람들 말에 '나의 도는 크기는 크지만 이지러진 데가 있는 듯하다'고 한다.

도는 정녕 크기 때문에 이지러진 데가 있는 듯하다. 만일 완전하게 큰 것이라면 그것은 벌써 작은 것이다.

나는 세 가지 보물을 가지고 있으니, 이것을 잘 건사하여 보존하고 있다.

첫째는 사람을 사랑하는 마음이요, 둘째는 사물을 검약(儉約)하는 태도요, 셋째는 남보다 앞서지 않으려는 행동이다.

사람을 사랑하므로 도리어 용기가 있을 수 있다. 사물을 검약하므로 도리어 궁하지 않고 넉넉할 수 있다. 남보다 앞서지 않으므로 도리어 선도자가 될 수 있다.

이제 사랑을 버리고 용감하려 하고, 검약을 버리고 넉넉하려 하고, 뒤로 물러남을 버리고 앞서려 하면 사멸하게 된다.

대개 사랑하는 마음으로 싸우면 이기고, 지키면 견고하다. 하늘이 구원하려 하면, 사랑으로 보호할 것이다.

• • • • • • • • • • • • • •

천하개위아도대사불초 부유대 고사불초 약초대의
天下皆謂我道大似不肖①, 夫唯大, 故似不肖, 若肖大矣,
기세야부 아유삼보 지이보지 일왈자 이왈검 삼왈불
其細也夫! 我有三寶, 持而保之; 一曰慈, 二曰儉, 三曰不

감 위 천 하 선　자 고 능 용　검 고 능 광　불 감 위 천 하 선　고 능 성
敢爲天下先. 慈故能勇, 儉故能廣, 不敢爲天下先, 故能成
기 장　영 사　자 차 용　사 검 차 광　사 후 차 선　사 의　부 자 이 전
器長. 令舍②慈且勇, 舍儉且廣, 舍後且先, 死矣. 夫慈以戰
즉 승　이 수 즉 고　천 장 구 지　이 자 위　지
則勝, 以守則固. 天將救之, 以慈衛③之.

천하는 다 나의 도가 커서 불초(不肖)한 듯하다고 한다. 대개 오직 크기만 한 것은 불초한 듯하다. 만일 초(肖)하면 큰 것이니, 그것은 세소(細小)한 것이다. 나는 삼보가 있으니, 지니고서 보존하고 있다. 첫째는 자애요, 둘째는 검약이요, 셋째는 감히 천하에 앞서려고 하지 않는다. 자애하므로 용감할 수 있고, 검약하므로 광대할 수 있고, 감히 천하에 앞서려고 하지 않으므로 기장(器長)이 될 수 있다. 이제 자애를 버리고 용감하려 하고, 검약을 버리고 광대하려 하고, 뒤로 물러남을 버리고 앞장서려고 하면 사멸된다. 대개 자애함으로써 싸우면 이기고, 자애함으로써 지키면 견고하다. 하늘이 장차 구원하여 자애로 보호하려고 할 것이다.

• • • • • • • • • • • • •

주석

① 肖(초) : 노자익에 '사야(似也)'라 하였다.
② 舍(사) : 사(捨)자의 뜻.
③ 衛(위) : 노자익에 '호야(護也)'라 하였다.

고증

① 천하개위아도대사불초(天下皆謂我道大似不肖) : 부혁본에는 '아도대(我道大)'를 오대(吾大)라 하고, 곡신자본(谷神子本)에는 개(皆)자가 없다.

② 약초대의(若肖大矣) : 대(大)자는 본래 구(久)자다. 엄영봉은 '약초대의구(若肖大矣句) 대원작구(大原作久) 의구(疑久) 대형근(大形近) 인이치오(因而致誤)'라 하여 '약초대의(若肖大矣) 기세야부(其細也夫)'는 '약자위대의(若自謂大矣) 즉불능성기대(則不能成其大)'와 같다고 했다.〔노자장구신편 1, 36〕 지금 이에 의하여 고친다.

③ 지이보지(持而保之) : 부혁본에는 보(保)자를 보(寶)자로 썼다.

④ 자고능용(慈故能勇) 앞에 부혁본에는 부(夫)자가 있다.

⑤ 고능성기장(故能成器長) : 한비자본에는 기장(器長)을 사장(事長)이라 했다.

⑥ 사자(舍慈), 사검(舍儉), 사후(舍後)를 부혁본에는 '사기자(舍其慈) 사기검(舍其儉) 사기후(舍其後)'라 했다.

⑦ 사의(死矣) : 부혁본에는 '시위입사문(是謂入死門)'이라 했다.

⑧ 부자이전즉승(夫慈以戰則勝)의 전(戰)자를 부혁본에는 진(陳)자로 쓰고, 또 승(勝)자를 정(正)자로 썼다. 또 한비자본에는 이(以)를 어(於)자로 썼다.

⑨ 이자위지(以慈衛之) : 하상공은 '이선이자위지(以善以慈衛之)'라 했다.

▸하상공은 이 장을 '삼보장(三寶章)'이라 했다.

해설 세 가지 보물

세상 사람들은 다 노자의 도를 너무 커서 도리어 결함이 있는 듯하다고 한다. 그러나 사실 알고 보면 결함이 있기 때문에 도리어 지극히 큰 것이다. 만일 결함이 없다면 그것은 보통 큰 것이요, 지극히 큰 것은 못되고 도리어 가늘고 작은 것이 된다. 비유하면 A와 B 두 점 사이에 있는 선은 거리가 가까울수록 직선에 가깝지만, 거리가 멀면 멀수록 곡률이 생겨, 최후에는 하나의 커다란 원형을 형성하는 것과 같다.

노자는 세 가지 보물을 가지고 있다. 그것은 금·은·옥과 같은 보석이 아니다. 노자는 자기의 보물을 세상 사람이 귀중히 여기는 금·은·옥과 같이 이것을 잘 지니고 있어 보전하고 있다. 노자의 보물은 무엇인가? 첫째 윤리생활에 있어서는 사랑이요, 둘째 경제생활에 있어서는 검약이요, 셋째 정치생활에 있어서는 남보다 먼저 앞에 나서려고 하지 않는 것이다.

모든 사람을 사랑하므로 도리어 용감할 수 있다. 소비를 절약하므로 도리어 생활의 폭이 넓어질 수 있다. 남보다 먼저 앞서려고 하지 않으므로 도리어 지도자가 될 수 있다.

이제 만일 사랑하는 마음을 가지지 않고 다만 용감하기만 하려고 한다든가, 검약한 생활을 하지 않고 다만 여유있는 생활을 하려고 한다든가, 또는 뒤로 물러나려는 행동을 하지 않고 다만 남보다 앞장서서 지도자가 되려고 하면 이것은 자기를 죽이는 길이다.

그러므로 사람을 사랑하는 마음으로 전쟁을 하면 이기지 못하는 일이 없고, 백성을 사랑하는 마음으로 나라를 수비하고 있으면 아무리 강한 적이 오더라도 방어하지 못할 일이 없다. 이와 같이 사랑하는 마음으로 싸우기도 하고 수비하기도 하는 나라는 하늘이 구원할 것이요, 또 사랑으로 보호할 것이다.

제68장
싸우지 않고 이기는 것은 전쟁의 비법이다

훌륭한 무사(武士)는 무력을 쓰지 않는다. 싸움을 잘하는 사람은 성을 내지 않는다. 대적을 잘 이기는 사람은 대적과 다투지 않는다. 사람을 잘 쓰는 사람은 남의 부하가 된다.

이런 것을 남과 경쟁하지 않는 도덕률이라 하고, 사람을 쓰는 역량이 있는 사람이라 하고, 또 자연의 합일되는 극치라 한다.

• • • • • • • • • • • •

선위사 자 불무 선전자 불노 선승적자 불여 선
善爲士①者, 不武 ; 善戰者, 不怒 ; 善勝敵者, 不與② ; 善
용인자 위지하 시위부쟁지덕 시위용인지력 시위배
用人者, 爲之下. 是謂不爭之德, 是謂用人之力, 是謂配③
천고지극
天古之極.

선비 노릇을 잘하는 사람은 무력을 쓰지 않고, 싸움을 잘하는 사람은 노하지 않고, 대적을 잘 이기는 사람은 다투지 않고, 사람을 잘 쓰는 사람은 남의 부하가 된다. 이것을 다투지 않는 덕이라 하고, 사람을 쓰는 역량이라 하고, 천(天)에 배합하는 극(極)이라 한다.

• • • • • • • • • • • •

주석

① 士(사) : 노자익에 '고자차전위사(古者車戰爲士)'라 하였다. 즉 전사(戰士)의 뜻.

② 與(여) : 왕인지(王引之)는 '고자상당상적(古者相當相敵) 개위지여(皆謂之與)'라 했다. 그러므로 쟁(爭)자의 뜻.
③ 配(배) : 해동(奚侗)은 '체도자여천합덕(體道者與天合德) 고왈배(故曰配)'라 하고, 또 '극(極) 지야(至也)'라 했다.

고증

① 선위사자불무(善爲士者不武) : 부혁본에는 이 문구 앞에 고지(古之) 두 글자가 있고, 또 불무(不武) 다음에 야(也)자가 있다.
② 선승적자불여(善勝敵者不與) : 하상공은 '불여쟁(不與爭)'이라 하고, 왕필은 '불여(不與)'라 하고, 부혁본에는 '부쟁(不爭)'이라 했다.
③ 위지하(爲之下) : 하상공본에는 지(之)자가 없다.
④ 시위배천고지극(是謂配天古之極) : 부혁본에는 '시위배천(是謂配天) 고지극야(古之極也)'라 하고, 유월(兪樾)은 '차장매구유운(此章每句有韻) 전사구이무(前四句以武) 노(怒) 여(與) 하위운(下爲韻) 후삼구이덕(後三句以德) 역(力) 극(極) 위운(爲韻) 약이시위배천위구(若以是謂配天爲句) 즉불운의(則不韻矣)'라 하고, 원동암(源東菴)은 '고자의연문(古字疑衍文)'이라 했다.

▶**하상공은 이 장을 '배천장(配天章)'이라 했다.**

해설 참된 승리의 의미

이 세상 사람들의 전쟁은 욕망, 즉 지배욕과 소유욕에서 발로되는 것이다. 그러므로 무력과 분노와 투쟁으로 본질을 삼는다.

그러나 도(道)로 본질을 삼는 전사(戰士)는 부득이 침략자와 전쟁을 할 때에 무력을 쓰지도 않고, 분노를 품지도 않고, 경쟁을 하지도 않고, 대적보다 앞서 나아가려고도 하지 않는다. 왜냐하면 부쟁(不爭)으로 전쟁의 덕을 삼고, 겸손으로 군사를 사용하는 힘을 삼고, 평화로 자연에 합치되는 극치를 삼기 때문이다.

제69장
적을 가볍게 여기면 반드시 패한다

옛날 병가(兵家)의 말이 있다.

'싸움을 먼저 걸지 말아야 한다. 싸움을 걸어오기까지 기다려라. 앞으로 나아가 싸우지 말고 뒤로 물러나서 지켜라.'

이런 것을 무형한 가운데서 행진하고, 팔을 사용하지 않고도 물리칠 수 있고, 병장기를 가지지 않고도 붙잡을 수 있고, 대적할 군사가 없이 전진할 수 있다고 한다.

화(禍)는 적을 업신여기는 것보다 더 큰 일이 없으니, 적을 업신여기면 대개는 내가 말하는 삼보(三寶)를 상실하게 된다.

그러므로 군사를 들어 서로 어울려 싸우는 데는 슬프게 생각하는 사람이 승리한다.

• • • • • • • • • • • • •

고지용병자유언 오불감위주 이위객 불감진촌 이퇴
古之用兵者有言；'吾不敢爲主，而爲客；不敢進寸，而退
척 시위행무형 양 무비 집무병 잉 무적 화막대어경
尺.' 是謂行無形，攘①無臂，執無兵，扔②無敵．禍莫大於輕
적 경적기상 오보 고항 병 상가 애자승의
敵，輕敵幾喪③吾寶．故抗④兵⑤相加，哀者勝矣．

옛날 용병(用兵)하는 사람의 말이 있으니, '나는 감히 주(主)가 되지 않고 객이 되며, 감히 1촌을 전진하지 않고 1척을 후퇴한다'고 하였다. 이것을 행하여도 형적(形跡)이 없고, 물리쳐도 팔을 쓰지 않고,

붙잡아도 병장기를 쓰지 않고, 나아가도 적이 없다고 한다. 화(禍)는 적을 가볍게 여기는 것보다 더 큰 것이 없으니, 적을 가볍게 여기면 거의 나의 보물을 상실한다. 그러므로 군사를 들어 서로 어울릴 때에 슬퍼하는 사람이 이긴다.

• • • • • • • • • • • • • •

주석

① 攘(양) : 물리치다. 각(却)자의 뜻.
② 扔(잉) : 나아가다. 취(就)자의 뜻.
③ 喪(상) : 망(亡)자의 뜻.
④ 抗(항) : 들다. 거(擧)자의 뜻.
⑤ 兵(병) : 노자익에 '병(兵) 오병(五兵) 과(戈) 모(矛) 수(殳) 극(戟) 간야(干也)'라 했다.

고증

① 고지용병자유언(古之用兵者有言) : 본래는 '용병유언(用兵有言)'이라 하였다. 그러나 부혁본에는 '용병자유언(用兵者有言)'이라 했다. 또 왕필과 하상공본에는 왈(曰)자가 있다. 또 회남자(淮南子) 병략훈(兵略訓)에는 '고지용병자(古之用兵者) 비리토양지광(非利土壤之廣)'이라 하고, 석덕청주(釋德淸注)에도 '차고지용병자유언왈(且古之用兵者有言曰)'이라 했다.
② 행무형(行無形) : 본래는 '행무행(行無行)'이다. 엄영봉은 '개행(蓋行) 형고통(形古通)'이라 했다.
③ 집무병(執無兵), 잉무적(扔無敵) : 본래는 '잉무적(扔無敵) 집무병(執無兵)'이다. 그러나 부혁본에는 위 문구가 다음에 있다.
④ 항병상가(抗兵相加) : 왕필은 '항(抗) 거야(擧也) 가당야(加當也)'라 했다.

▸하상공은 이 장을 '현용장(玄用章)'이라 했다.

해설 전쟁은 평화의 수단이다

옛날 병가의 격언이 있다. 무엇인가 하면, '침략자와 부득이 전쟁을 할 때에는 이쪽에서 먼저 도전하지 말고 응전하는 자가 될 것이요, 또 한 치만큼 전진하였다가는 한 자만큼 후퇴하라'고 하였다. 이런 전법을 무엇이라 하는가 하면, 형적없이 행진하고, 팔을 사용하지 않고도 대적을 물리칠 수 있고, 병장기를 쓰지 않고도 대적을 붙잡을 수 있고, 전진하여도 대항할 대적이 없다고 한다.

전쟁에 있어서 가장 큰 금물은 대적을 업신여기는 것이다. 만일 대적을 업신여기면 반드시 패한다. 이것은 항상 내가 주장하는 세 가지 보물, 즉 '사랑'과 '검약'과 '남보다 먼저 앞서지 말라'는 전쟁 원리에 어긋나는 전쟁행위다.

그러므로 양쪽에서 군사를 동원하여 서로 전쟁을 할 때에는 항상 사람 죽이는 것을 슬프게 생각하는 편이 승리를 하는 것이다.

제70장
베옷을 입고 옥(玉)을 품는다

말에는 근원적인 것이 있고, 일에는 근본적인 것이 있다. 내 말은 매우 알기 쉽고, 매우 행하기 쉽지만, 세상 사람들은 알지도 못하고, 행하지도 못한다.

나는 다만 무에 대한 지식을 가지고 있기 때문에 세상 사람들이 나를 이해하지 못한다. 나를 이해하는 사람이 적으면 그만큼 나라는 존재는 귀한 것이다.

그러므로 성인은 몸에는 베옷을 입고 가슴에는 옥을 품고 있다.

• • • • • • • • • • • •

언유종 사유군 오언심이지 심이행 천하막능지
言有宗①, 事有君②. 吾言甚易知, 甚易行; 天下莫能知,
막능행 부유무지 시이불아지 지아자희 즉아자귀 시
莫能行. 夫唯無知, 是以不我知. 知我者希, 則我者貴. 是
이성인피갈 회옥
以聖人被褐③懷玉.

말에는 조종(祖宗)이 있고, 일에는 주군(主君)이 있다. 내 말은 매우 알기 쉽고 매우 행하기 쉽지만, 천하가 알지 못하고 행하지 못한다. 대개 다만 무지이므로 나를 모른다. 나를 아는 사람이 드물면 나는 귀한 것이다. 그러므로 성인은 베옷을 입고 옥을 품는다.

• • • • • • • • • • • •

주석

① 宗(종) : 노자익에 '종자족지총야(宗者族之總也) 도자사지총야(道者事之總也)'라 하고, 왕필은 '종(宗) 만물지종야(萬物之宗也) 군(君) 만물지군야(萬物之君也)'라 했다.
② 君(군) : 주(主)자의 뜻.
③ 褐(갈) : 포의(布衣), 모의(毛衣). 천인(賤人)이 입는 옷.

고증

① 언유종(言有宗), 사유군(事有君) : 다른 책에는 '천하막능지(天下莫能知) 막능행(莫能行)' 다음에 있으나 진주(陳柱)의 설에 의하여 개정하였다.
▸**하상공은 이 장을 '지난장(知難章)'이라 하였다.**

해설 노자의 진리를 이해하는 사람은 적다

말의 본질은 의미요, 일의 본질은 힘이다. 의미를 잃어버리면 말이 성립될 수 없고, 힘을 잃어버리면 일이 성취될 수 없다. 의미가 있는 말은 알기 쉽고, 힘이 있는 일은 행하기 쉽다. 그러나 도에서 벗어나서 의미가 없는 말과 힘이 없는 일은 알기도 어렵고 행하기도 어렵다.

노자의 학문은 유에 대한 지식이 아니요, 무에 대한 지식이기 때문에 세상 사람들은 노자를 이해하지 못한다. 그러므로 노자를 이해하는 사람이 적은 만큼 노자는 귀한 존재인 것이다.

그러므로 성인은 겉으로 보면 어리석은 사람 같지만 속으로는 현명하다. 이것은 마치 몸에는 베옷을 입고 있으나, 귀중한 옥을 가슴속에 품고 있는 것과 같다.

제71장
병(病)을 병으로 여기면 병이 아니다

모르는 것이 무엇인지 아는 것은 상지(上智)요, 아는 것이 무엇인지 모르는 것은 병통이다.

병통을 병통으로 알면 그것은 이미 병통이 아니다.

성인이 병통이 없는 것은 병통을 병통으로 알기 때문이다. 그러므로 병통이 없다.

• • • • • • • • • • • • •

지부지상 부지지병 부유병병 시이불병 성인불병
知不知上；不知知病. 夫唯病病, 是以不病. 聖人不病,
이기병병 시이불병
以其病病, 是以不病.

모르는 것을 아는 것은 상(上)이요, 아는 것을 모르는 것은 병이다. 그 오직 병을 병으로 여기기 때문에 병들지 않는다. 성인은 병들지 않는다. 그 병을 병으로 여기기 때문에 병들지 않는다.

• • • • • • • • • • • • •

(고증)

① 지부지상(知不知上), 부지지병(不知知病) : 노자익소주(老子翼蘇註에는 '도비사려지소급(道非思慮之所及) 고불가지(故不可知) 연방기미지즉비지무이입야(然方其未知則非知無以入也) 급기기지이존지(及其旣知而存知) 병의(病矣) 고지이부지자상(故知而不知者上)

부지이지자병(不知而知者病) 기불가부지(旣不可不知) 우불가지(又不可知) 유지지위병자(唯知知爲病者) 구이병자거의(久而病自去矣)'라 하여 지부지(知不知)를 '알면서도 모르는 것', 부지지(不知知)를 '모르면서도 아는 것'으로 해석하였다. 그러나 여주(呂註)에는 '도지위체(道之爲體) 부지이능지자야(不知而能知者也) 지기부지(知其不知) 이이부지지지(而以不知知之) 지지지자야(知之至者也) 고왈지부지상(故曰知不知上) 수지기부지(雖知其不知) 이이지지지(而以知知之) 즉기심용거이녕호(則其心庸詎而寧乎) 고왈부지지병(故曰不知知病)'이라 하여 '지부지(知不知)'를 '모르는 것을 아는 것', 부지지(不知知)를 '아는 것을 모르는 것'으로 해석하였다. 여기서는 후자에 따랐다.

② 상(上) : 부혁본에는 '상의(尙矣)'라 했다. 또 병(病)자에도 의(矣)자가 있다.

③ 성인불병(聖人不病) : 부혁본에는 성인(聖人) 다음에 지(之)자가 있다.

④ 시이불병(是以不病) : 부혁본에는 '시이불오병(是以不吾病)'이라 했다.

▸ **하상공은 이 장을 '지병장(知病章)'이라 했다.**

(해설) 참된 지혜는 무지(無知)의 지(知)다

공자는 '아는 것은 안다 하고, 모르는 것은 모른다 하는 것이 아는 것이다'고 하였다. 또 칸트는 인식의 한계를 말하여, '물자체(物自體)는 인식할 수 없다'고 하였다.

그러나 노자의 저자는 모르는 것을 아는 것은 상지(上智)요, 아는 것을 모르는 것은 오류라 하였다.

그러면 '모르는 것'은 무엇인가? 그것은 인식할 수 없는 물자체, 즉 도다. 이 도를 요해하는 것은 상지다. 그러나 도를 인식의 한계 내로 끌어들여 이것을 억지로 한정하는 것을 말할 수 있는 도〔道可道〕이기 때문에 오류다.

대체로 자기가 인식하고 있는 것이 물자체, 즉 도의 그림자에 불과하다는 것을 모르는 것은 병된 지식, 즉 오류다. 이 오류를 오류로 알면 그것은 벌써 오류가 아니다.

그러므로 초월적 인식의 능력을 가진 성인은 오류를 범하지 않는다. 왜냐하면 그 오류를 오류로 알기 때문에 오류를 범하지 않는다.

제72장
나를 싫어하지 말고 나를 사랑하라

사람이 위력을 무서워할 줄 모르면 자연의 위력을 만나게 된다.

사람은 자기의 위치를 소홀히 여기지 말 것이요, 자기의 생을 싫어하지 말 것이다. 왜냐하면 싫어하는 마음이 없으면 자연히 모든 것을 싫어하지 않기 때문이다.

그러므로 성인은 자기가 알면서도 스스로 나타내지 않고, 자기가 사랑하면서도 스스로 귀하게 여기지 않는다. 그러므로 사사로운 뜻을 버리고 무위자연의 도를 선택한다.

• • • • • • • • • • • • •

민 불 외 위　즉 대 위 지　무 압　기 소 거　무 염 기 소 생　부 유
民不畏威①, 則大威至. 無狎②其所居；無厭其所生, 夫唯
무 염　시 이 불 염　시 이 성 인 자 지 부 자 현　자 애 부 자 귀　고 거
無厭, 是以不厭. 是以聖人自知不自見；自愛不自貴. 故去
피 취 차
彼取此.

백성이 위력(威力)을 무서워하지 않으면 대위(大威)가 이른다. 그 거(居)하는 데를 경시하는 일이 없고, 그 생(生)한 것을 싫어하는 일이 없어야 한다. 왜냐하면 오직 싫어하는 일이 없으면 싫어하지 않기 때문이다. 그러므로 성인은 스스로 알되 스스로 나타내지 않고, 스스로 사랑하되 스스로 귀하게 여기지 않는다. 그러므로 저것을 버리고 이것을 취한다.

• • • • • • • • • • • • •

주석

① 畏威(외위) : 노자익에 '위외고통용(威畏古通用) 인불외기소당외(人不畏其所當畏) 즉대가외자지의(則大可畏者至矣)'라 했다. 즉 위(威)는 천위(天威), 대위(大威)는 천벌(天罰)을 의미한다.
② 狎(압) : 경시(輕視)의 뜻.

고증

① 무압기소거(無狎其所居) : 하상공은 압(狎)자를 협(狹)자로 썼다. 또 거(居)자를 사마광(司馬光)은 안(安)자로 썼다. 논어(論語) 계씨편(季氏篇)에도 '소인부지천명이불외야(小人不知天命而不畏也) 압대인(狎大人) 모성인지언(侮聖人之言)'이라 하였으니, 역시 압(狎)자가 옳다.
② 부유무염(夫唯無厭) : 다른 책에는 '불염(不厭)'이라 했다. 그러나 부혁본에는 무(無)자를 썼다.
③ 부혁본에는 자지(自知)와 자애(自愛) 구(句) 다음에 이(而)자가 있다.

▸ 하상공은 이 장을 '애기장(愛己章)'이라 했다.

해설 도를 깨달은 삶

공자는 '소인(小人)은 천명을 모르기 때문에 무서워하지 않는다. 대인을 대수롭게 여기지 않는다. 성인의 말씀을 업신여긴다'고 말하였다.

노자는 사람이 만일 사람의 힘으로 어찌할 수 없는 자연의 위력을 무서워할 줄 모르고 외람되이 자연을 정복하려고 하면 도리어 자연의 위력에 압박을 당하게 된다고 하였다.

그러므로 사람은 지금 이곳에 존재하고 있다는 것을 소중히 여겨야 하고, 지금 이때에 살아 있다는 것을 싫어하여서는 안 된다. 즉 염세관(厭世觀)을 가져서는 안 된다.

자연히 생긴 몸, 자연히 살다가 자연으로 돌아가는 것을 즐거워해야 한다.

그러므로 자연의 법칙, 즉 도를 깨달은 성인은 자기가 무엇을 알아도 이것을 구태여 남에게 나타내려 하지 않고, 무엇을 사랑하되 이것을 구태여 남에게 귀중한 것이라고 하지 않는다.

제73장
자연의 법망(法網)은 넓고 성기어도 새어 나올 수 없다

과감한 일에 용감하면 죽고, 과감치 않은 일에 용감하면 산다. 이 두 가지는 이롭기도 하고 해롭기도 하지만 하늘이 미워하는 까닭을 누가 알겠는가?

그러므로 성인도 오히려 이것을 알기 어렵다.

천도(天道)는 다투지 않고도 잘 이기고, 말을 하지 않고도 잘 대답하고, 부르지 않아도 저절로 오고, 잠자코 있어도 잘 섭리한다.

하늘의 법망(法網)은 넓고 넓어 성기어도 새지 않는다.

• • • • • • • • • • • • •

勇於敢則殺①, 勇於不敢則活, 此兩者或利②或害③, 天之所惡, 孰知其故? 是以聖人猶難知之. 天之道, 不爭而善勝, 不言而善應, 不召而自來, 默然而善謀, 天網恢恢, 疏而不失.

과감한데 용감하면 죽고, 과감치 않은데 용감하면 산다. 이 양자는 혹 이롭기도 하고, 혹 해롭기도 하다. 하늘이 미워하는 것을 누가 그 까닭을 알겠는가? 그러므로 성인도 오히려 이것을 알기 어렵다. 천(天)의 도(道)는 다투지 않고도 잘 이기고, 말하지 않아도 잘 응하고,

부르지 않아도 저절로 오고, 묵연(默然)히 있어도 잘 도모하고, 천망(天網)이 넓고 넓어 성기어도 잃지 않는다.

• • • • • • • • • • • • •

주석

① 殺(살) : 노자익에 '살유사야(殺猶死也)'라 하였다.
② 利(이) : 노자익에 '위활(謂活)'이라 하였다.
③ 害(해) : 노자익에 '위살(謂殺)'이라 하였다.

고증

① 묵연(默然) : 하상공본에는 선연(墠然), 육덕명(陸德明)은 탄연(坦然), 부혁은 묵연(默然)이라 하였다.
② 유난지지(猶難知之) : 다른 책에는 지(知)자가 없다.
③ 소이불실(疏而不失) : 하상공은 불(不)자를 물(勿)자로 썼다.
▸**하상공은 이 장을 '임위장(任爲章)'이라 했다.**

해설 자연의 법망(法網)

세상 사람들은 흔히 사물이나 가치에 대하여 일도양단식(一刀兩斷式)으로 '갑(甲)은 갑이다. 갑이 갑인 이상 갑이 아닐 수 없다'고 대담하게 단정을 내린다. 또 그런가 하면, '갑은 갑이면서 동시에 갑이 아니다'고 주장한다. 전자는 중국 고대 명학파(名學派)인 공손룡(公孫龍)의 사고방식이요, 후자는 역시 명학파인 혜시(惠施)의 사고방식이다.

그러나 자연은 연속적으로 흐르는 존재다. 그러므로 끊고 끊어도 끊어 버릴 수 없다. 자연은 갑이 언제든지 갑일 수 없고, 또 갑과 갑 아닌 것이 동시에 존재할 수도 없다. 이 두 개의 사고방식은 이로울 때도 있고 해로울 때도 있다. 그러나 자연〔天〕은 이 두 가지의 사고방식을 다 싫어한다. 왜냐하면 자연의 관점에서 보면 이로운 것이 반드시 이로운 것이 아니요, 해로운 것이 반드시 해로운 것이 아니기 때문이다. 이로운 것은 흘러서 어느덧 해로운 것이 되고, 해로운 것은 어느덧 흘러서 이로운 것이 된다. 다시 말하면 갑은 비갑(非甲)으로 된다.

그러므로 이 점에 있어서는 성인이라도 알기 어려운 문제다. 왜냐하면 자연의 도는 다투지 않고도 잘 이기고, 말없이도 잘 대답하고, 부르지 않아도 저절로 오고, 묵묵히 있어도 섭리를 잘한다. 결론적으로 말하면 자연의 법망은 넓고 넓어서 아무리 성기어도 여기서 새어 나올 사물은 하나도 없는 것이다.

제74장
자연은 대목수(大木手)다

백성이 죽는 것을 무서워하지 않는다면 어떻게 죽음으로 그들을 두려워하게 하겠는가?

만일 백성에게 항상 죽음을 무서워하게 하여 나쁜 짓을 하는 자가 있다면 나는 그 사람을 잡아죽일 수 있다. 그러나 누가 감히 죽일 수 있겠는가?

항상 죽이는 일을 맡아보는 자가 있다. 그러나 만일 그 죽이는 일을 맡아보는 자를 대신하여 자기가 죽이면 이것은 마치 목수를 대신하여 나무를 베는 것과 같다. 대개 목수를 대신하여 자기가 나무를 베는 사람치고서 손을 다치지 않는 사람이 별로 없다.

• • • • • • • • • • • • •

민불외사 내하이사구지 약사민상외사이위기 자 오
民不畏死，奈何以死懼之？若使民常畏死而爲奇①者，吾
득집이살지 숙감 상유사살자살 이대사살자살 시대대
得執而殺之，孰敢？常有司殺者殺，而代司殺者殺，是代大
장착 부대대장착자 희유불상기수의
匠斲②．夫代大匠斲者，希有不傷其手矣．

백성이 죽음을 무서워하지 않으니, 어떻게 죽음으로 그들을 두렵게 하겠는가? 만일 백성으로 하여금 항상 죽음을 무섭게 하여 사악(邪惡)을 하는 자라면 나는 그를 잡아죽일 수 있다. 누가 감히 하겠는가? 항상 죽이는 일을 맡아보는 자가 죽인다. 그러나 죽이는 일을 맡아보는 자를 대신하여 죽이면 이것은 목수를 대신하여 나무를 베는 것이다. 대개 목수를 대신하여 나무를 베는 자는 손을 다치지 않는 일이 드물다.

• • • • • • • • • • • • •

주석

① 奇(기) : 왕주(王注)에 '궤이란군(詭異亂羣) 위지기야(謂之奇也)'라 하고, 진상고(陳象古)에는 '기(奇) 사야(邪也)'라 했다.
② 斲(착) : 베다. 작(斫)자의 뜻.

고증

① 민불외사(民不畏死) : 부혁본에는 '민상불외사(民常不畏死)'라 했다.
② 내하(奈何) : 부혁본에는 '여지하기(如之何其)'라 했다.
③ 오득집이살지(吾得執而殺之) : 부혁본에는 집(執)자가 없다.
④ 숙감(孰敢) : 부혁본에는 '희유부자상기수의(稀有不自傷其手矣)'라 했다.
▶하상공은 이 장을 '제혹장(制惑章)'이라 하였다.

해설 자연의 법률

악법과 학정(虐政)으로 다스리는 사회에서는 백성들이 다 살기를 원하지 않고 죽기를 원한다. 이러한 백성들에게 어떻게 죽음으로 무섭게 하겠는가? 아무리 무서운 벌을 주는 법이 있을지라도 백성들은 그 법을 두려워하지 않을 것이다.

만일 백성에게 죽음을 무섭게 하는 정책으로 간악한 일을 한다면 나는 그런 사람을 그냥 두지 않고 잡아죽일 수 있다. 그러나 누가 감히 죽일 수 있겠는가? 그것은 따로 죽이는 자가 있다. 그것은 자연의 법률이다.

만일 자연의 법률에 의하지 않고 사람이 사의(私意)로 사람을 죽이면 이것은 마치 목수를 대신하여 나무를 베는 것과 같다. 목수를 대신하여 나무를 베는 사람치고서 손을 다치지 않는 사람이 별로 없다.

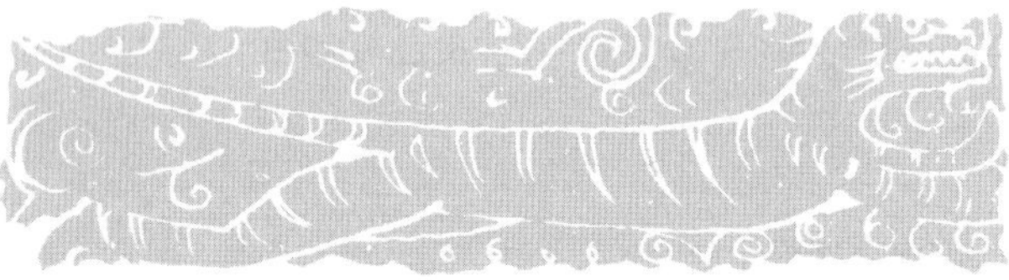

제75장
백성이 굶주리는 것은 상류계급에서 세(稅)를 많이 받아먹기 때문이다

백성이 굶주리는 것은 위에 있는 위정자가 세를 많이 받아먹기 때문이다. 그러므로 굶주리는 것이다.

백성을 다스리기 어려운 것은 위에 있는 위정자가 인위적인 유위(有爲)의 정치를 하기 때문이다. 그러므로 다스리기 어렵다.

백성이 죽기를 가볍게 여기는 것은 위에 있는 위정자가 자기만이 잘살기를 원하기 때문이다. 그러므로 백성이 죽기를 가볍게 여기는 것이다.

왜냐하면 다만 살기 위해서 살지 않는 것은 생(生)을 귀하게 여기는 것보다 낫기 때문이다.

• • • • • • • • • • • •

민지기 이기상식세 지다 시이기 민지난치 이기상
民之饑, 以其上食稅①之多, 是以饑;民之難治, 以其上
지유위 시이난치 민지경사 이기상구생지후 시이경사
之有爲, 是以難治. 民之輕死, 以其上求生之厚, 是以輕死.
부유무이생위자 시현어귀생
夫唯無以生爲者, 是賢於貴生.

백성이 굶주리는 것은 그 윗사람들이 조세를 많이 받아먹기 때문이다. 그러므로 굶주리는 것이다. 백성을 다스리기 어려운 것은 그 윗사람들이 유위를 하기 때문이다. 그러므로 다스리기 어려운 것이다. 백성이 죽기를 가볍게 여기는 것은 그 윗사람들이 후하게 살기를 구하기 때문이다. 그러므로 죽기를 가볍게 여긴다. 왜냐하면 오직 생을 위하는 일이 없는 것은 생을 귀하게 여기는 것보다 현명하기 때문이다.

• • • • • • • • • • • • •

주석

① 稅(세) : 노자익에 '조야(租也)'라 했다.

고증

① 민지기(民之饑) : 부혁본에는 '민지기야(民之饑也)'라 했다.
② 부유무이생위자(夫唯無以生爲者) : 부혁본에는 '부유이생위귀자(夫唯以生爲貴者)'라 했다.

▶**하상공은 이 장을 '탐손장(貪損章)'이라 하였다.**

해설 악정의 원인

한 사람의 농부가 농사를 지으면 한 집안 식구를 먹여 살릴 수 있는데, 도리어 기아 상태에 빠지게 되는 것은 무슨 까닭인가? 그것은 상류계급에 있는 사람들이 여러 가지 세납이라는 명목으로 그 고혈을 착취하여 일하지 않고 놀고 먹기 때문이다.

백성들로 하여금 해가 뜨면 농사하고, 해가 지면 편안히 쉬고, 목마르면 우물 파서 마시게 하면 저절로 다스려질 것인데, 위에 있는 위정자가 부질없이 인위적으로 까다로운 법령을 만들어 내어 백성을 간섭하면 도리어 농촌사회가 문란하게 되는 것이다.

백성들로 하여금 자기 힘으로 경작하여 얻은 쌀로 밥을 지어 달게 먹게 하고, 자기 힘으로 방직한 옷을 입고, 자기네의 풍속 습관에 따라 즐겁게 살게 하면 저절로 산다는 것을 중히 여길 것인데, 특수계급에 속하는 사람들이 백성의 고혈로 자기네 생활을 후히 즐김으로 인하여 뼈가 빠지도록 일을 하여도 늙어 죽도록 고통의 생활만 하게 되니, 하루 바삐 죽을 생각만 한다. 그러므로 백성들은 죽음을 가볍게 여긴다.

여기서 성인은 무위의 정치를 할 때에 자기 한 개인을 위한 소유욕과 지배욕을 버려 자기의 생활비를 박하게 하고, 백성을 간섭하지 않으므로 도리어 백성들은 생활이 후하게 되고, 저절로 잘 다스려지게 되는 것이다.

제76장
군대가 강하면 멸망한다

사람의 몸은 살아 있을 때에는 부드럽고, 죽으면 굳어진다. 초목도 살아 있을 때에는 부드럽고, 죽으면 말라버린다.

그러므로 부드럽고 유한 것은 생(生)의 현상이요, 굳고 강한 것은 죽음의 현상이다.

그러므로 군대가 강한 나라는 다른 나라에게 멸망하고, 가지가 튼튼한 나무는 바람에 꺾이는 것이다.

약소한 나라가 강대한 나라를 이기게 되는 것은 자연법칙이다.

• • • • • • • • • • • • • •

인 지 생 야 유 약 기 사 야 견 강 초 목 지 생 야 유 취 기 사 야 고
人之生也柔弱, 其死也堅强, 草木之生也柔脆, 其死也枯
고 고 유 약 자 생 지 도 견 강 자 사 지 도 시 이 병 강 즉 멸 목 강
槁. 故柔弱者生之徒, 堅强者死之徒. 是以兵强則滅, 木强
즉 절 강 대 처 하 유 약 처 상
則折. 强大處下, 柔弱處上.

사람이 생할 때에는 유약하고, 그것이 죽을 때에는 견강하다. 초목이 생할 때에는 유취(柔脆)하고, 그것이 죽을 때에는 고고(枯槁)하다. 그러므로 유약한 것은 생(生)의 무리요, 견강한 것은 사(死)의 무리다. 이 때문에 군대가 강하면 멸망하고, 나무가 강하면 꺾인다. 강대한 것은 아래에 처하게 되고, 유약한 것은 위에 처하게 된다.

• • • • • • • • • • • • • •

고증

① 견강(堅强) : 다른 책에는 '강강(剛彊)'이라 했다.

② 초목(草木) : 왕필본에는 '만물초목(萬物草木)'이라 했다.

③ 멸(滅) : 부혁본에는 '불승(不勝)'이라 했다. 그러나 열자(列子) 황제편(黃帝篇)에는 '노담왈(老聃曰) 병강즉멸(兵强則滅)'이라 했다.

④ 절(折) : 부혁본에는 병(兵)자를 썼다. 그러나 유월(兪樾)은 절(折)자가 옳다고 했다.

⑤ 강대(强大) : 부혁본에는 '견강(堅强)'이라 했다.

▸**하상공은 이 장을 '계강장(戒强章)'이라 했다.**

해설 유(柔)하면 산다

도체(道體)는 본래 유한 것이다. 만물도 이것을 본받아서 유하면 살고 강하면 죽는다. 예를 들면 사람이 살아 있을 때에는 근육이 부드럽지만 죽을 때에는 그것이 굳어진다. 초목도 살아 있을 때는 근간(根幹)과 지엽(枝葉)이 부드럽지만 죽을 때에는 그것이 말라버린다.

이것으로 보아 유약한 것은 삶에 속하고, 견강한 것은 죽음에 속하는 것을 알 수 있다.

따라서 국가사회에 있어서도 군대가 강하여 뽐내면 여러 나라의 미움을 받아 결국에는 멸망하게 된다. 또 식물계에 있어서도 줄기와 가지가 튼튼한 나무는 바람에 꺾이기 쉽다.

그러므로 모든 사물에 있어서 유약한 것은 도리어 강대한 것을 이기게 된다는 것은 하나의 자연법칙이다.

제77장
남은 것을 덜어다가 부족한 것에 보충한다

천도(天道)는 활을 메우는 것과 같도다! 활을 메울 때, 높은 데를 내려 누르고, 낮은 데를 치켜올린다. 긴 쪽은 줄이고 짧은 쪽은 당긴다.

천도는 이와 같이 남는 것을 덜어서 모자라는 것을 보충한다. 그러나 인도(人道)는 그렇지 아니하여, 모자라는 것에서 빼다가 남는 것에 이바지한다.

누가 남는 것으로 천하에 이바지할 수 있는가? 오직 유도자(有道者)일 뿐이다.

그러므로 성인은 일을 해놓고도 보수 받기를 바라지 않고, 공이 이루어져도 그 자리에 처해 있지 않으니, 그것은 현명한 것을 나타내려고 하지 않기 위함이다.

• • • • • • • • • • • • •

천 지 도　기 유 장 궁 여　고 자 억 지　하 자 거 지　유 여 자 손 지
天之道, 其猶張弓與! 高者抑之, 下者擧之 ; 有餘者損之,
부 족 자 보 지　천 지 도　손 유 여 이 보 부 족　인 지 도　즉 불 연
不足者補之. 天之道, 損有餘而補不足, 人之道, 則不然,
손 부 족 이 봉 유 여　숙 능 유 여 이 봉 천 하　유 유 도 자　시 이 성
損不足以奉有餘. 孰能有餘以奉天下? 唯有道者. 是以聖
인 위 이 불 시　공 성 이 불 처　기 불 욕 현 현
人爲而不恃, 功成而不處, 其不欲見賢.

천(天)의 도(道)는 그것이 활을 메우는 것과 같도다! 높은 것을 내려 누르고 낮은 것을 치켜올린다. 유여한 것을 덜어서 부족한 것에

보충한다. 천의 도는 유여한 것을 덜어서 부족한 것에 보충하지만, 인(人)의 도는 그렇지 아니하여 부족한 것을 덜어서 유여한 것에 받든다. 누가 유여한 것으로 천하에 받들 수 있는가? 오직 도가 있는 사람일 뿐이다. 이 때문에 성인은 하고서도 바라지 않고, 공이 이루어져도 처하지 않으니, 그것은 현명함을 나타내려고 하지 않기 위함이다.

• • • • • • • • • • • • •

고증

① 여(與) : 하상공은 호(乎)자를 썼다.
② 숙능유여이봉천하(孰能有餘以奉天下) : 부혁은 '숙능손유여이봉부족어천하자(孰能損有餘而奉不足於天下者)'라 했다.
③ 공성이불처(功成而不處) : 부혁본에는 처(處)자를 거(居)자로 썼다.
④ 기불욕현현(其不欲見賢) : 부혁본에는 '기불욕현현야(其不欲見賢邪)'라 했다.

▸**하상공은 이 장을 '천도장(天道章)'이라 했다.**

해설 천도(天道)와 인도(人道)

천도(天道), 즉 자연법칙은 마치 활〔弓〕에 줄을 메우는 모습과 같다. 활에 줄을 메우는 데는 활의 위 끝을 내려 누르고 아래 끝을 치켜올리며, 또 긴 활집을 움츠러들게 하고 줄을 잡아당긴다. 자연법칙은 이와 같이 남는 것을 덜어다가 모자라는 데 보태준다. 그러나 인도(人道), 즉 인위적인 생활 방법은 이와 반대로 가난한 자의 피와 땀을 짜내어 부유한 자에게 이바지한다.

이 세상에 과연 누가 잉여가치를 덜어다가 빈핍(貧乏)한 자리에 보태줄 수 있겠는가? 그것은 다름아닌 성인, 즉 평등을 원칙으로 하는 철인정치가만이 그렇게 할 수 있다.

그러므로 철인정치가는 무슨 일을 완성시켜 놓고도 개인의 보수 받기를 바라지 않고, 공이 이루어져도 자기가 공로가 있는 사람이라고 자처하지 않는다. 그는 다만 자연법칙에 따를 뿐이요, 자기가 잘났다는 것을 남에게 나타내려고 하지 않기 때문이다.

제78장
유한 것은 강한 것을 이긴다

이 세상에 물보다 더 부드럽고 약한 것은 없다. 그러면서도 굳세게 강한 것을 쳐서 이기는 데는 물보다 나은 것은 없다. 이렇게 하는 데는 물로 대치할 만한 물건이 없다.

약한 것이 강한 것을 이기고, 부드러운 것이 굳은 것을 이긴다는 이치를, 이 세상에 모르는 사람이 없지만 실행을 하지 못한다.

그래서 성인은 말했다. '한 나라의 치욕을 자기가 받는 사람을 국군(國君)이라 하고, 세계의 행복을 자기가 받는 사람을 세계왕(世界王)이라 한다.'

이렇게 보면 진리는 배리(背理)인 것처럼 보이기도 한다.

• • • • • • • • • • • • • •

천하막유약어수　이공견강자　막지능승　이기무이　역
天下莫柔弱於水，而攻堅强者，莫之能勝，以其無以①易
지　약지승강　유지승강　천하막부지　막능행　시이성인
之．弱之勝强，柔之勝剛，天下莫不知，莫能行．是以聖人
운　수국지구　시위사직주　수국지불상　시위천하왕
云；'受國之垢，是謂社稷主②，受國之不祥，是謂天下王.'
정언약반
正言若反.

천하에 물보다 유약한 것이 없으면서 견강(堅强)한 것을 공격하는 데는 이것보다 나은 것이 없으니, 그것으로 이것과 바꿀 수 없다. 약한 것이 강한 것을 이기고, 유한 것이 강한 것을 이긴다는 것을 천하가 모르는 것이 아니지만 행하지를 못한다. 이 때문에 성인은 이르기를, '나라의 치욕을 받는 이를 사직주(社稷主)라 하고, 나라의 불상사를 받는 이를 천하왕(天下王)이라 한다'고 하였으니, 정언(正言)은 반어(反語)인 것 같다.

• • • • • • • • • • • • •

주석

① 無以(무이) : 할 수 없다.
② 社稷主(사직주) : 사원(辭源)에 의하면 '사직은 토곡신(土穀神)인데, 국가의 대칭(代稱)이라' 하였다. 그러므로 이것은 국군(國君)을 가리킨다.

고증

① 천하막유약어수(天下莫柔弱於水) : 하상공은 '천하유약막과어수(天下柔弱莫過於水)'라 하였다.
② 막지능승(莫之能勝) : 부혁본에는 '막지능선(莫之能先)'이라 했다.
③ 이기무이역지(以其無以易之) : 다른 책에는 이(以)자가 없다. 그러나 부혁본에는 있다.
④ 약지승강(弱之勝强), 유지승강(柔之勝剛) : 부혁본에는 앞의 구와 뒷구를 도치하였다.
⑤ 천하막부지(天下莫不知)와 막능행(莫能行) 사이에 부혁본에는 이(而)자가 있다.
⑥ 성인운(聖人云) : 부혁본에는 '성인지언운(聖人之言云)'이라 했다.
⑦ 사직주(社稷主), 천하왕(天下王) : 부혁본에는 '사직지주(社稷之主) 천하왕(天下王)'이라 했다.

▸**하상공은 이 장을 '임신장(任信章)'이라 했다.**

해설 유약한 물〔水〕

이 세상에 물과 같이 유약한 것은 없다. 모난 그릇에 넣으면 모나고, 둥근 그릇에 넣으면 둥글어지고, 굽은 길을 만나면 굽게 흐르고, 곧은 길을 만나면 곧게 흐르고, 더러운 물건도 받아들이고, 또 높은 데로 올라가려 하지 않고 항상 낮은 데로 내려가려고 한다.

그러나 또 한편으로는 물과 같이 견강한 물건을 이겨내는 것은 없다. 아무리 큰 물건도 흘러가게 하고, 굳은 돌도 뚫을 수 있고, 제방도 무너뜨릴 수 있고, 또 모든 것을 다 포용할 수 있다. 이것이야말로 천하에 어떤 물건을 가져오든지 이것과 대치(代置)할 수 없다.

이와 같이 약한 것이 강한 것을 이기고, 유한 것이 굳센 것을 이기는 진리를 천하가 모르는 바 아니지만 실행할 줄을 모른다.

그러므로 성인은 말하기를, '한 나라의 치욕을 자기 한 개인이 받는 사람을 국군이라 하고, 세계의 불행을 자기 한 개인이 받는 사람을 세계왕이라 한다'고 하였다.

존귀한 국군과 영광스러운 세계왕이 치욕과 불행을 받는다는 것은 얼핏 생각하면 정당한 말〔正言〕이 부정당(不正當)한 말과 같다. 그러나 나라를 위하여 치욕을 받고, 세계를 위하여 불행을 걸머지는 사람은 반드시 존귀와 영광을 받을 때가 오고야 마는 것이다.

제79장
화해 끝에 원한이 온다

큰 원한은 화해하여도 반드시 원한이 다 풀리지 않는다. 어찌 지극한 선(善)이라 하겠는가? 그래서 성인은 남한테 빚을 받을 계약서를 가지고 있으면서도 채무자에게 빚을 재촉하지 않는다.

또 덕이 있는 사람은 남에게 물건을 양도할 계약서를 가지고 있지만, 덕이 없는 사람은 남한테 물건을 양도받을 계약서를 가지고 있다.

천도, 즉 자연법칙은 사정(私情)이 없고 항상 선인(善人)의 편이 된다.

• • • • • • • • • • • •

화대원 필유여원 안가이위선 시이성인집좌계 이불

和大怨, 必有餘怨, 安可以爲善. 是以聖人執左契①, 而不

책 어인 고유덕사계 무덕사철 천도무친 상여선인

責②於人. 故有德司契, 無德司徹③. 天道無親, 常與善人.

대원(大怨)을 화해하면 반드시 여원(餘怨)이 있다. 어찌 선(善)이라 할 수 있겠는가? 그러므로 성인은 좌계(左契)를 잡고 있어도 남에게 재촉하지 않는다. 그러므로 덕이 있으면 계약서를 차지하고 있고, 덕이 없으면 세법(稅法)을 차지하고 있다. 천도는 친애함이 없고 항상 선인과 같이 한다.

• • • • • • • • • • • •

주석

① 左契(좌계) : 노자익 오주(吳註)에 '계자(契者) 각목위권(刻木爲券) 중분지(中分之) 각집기일(各執其一) 이합지이표신(而合之以表信) 취재물어인왈책(取財物於人曰責) 계유좌우(契有左右) 좌계재주재물자지소(左契在主財物者之所) 우계이부래취재물지인(右契以付來取財物之人)'이라 했다.
② 責(책) : 사원(辭源)에 '구야(求也) 위색취지야(謂索取之也)'라 했다.
③ 徹(철) : 노자익 오주에 '철(轍) 통야(通也) 고자조법(古者助法) 주개조위철법(周改助爲徹法) 공사전소수지불균(恐私田所收之不均) 고팔가사전(故八家私田) 역령통력합작(亦令通力合作) 이균수지(而均收之) 팔가소득균평이무다과지이(八家所得均平而無多寡之異)'라 했다.

고증

① 고유덕사계(故有德司契) : 왕필본에는 고(故)자가 없다.
▶ **하상공은 이 장을 '임계장(任契章)'이라 했다.**

해설 공평무사한 사회

이 세계의 모든 사물의 현상은 극(極)에 도달하면 반드시 되돌아온다. 그러므로 큰 원한을 화해하는 평화회의가 있은 뒤에도 반드시 새로운 원한이 꼬리를 물고 온다. 예를 들면 우리나라 해방의 환희 뒤에 38선의 원한이 따라온 것과 같다.

그러므로 성인은 근본적으로 돌아가서 처음부터 원한을 맺지 않는다. 비유하면 남에게 빚을 받을 채권증명서를 가지고 있으면서도 채무자에게 빚을 재촉하지 않고 방임하여 두는 것과 같다.

그러므로 덕이 있는 세상에서는 백성들이 빚을 받지 않을 채권증명서를 가지고 있고, 덕이 없는 세상에서는 백성들이 빚을 받을 증명서를 가지고 세리(稅吏) 같은 행동을 한다.

그러나 자연 질서에 따르는 사회에서는 이러한 사람과 사람 사이에 부자연한 채무 관계가 없다. 줄 것도 없고 받을 것도 없다. 다만 백성들이 자연 질서에 의하여 생활하므로 사정(私情)도 없다. 다만 공평무사할 뿐이다.

제80장
도가(道家)의 이상적 사회

소수의 백성이 거주하고 있는 약소국에서는 병기(兵器)가 있어도 사용하지 못하게 한다.

백성들에게는 죽는 것을 큰일로 생각하게 하여 다른 지방으로 이사가지 않게 한다. 비록 배와 수레가 있더라도 이것을 타고 바깥으로 나아가지 않게 한다. 비록 군대를 가지고 있더라도 전쟁 마당에 나아가지 않게 한다.

백성들이 다시 유사이전(有史以前)의 시대로 돌아가게 한다. 백성들에게 자기네들이 밭 갈아 지은 곡식을 달게 먹게 한다. 자기네들이 방직하여 지은 의복을 훌륭하게 생각케 한다.

이웃나라끼리 서로 바라보고, 닭이 울고 개가 짖는 소리가 서로 들려와도, 백성들이 늙어 죽을 때까지 서로 오고가는 일이 없다.

• • • • • • • • • • • • • •

소국과민 사유십백 지기이불용 사민중사이불원사
小國寡民, 使有什伯①之器而不用；使民重死而不遠徙；
수유주여 무소승지 수유병갑 무소진지 사민부결승
雖有舟輿, 無所乘之；雖有兵甲, 無所陳之；使民復結繩②
이용지 감기식 미기복 안기거 낙기속 인국상망 계
而用之；甘其食, 美其服；安其居, 樂其俗；鄰國相望, 雞
견지성상문 민지로사 불상왕래
犬之聲相聞, 民至老死, 不相往來.

소국과민(小國寡民)하여 십백(什伯)의 병기가 있어도 사용하지 않게 하고, 백성이 죽음을 중히 여겨 멀리 이사가지 않게 하고, 비록 주여(舟輿)가 있어도 이것을 타는 일이 없고, 비록 병갑(兵甲)이 있어도 진(陣)칠 데가 없고, 백성에게 다시 결승(結繩)하여 이것을 사용케 하고, 그 음식을 감식(甘食)하게 하고, 그 의복을 미려하게 여기고, 그 거주를 평안히 살게 하고, 그 풍습을 즐겁게 여기게 하고, 인국(鄰國)이 서로 바라보면서 계견(雞犬)의 소리가 서로 들려도 백성들이 노사(老死)할 때까지 서로 왕래(往來)하지 않는다.

• • • • • • • • • • • • •

주석

① 什伯(십백) : 한서(漢書)에 '조천하리사무득치십기(詔天下吏舍無得置什器)'라 하고, 안사고주(顏師古註)에는 '오인위오(五人爲伍) 십인위십(十人爲什) 즉공기물(則共器物) 고통위십오지구위십물(故通爲什伍之具爲什物)'이라 했다. 또 유월(兪樾)은 '십백지기내병기야(什伯之器乃兵器也) 후한서선승전주(後漢書宣乘傳注) 군법(軍法) 오인위오(五人爲伍) 이오위십(二五爲什) 즉공기물(則共器物) 기겸언백자(其兼言伯者) 고군병이백인위백(古軍兵以百人爲伯) 인서무순편왈(因書武順篇曰) 오오이십오원졸(五五二十五元卒) 사졸성위왈백(四卒成衛曰伯) 시기증(是其證) 십백개사부곡지명(什伯皆士部曲之名) 사졸소용지기(士卒所用之器) 고위지십백지기(故謂之什伯之器)'라 했다.

② 結繩(결승) : 역(易) 계사하(繫辭下)에 '상고결승이치(上古結繩而治) 후세성인(後世聖人) 역지이서계(易之以書契) 백관치(百官治) 만민이찰(萬民以察)'이라 했다.

고증

① 사유십백지기(使有什伯之器) : 하상공은 '사유십백인지기(使有什伯

人之器)'라 했다.

② 주여(舟輿) : 하상공은 '주거(舟車)'라 했다.

③ 사민부결승(使民復結繩) : 왕필은 '사인부결승(使人復結繩)'이라 했다. 또 부혁본에는 '사민부결승이용지(使民復結繩而用之)' 다음에 지치지극(至治之極)이라는 문구가 있다.

④ 감기식(甘其食) : 부혁본에는 '민각감기식(民各甘其食)'이라 했다.

⑤ 안기거(安其居) : 부혁본에는 '안기속(安其俗)'이라 했다.

⑥ 민지로사(民至老死), 불상왕래(不相往來) : 부혁본에는 '사민지로사(使民至老死) 불상여왕래(不相與往來)'라 했다.

▶ **하상공은 이 장을 '독립장(獨立章)'이라 했다.**

해설 이상적인 사회

국가 이기주의의 중앙정부와 도시국가를 해체시켜 상호협동적인 농촌 사회를 건설하면 전시(戰時)에 사용하였던 병기는 쓸 데가 없어 녹이 슬게 되고, 백성들은 향외적(向外的) 탐험심이 없어 배나 수레를 타고 해외로 가는 일이 없고, 일정한 토지에서 고착생활을 하며, 침략성을 띤 전쟁이 없으므로 병장기와 갑옷 같은 군비품(軍備品)도 농장기로 전환시키어 사용하게 하고, 인간의 자연성을 손상케 하는 기계문명을 구축하고 유사 이전의 결승시대(結繩時代)로 되돌아가서 해가 뜨면 들에서 일하고, 해가 지면 편히 쉬고, 우물 파서 마시는 원시적 생활을 영위케 된다.

백성들은 베옷을 입어도 좋게 생각하고, 조밥을 먹어도 달게 먹고, 자기 조상의 뼈가 묻힌 농토를 낙토(樂土)로 여기며 다음 자손에 또 물려주고, 대대로 내려오는 풍속과 관습을 즐겁게 여기고, 내적 생활이 유족하므로 외적 요구가 없어 이웃 나라의 닭이 울고 개짖는 소리가 서로 들려와도 백성들이 서로 오고가는 일이 없다. 이것은 바로 도가(道家)의 자연 질서에 의한 이상적인 사회다.

제81장
미더운 말은 수식(修飾)이 적고, 수식이 많은 말은 미덥지 않다

미더운 말은 수식이 없고, 수식이 있는 말은 미덥지 않다. 솔직한 사람은 변명을 하지 않고, 변명하는 사람은 솔직하지 못하다. 참으로 아는 사람은 무엇이나 널리 다 알지 못하고, 무엇이나 다 아는 사람은 참으로 알지 못한다.

성인(聖人)은 자기 한 개인을 위하여 덕을 쌓아 두지 않고, 남을 위함으로써 자기도 더욱 덕이 있게 되고, 남에게 덕을 줌으로써 자기도 더욱 덕이 많게 된다. 천도(天道)는 만물을 해치지 않고 이롭게 하여, 성인의 도는 사람과 다투지 않고 일을 한다.

• • • • • • • • • • • •

신언불미 미언불신 선자불변 변자불선 지자불박
信言不美, 美言不信 ; 善者不辯, 辯者不善 ; 知者不博,
박자부지 성인부적 기이위인 기유유 기이여인 기유
博者不知. 聖人不積, 旣以爲人, 己愈有 ; 旣以與人, 己愈
다 천지도 이이불해 성인지도 위이부쟁
多. 天之道, 利而不害 ; 聖人之道, 爲而不爭.

신언(信言)은 아름답지 않고, 미언(美言)은 미덥지 않다. 선자(善者)는 변명하지 않고, 변자(辨者)는 선하지 않다. 지자(知者)는 박식하지 않고, 박식한 자는 알지 못한다. 성인은 적덕(積德)하지 않고 이미 사람을 위함으로써 자기는 더욱 가지게 되고, 이미 사람에게 줌으로써 자기도 더욱 많게 된다. 천(天)의 도(道)는 이롭게 하여도 해치지 않고, 성인의 도는 하되 다투지 않는다.

• • • • • • • • • • • • •

고증

① 선자불변(善者不辯), 변자불선(辯者不善) : 부혁본에는 '선언불변(善言不辯) 변언불선(辯言不善)'이라 했다.

② 성인부적(聖人不積) : 부혁본에는 불(不)자를 무(無)자로 썼다.

▸하상공은 이 장을 '현질장(顯質章)'이라 했다.

해설 성인(聖人)은 다투지 않는다

미더운 말은 근본적 의의(意義)를 말하므로 수식이 적고, 수식이 많은 말은 근본적 의의에서 벗어나므로 미덥지 못하다. 마음이 솔직한 사람은 옳은 것은 옳다 하고, 그른 것을 그르다 하므로 변명이 그다지 필요하지 않고, 변명이 많은 사람은 옳은 것을 그르다 하고, 그른 것을 옳다 하므로 마음이 솔직하지 못하다.

참으로 아는 사람은 사물의 근원적인 '하나'를 파악하고 있으므로 무엇이나 다 널리 알 수 없고, 무엇이나 다 널리 아는 사람은 근원적인 '하나'를 파악하지 못하므로 참으로 알지 못한다.

성인은 자기 한 사람만을 위해서 덕(德)을 쌓아두지 않고, 여러 사람을 위하므로 자기도 더욱 덕을 쌓게 된다. 성인은 자기 한 사람만을 위하여 덕을 가지고 있지 않고, 여러 사람에게 덕을 줌으로 자기도 덕을 많이 가지게 된다.

본래 천도(天道), 즉 자연의 법칙은 만물을 이롭게 할지언정 해치는 일이 없다. 이것을 본따서 내가 살기 위하여 남을 죽이지 않고, 남을 살림으로써 자기도 산다. 그러므로 무슨 일을 하되 남과 더불어 싸우지 않는다.

原　文
원　문

老子道德經 上篇

英譯本
新次序

一 章

五 道可道, 非常道, 名可名, 非常名. 〔1〕

六 無名, 天地之始. 有名, 萬物之母. 〔2〕

七 常無, 欲觀其妙, 常有, 欲觀所皦. 〔3〕

八 此兩者, 同出而異名. 同, 謂之玄. 玄之又玄, 衆妙之門. 〔4〕

二 章

五六 天下皆知美之爲美, 斯惡已. 皆知善之爲善, 斯不善已. 〔5〕

五七 故有無相生, 難易相成, 長短相形, 高下相傾, 音聲相和, 前後相隨. 〔6〕

六七 是以聖人處無爲之事, 行不言之敎, 萬物作焉而不辭, 生而不有, 爲而不恃, 功成而弗居, 夫唯弗居, 是以不去. 〔7〕

三 章

一六二 不尙賢, 使民不爭. 不貴難得之貨, 使民不爲盜. 不見可欲, 使民心不亂. 〔8〕

一六三 是以聖人之治, 虛其心, 實其腹, 弱其志, 强其骨. 常使民無知無欲. 使夫知者, 不敢爲也. 爲無爲, 則無不治. 〔9〕

四 章

十八 道沖, 而用之, 或不盈. 淵兮, 似萬物之宗. 挫其銳, 解其紛, 和其光, 同其塵. 湛兮似常存. 吾不知誰子, 象帝之先. 〔10〕

五 章

四六 天地不仁, 以萬物爲芻狗. 聖人不仁, 以百姓爲芻狗. 〔11〕

四七 天地之間, 其猶橐籥乎. 虛而不屈, 動而愈出. 〔12〕

一三四 多言數窮, 不如守中. 〔13〕

六 章

三八 谷神不死, 是謂玄牝. 玄牝之門, 是謂天地根. 綿綿若存, 用之不勤. 〔14〕

七 章

八四 天長地久. 天地所以能長且久者, 以其不自生. 故能長久. 〔15〕

八五 是以聖人後其身, 而身先, 外其身, 而身存. 非以其無私邪? 故能成其私. 〔16〕

八 章

七八 上善若水. 水善, 利萬物而不爭, 處衆人之所惡. 故幾於道. 居善地, 心善淵, 與善仁, 言善信, 政善治, 事善能, 動善時. 夫唯不爭, 故無尤. 〔17〕

九 章

六二 持而盈之, 不如其已. 揣而銳之, 不可長保. 金玉滿堂, 莫之能守. 〔18〕

六三 富貴而驕, 自遺其咎. 功遂身退, 天之道. 〔19〕

十 章

三九 載營魄抱一, 能無離乎. 專氣致柔, 能嬰兒乎. 滌除玄覽, 能

無疵乎. 愛民治國, 能無知乎. 天門開闔, 能爲雌乎. 明白四達, 能無爲乎. 〔20〕

四十 生之畜之. 生而不有, 爲而不恃, 長而不宰. 是謂玄德. 〔21〕

十一 章

五四 三十輻共一轂, 當其無, 有車之用. 埏埴以爲器, 當其無, 有器之用. 鑿戶牖以爲室, 當其無, 有室之用. 故有之以爲利, 無之以爲用. 〔22〕

十二 章

九六 五色令人目盲. 五音令人耳聾. 五味令人口爽. 馳騁畋獵, 令人心發狂. 難得之貨, 令人行妨. 是以聖人爲腹, 不爲目. 故去彼, 取此. 〔23〕

十三 章

八六 寵辱若驚, 貴大患若身. 何謂寵辱若驚? 寵爲上, 辱爲下, 得之若驚, 失之若驚. 是謂寵辱若驚. 何謂貴大患若身? 吾所以有大患者, 爲吾有身. 及吾無身, 吾有何患? 〔24〕

九十 故貴以身於天下者, 可託天下. 愛以身爲天下, 若可寄天下. 〔25〕

十四 章

十二 視之不見, 名曰夷. 聽之不聞, 名曰希. 摶之不得, 名曰微. 此三者, 不可致詰. 故混而爲一. 〔26〕

十三 其上不皦, 其下不昧. 繩繩不可名. 復歸於無物. 是謂無狀之狀, 無物之象. 是爲惚恍. 迎之不見其首, 隨之不見其後. 執古之道, 以御今之有, 以知古始. 是謂道紀. 〔27〕

十五 章

二六 古之善爲士者, 微妙玄通, 深不可識. 夫唯不可識, 故强爲之容.〔28〕

二七 豫若冬涉川, 猶若畏四隣, 儼若客, 渙若冰將釋, 敦若樸, 曠若谷, 渾若濁.〔29〕

二八 濁以靜之, 徐淸, 安以動之, 徐生.〔30〕

二九 保此道者, 不欲盈. 夫惟不盈, 能蔽復成.〔31〕

十六 章

一三一 致虛極, 守靜篤, 萬物竝作, 吾以觀其復.〔32〕

一三二 夫物芸芸, 各復歸其根. 歸根曰靜, 靜曰復命, 復命曰常, 知常曰明. 不知常妄作凶. 知常容, 容乃公, 公乃王, 王乃天, 天乃道. 道乃久, 沒身不殆.〔33〕

十七 章

一五九 太上, 下知有之. 其次, 親之譽之. 其次, 畏之. 其次, 侮之.〔34〕

一六○ 信不足焉, 有不信焉. 悠兮其貴言. 功成事遂, 百姓皆謂我自然.〔35〕

十八 章

一○九 大道廢, 有仁義. 智慧出, 有大僞. 六親不和, 有孝慈. 國家昏亂, 有忠臣.〔36〕

十九 章

一四八 絶聖棄智, 民利百倍. 絶仁棄義, 民復孝慈. 絶巧棄利, 盜賊無有. 此三者, 以爲文不足.〔37〕

一四九 故令有所屬. 見素抱樸, 少私寡欲. 〔38〕

二十 章

五九 絶學無憂. 唯之與阿, 相去幾何? 善之與惡, 相去何若? 〔39〕

一七七 人之所畏, 不可不畏, 荒兮其未央哉. 〔40〕

一六七 衆人熙熙, 如享太牢, 如春登臺. 我獨怕兮, 其未兆, 如嬰兒之未孩, 儽儽兮, 若無所歸. 〔41〕

一六八 衆人皆有餘, 而我獨若遺. 我愚人之心也哉, 沌沌兮. 〔42〕

一六九 俗人昭昭, 我獨若昏. 〔43〕

一七○ 俗人察察, 我獨悶悶. 澹兮其若海, 飂兮若無所止. 〔44〕

一七一 衆人皆有以, 而我獨頑似鄙. 我獨異於人, 而貴食母. 〔45〕

二十一 章

九 孔德之容, 唯道是從. 道之爲物, 唯恍唯惚. 惚兮恍兮, 其中有象. 恍兮惚兮, 其中有物. 窈兮冥兮, 其中有精. 其精甚眞, 其中有信. 自古及今, 其名不去, 以閱終甫. 吾何以知終甫之然哉? 以此. 〔46〕

二十二 章

七五 曲則全. 枉則直. 窪則盈. 弊則新. 少則得. 多則惑. 〔47〕

七六 是以聖人抱一, 爲天下式. 不自見, 故明. 不自是, 故彰. 不自伐, 故有功. 不自矜, 故長. 夫唯不爭, 故天下莫能與之爭. 古之所謂曲則全者, 豈虛言哉? 誠全而歸之. 〔48〕

二十三 章

六四 希言, 自然. 飄風不終朝, 驟雨不終日. 孰爲此者? 天地. 天地尙不能久, 而況於人乎? 〔49〕

一三九 故從事於道者, 　道者同於道, 　德者同於德, 　失者同於失.

〔50〕

一四○ 同於道者, 道亦樂得之. 同於德者, 德亦樂得之. 同於失者, 失亦樂得之. 信不足焉, 有不信. 〔51〕

二十四 章

一○六 企者不立. 跨者不行. 自見者不明. 自是者不彰. 自伐者無功. 自矜者不長. 〔52〕

一○七 其於道也, 曰餘食贅行. 物有惡之. 故有道者不處也. 〔53〕

二十五 章

一 有物混成, 先天地生. 寂兮寥兮, 獨立而不改, 周行而不殆, 可以爲天下母. 〔54〕

三 吾不知其名, 字之曰道, 强爲之名曰大. 大曰逝, 逝曰遠, 遠曰反. 〔55〕

四 故道大. 天大, 地大, 王亦大. 域中有四大, 而王居其一焉. 人法地, 地法天, 天法道, 道法自然. 〔56〕

二十六 章

一四三 重爲輕根, 靜爲躁君. 是以聖人, 終日行, 不離輜重. 雖有榮觀, 燕處超然. 奈何萬乘之主, 而以身輕天下? 輕則失本, 躁則失君. 〔57〕

二十七 章

一一○ 善行無徹迹, 善言無瑕讁. 善數不用籌策. 善閉無關楗而不可開, 善結無繩約而不可解. 〔58〕

一一一 是以聖人常善救人, 故無棄人. 常善救物, 故無棄物. 是謂襲明. 〔59〕

一一二 故善人者, 不善人之師. 不善人者, 善人之資. 不貴其師, 不

愛其資, 雖智大迷. 是謂要妙. 〔60〕

二十八 章

一四四 知其雄, 守其雌, 爲天下谿. 爲天下谿, 常德不離, 復歸於嬰兒. 〔61〕

一四五 知其白, 守其黑, 爲天下式. 爲天下式, 常德不忒, 復歸於無極. 〔62〕

一四六 知其榮, 守其辱, 爲天下谷. 爲天下谷, 常德乃足, 復歸於樸. 樸散則爲器. 聖人用之, 則爲官長. 故大制不割. 〔63〕

二十九 章

一五○ 將欲取天下而爲之, 吾見其不得已. 天下神器, 不可爲也. 爲者敗之, 執者失之. 〔64〕

一○三 故物或行或隨, 或噓或吹, 或强或羸, 或接或隳. 是以聖人, 去甚, 去奢, 去泰. 〔65〕

三十 章

一二六 以道佐人主者, 不以兵强天下. 其事好還. 師之所處, 荊棘生焉. 大軍之後, 必有凶年. 〔66〕

一二七 善者, 果而已, 不敢以取强. 果而勿矜, 果而勿伐, 果而勿驕, 果而不得已, 果而勿强. 物壯則老, 是謂不道. 不道早已. 〔67〕

三十一 章

一二三 夫佳兵, 不祥之器, 物或惡之. 故有道者不處. 君子居則貴左, 用兵則貴右. 〔68〕

一二四 兵者不祥之器, 非君子之器. 不得已而用之, 恬淡爲上, 勝而不美. 而美之者, 是樂殺人. 夫樂殺人者, 則不可以得志於

天下矣. 〔69〕

一二五 吉事尙左, 凶事尙右. 偏將軍居左, 上將軍居右, 言以喪禮處之. 殺人之衆, 以哀悲泣之. 戰勝, 以喪禮處之. 〔70〕

三十二 章

一五 道常無名. 樸雖小, 天下不敢臣. 王侯若能守之, 萬物將自賓. 天地相合, 以降甘露. 民莫之令, 而自均. 〔71〕

一四 始制, 有名. 名亦旣有, 夫亦將知止. 知止, 不殆. 譬道之在天下, 猶川谷之於江海. 〔72〕

三十三 章

一一六 知人者智, 自知者明. 勝人者有力, 自勝者强. 知足者富, 强行者有志. 不失其所者久, 死而不亡者壽. 〔73〕

三十四 章

二一 大道氾兮, 其可左右. 萬物恃之而生, 而不辭. 功成, 不名. 有衣養萬物, 而不爲主, 常無欲, 可名於小. 萬物歸焉, 而不爲主, 可名爲大. 是以聖人, 終不自爲大, 故能成其大. 〔74〕

三十五 章

一〇 執大象天下往, 往而不害, 安平太. 樂與餌, 過客之. 〔75〕

一一 道之出口, 淡乎其無味, 視之不足見, 聽之不足聞. 用之不可旣. 〔76〕

三十六 章

六一 將欲歙之, 必固張之. 將欲弱之, 必固强之. 將欲廢之, 必固興之. 將欲奪之, 必固與之. 是謂微明. 柔弱勝剛强. 〔77〕

一五三 魚不可脫淵. 國之利器, 不可以示人. 〔78〕

三十七 章

一○二 道常無爲, 而無不爲. 侯王若能守之, 萬物將自化. 化而欲作, 吾將鎭之, 以無名之樸. 無名之樸, 夫亦將無欲. 不欲以靜, 天下將自定. 〔79〕

老子道德經 下篇

王弼注本老子白文據古逸叢書集
唐字老子道德經注二卷本校印

三十八 章

七一 上德不德, 是以有德. 下德不失德, 是以無德. 上德無爲, 而無以爲. 下德爲之, 而有以爲. 上仁爲之, 而無以爲. 上義爲之, 而有以爲. 上禮爲之, 而莫之應, 則攘臂而仍之. 〔80〕

七二 故失道而後德, 失德而後仁, 失仁而後義, 失義而後禮. 夫禮者, 忠信之薄, 而亂之首. 前識者, 道之華, 而愚之始. 是以大丈夫處其厚, 不處其薄. 居其實, 不居其華. 故去彼取此. 〔81〕

三十九 章

一九 昔之得一者. 天得一以淸, 地得一以寧, 神得一以靈, 谷得一以盈, 萬物得一以生, 侯王得一以爲天下正. 〔82〕

二○ 其致之一也. 天無以淸, 將恐裂. 地無以寧, 將恐發. 神無以靈, 將恐歇. 谷無以盈, 將恐竭. 萬物無以生, 將恐滅. 侯王無以貴, 將恐蹶. 〔83〕

九一 故貴以賤爲本, 高以下爲基. 是以王侯自謂孤寡不穀. 此非以賤爲本邪? 非乎? 〔84〕

九四 故致數譽無譽. 不欲琭琭如玉, 落落如石. 〔85〕

四十 章

一七 反者道之動, 弱者道之用. 〔86〕

五五 天下萬物生於有, 有生於無. 〔87〕

四十一 章

三〇 上士聞道, 勤而行之. 中士聞道, 若存若亡. 下士聞道, 大笑之. 不笑, 不足以爲道. [88]

三一 故建言有之, 明道若昧, 進道若退, 夷道若纇. [89]

三二 上德若俗. 大白若辱, 廣德若不足, 建德若偸. 質眞若渝. [90]

三三 大方無隅, 大器晩成, 大音希聲, 大象無形. 道隱無名. [91]

三四 夫唯道, 善貸且成. [92]

四十二 章

一六 道生一, 一生二, 二生三, 三生萬物. 萬物負陰而抱陽, 冲氣以爲和. [93]

九二 人之所惡, 唯孤寡不穀, 而王公以爲稱. 故物或損之而益, 或益之而損. [94]

一七八 人之所教, 我亦教之. 强梁者, 不得其死. 吾將以爲教父. [95]

四十三 章

六五 天下之至柔, 馳騁天下之至堅. 無有入無間. 吾是以知無爲之有益, 不言之教, 無爲之益, 天下希及之. [96]

四十四 章

一三〇 名與身孰親? 身與貨孰多? 得與亡孰病? [97]

一三五 是故甚愛必大費, 多藏必厚亡. [98]

一三六 故知足不辱, 知止不殆, 可以長久. [99]

四十五 章

六〇 大成若缺, 其用不弊. 大盈若冲, 其用不窮. 大直若屈, 大巧若拙, 大辯若訥. [100]

七三 躁勝寒, 靜勝熱, 淸靜爲天下正. 〔101〕

四十六 章

一二二 天下有道, 却走馬以糞. 天下無道, 戎馬生於郊. 〔102〕

九七 罪莫大於可欲, 禍莫大於不知足, 咎莫大於欲得. 故知足之足, 常足. 〔103〕

四十七 章

六六 不出戶知天下, 不窺牖見天道. 其出彌遠, 其知彌少. 是以聖人不行而知, 不見而名, 不爲而成. 〔104〕

四十八 章

六九 爲學日盛, 爲道日損. 損之又損, 以至於無爲, 無爲而無不爲. 取天下, 常以無事. 及其有事, 不足以取天下. 〔105〕

四十九 章

一六一 聖人無常心, 以百姓心爲心. 善者吾善之, 不善者吾亦善之. 德善. 信者吾信之, 不信者吾亦信之. 德信. 〔106〕

一四七 聖人在天下, 慄慄爲天下, 渾其心. 而百姓皆注其耳目, 聖人皆孩之. 〔107〕

五十 章

一○四 出生, 入死. 生之徒, 十有三. 死之徒, 十有三. 人之生, 動之死地, 亦十有三. 夫何故? 以其生生之厚. 〔108〕

一○五 蓋聞, 善攝生者, 陸行不遇兕虎, 入軍不被甲兵. 兕無所投其角, 虎無所措其爪, 兵無所容其刃. 夫何故? 以其無死地. 〔109〕

五十一 章

三五 道生之, 德畜之, 物形之, 勢成之. 是以萬物, 莫不尊道而貴德. 道之尊, 德之貴, 夫莫之命, 而常自然. [110]

三六 故道生之, 德畜之, 長之, 育之, 成之, 熟之, 養之, 覆之. [111]

三七 生而不有, 爲而不恃, 長而不宰. 是謂玄德. [112]

五十二 章

二 天下有始, 以爲天下母. 旣得其母, 以知其子. 旣知其子, 復守其母, 沒身不殆. [113]

九八 塞其兌, 閉其門, 終身不勤. 開其兌, 濟其事, 終身不救. [114]

一○○ 見小曰明, 守柔曰强. 用其光, 復歸其明, 無遺身殃, 是爲襲常. [115]

五十三 章

一七九 使我介然有知, 行於大道, 唯施是畏. 大道甚夷, 而民好徑. [116]

一○八 朝甚除, 田甚蕪, 倉甚虛. 服文綵, 帶利劍, 厭飮食, 財貨有餘, 是謂夸盜. 非道也哉! [117]

五十四 章

一三八 善建者不拔, 善抱者不脫. 子孫祭祀不輟. [118]

四三 修之於身, 其德乃眞. 修之於家, 其德乃餘. 修之於鄕, 其德乃長. 修之於國, 其德乃豊. 修之於天下, 其德乃普. [119]

四四 故以身觀身, 以家觀家, 以鄕觀鄕, 以國觀國, 以天下觀天下. 何以知天下之然哉? 以此. [120]

五十五 章

四一 含德之厚, 比於赤子. 毒虫不螫, 猛獸不據, 攫鳥不搏. 骨弱筋柔, 而握固. 未知牝牡之合, 而全作, 精之至也. 終日號而不嗄, 和之至也. 〔121〕

四二 知和曰常, 知常曰明. 益生曰祥, 心使氣曰强. 物壯則老, 謂之不道. 不道早已. 〔122〕

五十六 章

一一八 知者不言, 言者不知. 〔123〕

九九 塞其兌, 閉其門, 挫其銳, 解其紛. 和其光, 同其塵. 是謂玄同. 〔124〕

一○一 故不可得而親, 不可得而疏. 不可得而利, 不可得而害. 不可得而貴, 不可得而賤. 故爲天下貴. 〔125〕

五十七 章

一五一 以正治國, 以奇用兵, 以無事取天下. 吾何以知其然哉? 以此. 天下多忌諱, 而民彌貧. 民多利器, 國家滋昏. 人多伎巧, 奇物滋起. 法令滋彰, 盜賊多有. 〔126〕

一五二 故聖人云, 我無爲而民自化, 我好靜而民自正, 我無事而民自富, 我無欲而民自樸. 〔127〕

五十八 章

一五四 其政悶悶, 其民淳淳. 其政察察, 其民缺缺. 〔128〕

五八 禍兮, 福之所倚. 福兮, 禍之所伏. 孰知其極? 其無正. 正復爲奇, 善復爲妖. 人之迷, 其日固久. 〔129〕

一三七 是以聖人, 方而不割, 廉而不劌, 直而不肆, 光而不燿. 〔130〕

五十九 章

四五 治人事天, 莫若嗇. 夫唯嗇, 是謂早服. 早服, 謂之重積德. 重積德, 則無不克. 無不克, 則莫知其極. 莫知其極, 可以有國. 有國之母, 可以長久. 是謂深根固柢, 長生久視之道. 〔131〕

六十 章

一六四 治大國, 若烹小鮮. 以道莅天下, 其鬼不神. 非其鬼不神, 其神不傷人. 非其神不傷人, 聖人亦不傷人. 夫兩不相傷, 故德交歸焉. 〔132〕

六十一 章

一六五 大國者下流, 天下之交. 天下之牝. 牝常以靜勝牡, 以靜爲下. 故大國以下小國, 則取小國. 小國以下大國, 則取大國. 故或下以取, 或下而取. 大國不過欲兼畜人, 小國不過欲入事人. 夫兩者各得其所欲, 大者宜爲下. 〔133〕

六十二 章

二二 道者萬物之奧, 善人之寶, 不善人之所保. 〔134〕

二三 美言可以市, 尊行可以加人. 人之不善, 何棄之有? 〔135〕

二四 故立天子, 置三公. 雖有拱璧以先駟馬, 不如坐進此道. 〔136〕

二五 故之所以貴此道者何? 不曰, 以求得, 有罪以免邪? 故爲天下貴. 〔137〕

六十三 章

一一三 爲無爲, 事無事, 味無味. 大小, 多少, 報怨以德. 圖難於其易, 爲大於其細. 〔138〕

一一四 天下難事, 必作於易, 天下大事, 必作於細. 是以聖人, 終不爲大. 故能成其大. 〔139〕

一三三 夫輕諾必寡信, 多易必多難. 是以聖人猶難之. 故終無難矣. 〔140〕

六十四 章

一四一 其安易持, 其未兆易謀. 其脆易破, 其微易散. 爲之於未有, 治之於未亂. 〔141〕

一四二 合抱之木, 生於毫末, 九層之臺, 起於累土, 千里之行, 始於足下. 〔142〕

六八 爲者敗之, 執者失之, 聖人無爲, 故無敗. 無執, 故無失. 〔143〕

一一五 民之從事, 常於幾成而敗之. 愼終如始, 則無敗事. 〔144〕

七○ 是以聖人欲不欲, 不貴難得之貨. 學不學, 復衆人之所過. 以輔萬物之自然, 而不敢爲. 〔145〕

六十五 章

二一 古之善爲道者, 非以明民, 將以愚之. 民之難治, 以其智多. 故以智治國, 國之賊, 不以智治國, 國之福. 知此兩者, 亦楷式. 常知楷式, 是謂玄德. 玄德, 深矣遠矣. 與物反矣, 乃至於大順. 〔146〕

六十六 章

八七 江海所以能爲百谷王者, 以其善下之. 故能爲百谷王. 〔147〕

八八 是以聖人欲上民, 必以言下之. 欲先民, 必以身後之. 〔148〕

八九 是以聖人處上而民不重, 處前而民不害. 是以天下樂推而不厭. 以其不爭, 故天下莫能與之爭. 〔149〕

六十七 章

一七二 天下皆謂我道大似不肖. 夫唯大, 故似不肖. 若肖, 久矣其細. 〔150〕

一七三 夫我有三寶, 持而寶之. 一曰慈, 二曰儉, 三曰不敢爲天下先. 〔151〕

一七四 慈故能勇, 儉故能廣, 不敢爲天下先故能成器長. 〔152〕

一七五 今舍慈且勇, 舍慈且廣, 舍後且先, 死矣. 〔153〕

一七六 夫慈以戰則勝, 以守則固. 天將救之, 以慈衛之. 〔154〕

六十八 章

七四 善爲士者, 不武. 善戰者, 不怒. 善勝敵者, 不爭. 善用人者, 爲下. 是謂不爭之德, 是謂用人之力, 是謂配天, 古之極. 〔155〕

六十九 章

八一 用兵有言, 吾不敢爲主而爲客, 不敢進寸而退尺. 是謂行無行, 攘無臂, 扔無敵, 執無兵. 〔156〕

八二 禍莫大於輕敵. 輕敵, 幾喪吾寶. 故抗兵相加, 襄者勝矣. 〔157〕

七十 章

一八○ 吾言甚易知, 甚易行, 天下莫能知, 莫能行. 言有宗, 事有君. 夫唯無知, 是以不我知. 知我者希, 則我者貴. 是以聖人, 被褐懷玉. 〔158〕

七十一 章

一一九 知不知上, 不知知病. 夫唯病病, 是以不病. 聖人不病, 以其

病病, 是以不病. 〔159〕

七十二 章

一五八 民不畏威, 大威至矣. 無狹其所居, 無厭其所生. 夫唯不厭, 是以不厭. 〔160〕

一一七 是以聖人, 自知不自見, 自愛不自貴. 故去彼取此. 〔161〕

七十三 章

一二九 勇於敢則殺, 勇於不敢則活. 此兩者, 或利或害. 天之所惡, 孰知其故? 是以聖人猶難之. 〔162〕

五一 天之道, 不爭而善勝, 不言而善應, 不召而自來, 繟然而善謀. 〔163〕

五二 天網恢恢, 疏而不失. 〔164〕

七十四 章

一五六 民不畏死, 奈何以死懼之? 若使民常畏死, 而爲奇者, 吾得執而殺之, 孰敢? 〔165〕

一五七 常有司殺者殺. 夫代司殺者殺, 是謂代大匠斲. 夫代大匠斲者, 希有不傷其手矣. 〔166〕

七十五 章

一五五 民之饑, 以其上食稅之多, 是以饑. 民之難治, 以其上之有爲, 是以難治. 民之輕死, 以其上生生之厚, 是以輕死. 夫唯無以生爲者, 是賢於貴生. 〔167〕

七十六 章

七九 人之生也柔弱, 其死也堅强. 萬物草木之生也柔脆, 其死也枯槁. 〔168〕

八○ 故堅强者, 死之徒, 柔弱者, 生之徒. 是以兵强則不勝, 木强則兵. 强大處下, 柔弱處上. 〔169〕

七十七 章

四八 天之道, 其猶張弓與. 高者抑之, 下者擧之. 有餘者損之, 不足者補之. 〔170〕

四九 天之道, 損有餘而補不足, 人之道則不然. 損不足, 以奉有餘. 〔171〕

五○ 孰能有餘以奉天下? 唯有道者. 是以聖人, 爲而不恃, 功成而不處. 其不欲見賢. 〔172〕

七十八 章

七七 天下莫柔弱於水, 而攻堅强者, 莫之能勝, 其無以易之. 弱之勝强, 柔之勝剛, 天下莫不知, 莫能行. 〔173〕

九三 是以聖人云, 受國之垢, 是謂社稷主, 受國之不祥, 是謂天下王. 正言若反. 〔174〕

七十九 章

一二八 和大怨, 必有餘怨. 安可以爲善? 是以聖人執左契, 而不責於人. 〔175〕

五三 有德司契, 無德司徹. 天道無親, 常與善人. 〔176〕

八十 章

一六六 小國寡民. 使有什伯之器, 而不用. 使民重死, 而不遠徙. 雖有舟輿, 無所乘之. 雖有甲兵, 爲所陳之. 使人復結繩而用之. 甘其食, 美其服, 安其居, 樂其俗. 隣國相望, 雞犬之聲相聞, 民至老死, 不相往來. 〔177〕

八十一 章

一二○ 信言不美, 美言不信. 善者不辯, 辯者不善. 知者不博, 博者不知. 〔178〕

九五 聖人不積. 旣以爲人, 己愈有. 旣以與人, 己愈多. 〔179〕

八三 天之道, 利而不害. 聖人之道, 爲而不爭. 〔180〕

老子道德經終

TRUTH AND NATURE

TRUTH AND NATURE

CONTENTS

Chapter *Page*

TRUTH AND NATURE

Ⅰ. The Definition of Truth

1 THERE is something evolved from chaos, which was born before heaven and earth. It is inaudible and invisible. It is independent and immutable. It is all-pervasive and ceaseless. It may be regarded as the mother of heaven and earth. 〔54〕

2 There was something which preceded the birth of the universe. When the primary cause is grasped, the effects may be understood. One's whole life can be secure if, knowing the effects, one still holds fast to the primary cause. 〔113〕

3 I do not know its name and call it Truth or Law. If I must describe it, I will say that it is great, active, farreaching, and cyclical in its motion. 〔55〕

4 Thus Truth is great, heaven is great, earth is great, and the king is also great. Within the universe there are four great ones, and the king is one of them. The king must follow the examples of earth, heaven, Truth, and Nature. 〔56〕

5 The truth that may be told is not the everlasting Truth. The name given to a thing is not the everlasting Name. 〔1〕

6 Nothingness is used to denote the state that existed before the birth of heaven and earth. Reality is used to denote the state where the multitude of things begins to have a separate existence. 〔2〕

7 Therefore, when the mind rests in the state of Nothingness, the enigma can be understood; when the mind rests in the state of Reality, the bounds can be reached. 〔3〕

8 These two states, though bearing different names, have a common origin. Both are mysterious and metaphysical. They are the most mysterious, and form the gateway to all mysteries. 〔4〕

9 The conduct of those who have attained perfection is always in accordance with the way of Truth. Truth is vague and intangible. Though vague and intangible, within it there is substance. Though vague and intangible, within it there is form. Though distant and vacuous, within it there is essence. Its essence is real, and its validity can be proven. It has existed from the earliest time, and only its name is new. It is the primary origin of the whole of creation. 〔46〕

10 He who abides by the great Simulachrum(Truth) finds the people of the whole world eager to follow him. By following him they are rendered free from harm, and peace prevails. Like music and baits, he attracts all passers-by. 〔75〕

11 The utterance of Truth is insipid. It cannot be seen with the eyes; it cannot be heard with the ears; it

cannot be exhausted from constant use. [76]

12 That which cannot be seen is formless. That which cannot be heard is noiseless. That which cannot be touched is bodiless. These three cannot be examined in detail for they really constitute one indivisible whole. [26]

13 This indivisible whole(Truth) does not appear bright when viewed at the summit, or dark when viewed at the nadir. It is imperceptible and indescribable. It is always changing, and reverting to the state of Nothingness. It is formless, shapeless, vague, and indefinite. Facing it, one cannot see its head; pursuing it, one cannot see its tail. Abide by this primordial Truth, and the States of today can be ruled. know the primary conditions, and you know the principles of Truth. [27]

14 The name was fabricated by man. Since it has been given a name, the rulers ought to know it. When they know it, they will be free from danger. Truth is to the universe as rivers and seas are to the earth. [72]

II. The Function of Truth

15 TRUTH is the name given to that which was originally nameless and simple. Though small, the whole world cannot subjugate it. When the rulers abide by it, all animate creation will of their own accord become their servants. Because heaven and earth are

one with Truth, they produce rains and dews which benefit all mankind alike without their asking. [71]

16 Truth gave birth to one; one gave birth to two; two gave birth to three; three gave birth to the multitude of things which attain the state of harmony when the opposite elements of *Ying* and *Yang* are mingled in a well-balanced manner. [93]

17 The motion of Truth is cyclical. The way of Truth is pliant. [86]

18 Truth may appear hollow, but its usefulness is inexhaustible. It is so profound that it comprehends all things. It is so vague that its very existence may seem doubtful. I do not know its origin, but I believe that its existence preceded that of the gods. [10]

19 Since antiquity the following may be said to have attained Truth: Heaven, which by Truth is clear. Earth, which by Truth is secure. The goods, which by Truth are divine. The valleys, which by Truth are full. All animate creation, which by Truth are alive. The rulers, which by Truth are capable of rectifying the Empire. [82]

20 Conversely, the following inferences may be stated; Without that which renders it clear, heaven stands the danger of disruption. Without that which renders it secure, earth stands the danger of depression. Without that which renders them divine, the gods stand the danger of impotency. Without that which renders them full, the valleys stand the danger of desiccation. Without

that which renders them life, all animate creation stand the danger of annihilation. Without that which renders them capable of rectification, the rulers stand the danger of being over thrown. [83]

21 The great Truth is all-pervasive and may be found every where. It gives life to all animate creation, and yet it does not claim lordship over them. It accomplishes all things, and yet it does not claim anything for itself. It embraces all things, and yet it has no fixed abode. It abides by inaction, and may be considered minute. It is the ultimate destiny of all animate creation though it is not conscious of it, and it may be considered great. Because it is never conscious of its greatness, it becomes truly great. [74]

22 Truth is the abode of the whole of creation. It is treasured by good men, and it should also be treasured by bad men. [134]

23 Good words enable one to obtain honour, and good conduct enables one to receive respect. When a man is bad, why should we spurn him? [135]

24 Wherefore, it is better to advance toward Truth than to be an Emperor, or a Grand Minister, or a royal messenger wearing precious jades and riding in fine carriages. [136]

25 Why did the ancients esteem Truth? Was it not for the reason that by following Truth men could obtain what was desirable and avoid what was undesirable? Because of Truth they could rule the whole Empire.

[137]

26 The ancients who knew how to live according to Truth possessed a subtle and penetrating intelligence. The profundity of their character was immeasurable. As it was immeasurable, we can only give a superficial description of them as follows. [28]

27 They moved about cautiously as though they were fording a large stream of water. They were retiring and hesitant as though they were shy of the men around them. Their demeanour was reverent as though they were meeting honoured guests. They quickly adapted themselves to any circumstance as though they were ice melting before fire. Their manners were simple and artless as though they were unhewn wood. Their minds were expansive and receptive as though they were hollow valleys. Their views were impartial and tolerant as though they were turbid puddles. [29]

28 What is it that can end the turbidity of puddles? When there is no disturbance, the impurities gradually settle, and the water becomes clear. What is it that can perpetuate the continuity of things? When there is constant change, life gradually undergoes growth. [30]

29 Those who hold fast to Truth do not desire satiation. Because there is no satiety life is continually renewing itself. [31]

30 When the-highest type of men. hear of Truth, they forthwith sedulously practise it, When the average type of men hear of Truth, they are unimpressed. When the

lowest type of men hear of Truth, they greatly deride it. Indeed, if these men do not deride it, it is surely not Truth. [88]

31 Wherefore it is said in the Book of Jiann-Yan: "The one who understands Truth appears as though he did not understand it. The one who advances toward Truth appears as though he were retreating from it. The one who finds the way of Truth easy appears as though he found it difficult." [89]

32 The most virtuous appear as though they were devoid of virtue. The virtuous who can impart virtue to others appear as though they were incapable. The virtuous who are strong appear as though they were weak. The virtuous who are solid appear as though they were unreal. [90]

33 The most pure appears as though it were impure. The perfect, square is cornerless. The greatest achievement is slow of completion. The highest note is inaudible. The great Simulachram is formless. The great Truth is nameless. [91]

34 It is only Truth that excels both in giving and achieving. [62]

III. The Attributes of Nature

35 It is Truth that gives both life and form to things. The nature of a thing determines its individuality and

perfection. Therefore, as regards all things, Truth and Nature are the most important. The importance of Truth and Nature is a matter of course, and requires no comment. [110]

36 Truth gives birth to life. Nature determines the individuality, growth, development, completion, maturity, protection and security of a thing. [111]

37 The mysterious Nature is that which lives without the desire for ownership, gives without the wish for return, rules without claiming lordship. [112]

38 The spirit of life is immortal and may be compared to the mysterious productive power which forms the base of the universe. It is imperceptible, and its usefulness is inexhaustible. [14]

39 When the spirit holds fast to the body, how can there be disunion! When the vital force attains the utmost degree of pliancy, how can one fail to resemble a newborn babe! When the mind is purified, how can there be blemishes! When the ruler truly loves the people, how can be fail to accomplish things! When the sensual organs are properly used, how can one fail to have strength! When the intellectual faculties are properly employed, how can one fail to have understanding! [20]

40 The mysterious Nature is that which produces, grows, lives without the desire for ownership; gives without the wish for return; rules without claiming lordship. [21]

41 When the inherent qualities are completely preserved, one is like a new-born babe. Poisonous insects will not bite him, ferocious beasts will not crouch in wait for him, predatory birds will not attack him. Though his body is weak and supple, yet he has a firm grip. Though he is ignorant about the reproductive organs, yet he possesses them all. This is because he is full of the elemental force. He may cry all day, yet he never loses his voice. This is because he attains the perfect harmony. [121]

42 When the elemental force is in perfect harmony, there is normalcy. When one knows normalcy, there is enlightenment. When one tampers with life, there is calamity. When the heart is subservient to the will there is compulsion. [122]

43 When one's conduct is in accordance with Truth, the inherent qualities become real. When a whole family follows Truth, the inherent qualities become abundant. When a whole village follows Truth, the inherent qualities become enduring. When the whole State follows Truth, the inherent qualities become superabundant. When a whole Empire follows Truth, the inherent qualities become universal. [119]

44 Thus, one man is the measure of other men, one family is the measure of other families, one village is the measure of other villages, one State is the measure of other States, and one Empire is the measure of other Empires. [120]

45 In governing men and serving Heaven, there is nothing better than temperance. In order to practise temperance, one must first follow Truth, and this means adherence to the inherent qualities. When one adheres to the inherent qualities, he becomes invincible. When he is invincible, he also becomes one with Truth. When he is one with Truth, he becomes everlasting. This is the way to attain immortality. [131]

Ⅳ. The Whole of Creation

46 The universe is a-moral, and it regards all things as mere straw-dogs.* The Sage is a-moral, and he regards all men as mere straw-dogs. [11]

* Dogs made of straw were used as sacrificial offerings.

47 The whole universe may be compared to a bellows. It is hollow, but not empty. It is moving and renewing without cease. [12]

48 The way of Heaven is like the drawing of a bow! The bulge is levelled; the depression is raised; the excess is diminished; the deficiency is replenished. [170]

49 The way of Heaven is to diminish excess, and replenish deficiency. The way of man is the opposite. He robs the poor to serve the rich. [171]

50 Who can give all he has to serve the world? Only the follower of Truth. Thus the Sage gives without the

wish for return; he achieves without claiming credit. Is this not because he wishes to conceal his worth? [172]

51 The way of Heaven is victorious, and there is no strife; convincing, and there is no speech; responsive, and there is no compulsion; sure of success, and there is no haste. [163]

52 The rule of Heaven is extensive and comprehensive, slow but sure. [164]

53 The virtuous is preoccupied with the thought of how to benefit others. The unvirtuous is preoccupied with the thought of how to injure others. The way of Heaven is impartial, helping all men alike in doing good. [176]

54 Thirty spokes share the space of one nave. The substance and the void are both essential to the usefulness of a carriage.

Clay is moulded to make vessels. The substance and the void are both essential to the usefulness of a vessel.

Doors and windows are hewn in a house. The substance and the void are both essential to the usefulness of a house.

Thus, the presence of something may prove beneficial, just as the absence of something may prove useful. [22]

55 The multitude of things in this world have their origin in Reality. Before the birth of Reality there was Nothingness. [87]

V. The Cycle of Changes

56 As soon as the world regards some thing as beautiful, forth with also appears ugliness. As soon as the world regards some deed as good, forthwith also appears evil. [5]

57 Thus we have the alternation of existence and nonexistence; the succession of the difficult and the easy; the comparison of the long and the short; the contrast between the high and the low; the variation of pitch notes; the order of precedence and sequence. [6]

58 What one calls calamity is often a fortune under disguise. What one calls fortune is often a cause of calamity. Who knows what the final outcome will be? How can there be absolute right! The right may turn out to be wrong. How can there be absolute goodness! The good may turn out to be evil. Indeed, men have been under a delusion for such a long time. [129]

59 Respect and insolence, — are they really different? Beauty and ugliness, — are they really different? [39]

60 The most perfect appears as though he were imperfect, and his beneficence is inexhaustible. The most complete appears as though he were incomplete, and his usefulness is limitless. The most upright appears as though he were cooked. The most skillful appears as though he were stupid. The most eloquent

appears as though he were inarticulate. [100]

61 When one wishes to expand, one must first contract. When one wishes to be strong, one must first be weak. When one wishes to rise, one must first fall. When one wishes to take, one must first give. This is called mere truism. Meekness can overcome hardness, and weakness can overcome strength. [77]

62 Those who amass wealth without ceasing are comparable to one who continues to temper a weapon until it loses its keenness. A house that is filled with gold and jades cannot long remain secure. [18]

63 A man who proudly displays his riches invites trouble for himself. The effacement of self after success has been achieved is the way of Heaven. [19]

64 Boisterous gales do not continue unabated from morn till eve. Torrential rainfalls do not continue unabated throughout the day and night. Who is it that produces these phenomena? Heaven and earth. Since these phenomena cannot last for ever, how much less can the work of man! [49]

VI. Abide by Inaction

65 THE softest thing in the world can overcome the hardest. Such a thing seems to issue forth from nowhere, and yet it penetrates everywhere. From this I have learned the advantage of inaction. Few men in this

world have learned the precept of silence, and the advantage of inaction. [96]

66 Without leaving the house, one may know everything about the world. Without looking through the window, one may see the way of Heaven. The further one travels, the less he knows. Thus, the Sage possesses wisdom without seeking; becomes famous without display; achieves success without effort. [104]

67 The Sage is ever free from artifice, and practises the precept of silence. He does things without the desire for control. He lives without the thought of private ownership. He gives without the wish for return. He achieves without claiming credit for himself. Because he does not claim cerdit for himself, he is always given credit. [7]

68 Those who try to gain by action are sure to fail; those who try to hold are sure to lose. Because the Sage abides by inaction, he does not fail. Because he does not try to hold, he does not lose. [143]

69 With learning one aims at constant augmentation. With Truth one aims at constant augmentation. The diminution continues and continues until the state of inaction is reached. Because of inaction, nothing is left undone. When one constantly abides by inaction, he can win an Empire. If he does not abide by inaction, he will never be able to win an Empire. [105]

70 Wherefore; the Sage has no desires, covets not rarities, and acquires not learning in order that he may

avoid the faults of the multitude. He promotes the spontaneous development of all things, and does not venture to interfere by his own action. [145]

71 The most virtuous is not conscious of being virtuous, and therefore he attains virtue. The least virtuous is always afraid of losing virtue, and therefore he fails to attain virtue.

The most virtuous abides by inaction, and nothing is left undone. The least virtuous is always employed with action, and much is left undone.

When benevolence is most highly esteemed, people practise it for its own sake. When righteousness is most highly esteemed, people practise it for their own good. When propriety is most highly esteemed, people practise it because they are compelled to. [80]

72 Thus, virtue becomes fashionable when people fail to follow Truth; benevolence becomes fashionable when people fail to attain virtue ; righteousness becomes fashionable when people fail to practise benevolence; propriety becomes fashionable fail to practise righteousness.

The rules of propriety are brought about by the lack of loyalty and sincerity, and by the prevalence of confusion. Learning is pushed to the fore when Truth is disregarded as a matter of no importance, and when hypocrisy begins to prevail.

Therefore the truly great men dwell in what is fundamental, and shun what is trivial. They abide by what is real, and discard what is ornamental. [81]

73 Calm can overcome unrest; heat can overcome cold. With purity and quiescence of mind, one may rule supreme in this world. [101]

VII. Esteem Meekness

74 THE best warriors are not warlike. The best strategists are not impulsive. The best winners are not quarrelsome. The best rulers are not arrogant. All these indicate the virtue of non-contention, the ability to employ men, compliance with Heaven's sublime way. [155]

75 The imperfect becomes perfect. The old becomes new. The crooked becomes straight. The empty becomes full. Loss means gain. Plenitude means confusion. [47]

76 Wherefore, the Sage holds fact to Truth and thereby secs as example for the world. Because he is not selfcomplacent, he becomes enlightened. Because he is not selfimportant, he becomes illustrious. Because he is not selfconcerited, he becomes successful. Because he is not selfassertive, he becomes supreme. Because he himself does not strive for superiority, there is none in the world who can contend with his superiority. There is an old saying : "The imperfect becomes perfect." How true are these words! In order to revert to the whole, one must abide by what is normal and natural. [48]

77 There is nothing in this world more supple and pliant than water. Yet even the most hard and stiff cannot overcome it. This is an irrefutable truism. That the meek can overcome the strong, just as the supple can overcome the hard, is known to all people. Only they fail to practise it. [173]

78 The way of a good man is like that of water which benefits all things without contention. He is content to keep that which is discarded by the multitude. Hence he is close to Truth. He adapts himself to any environment; he attunes his mind to what is profound; he associates himself with the virtuous; his words inspire confidence; his rule brings about order; he administers affairs with ability; his actions are opportune. Because he does not contend, he gives no cause for resentment. [17]

79 When a man is alive, his body is supple and pliant. When he is dead, it is hard and stiff. When a plant is alive, it is supple and pliant. When it is dead it is dry and brittle. [168]

80 Therefore to be hard and stiff is the way of death; to be supple and pliant is the way of life. A stiff weapon may break, just as a stiff tree may crack. That which is hard and stiff occupies a disadvantageous position. That which is supple and pliant occupies an advantageous position. [169]

81 One of the ancient strategists said: "I do not venture to fight an offensive war; I prefer to be on the

defensive. I dare not advance an march; I prefer to retreat a foot." This indicates the futility of possessing armaments, the reluctance to send armed expeditions, the inexistence of caus belli, the absence of foes. [156]

82 Nothing can be more calamitous than an underestimation of the enemy's strength. To underestimate the enemy's strength may cost a man his life. In the event of war, those who regard it as a lamentable necessity will win. [157]

83 The way of Heaven is to benefit, and not to harm. The way of the Sage is to give, and not to strive. [180]

VIII. **Banish Selfishness**

84 HEAVEN is everlasting, and earth is perpetual. Their endurance is due to the fact that they exist without the consciousness of self, because of which they endure for ever. [15]

85 Likewise, the Sage is most highly esteemed because he regards himself as the least important. His life is long preserved because he has no thought about his personal security. He is able to realize his complete self because he is always selfless. [16]

86 Honour and disgrace are alike a cause of excitement. The great trouble of man lies in the love for self.

What is meant by saying that honour and disgrace

are alike a cause of excitement? Man prefers honour to disgrace. When he has the one, he becomes excited; when he loses the other, he becomes excited. This means that honour and disgrace are alike a cause of excitement.

What is meant by saying that the great trouble of man lies in the love for self? Man is beset with great trouble because of his consciousness of self. If he is selfless, how can there be any trouble? [24]

87 That the rivers and seas are the lords of all waterways is because they occupy the lowest position, which fact is the cause of their lordship. [147]

88 Wherefore, he who wishes to be above the people must be content to be at the bottom. He who wishes to be at the head of the people must be content to be in the rear. [148]

89 Thus the Sage occupies a superior position, and the people do not find it burdensome. He occupies a leading position, and the people do not find it irksome. Therefore the whole Empire takes delight, and is never weary of paying him homage. Because he himself does not strive for superiority, there is none in this world who can contend with his superiority. [149]

90 Wherefore, if a man esteems himself only as much as he esteems the whole world, he will find security therein. If a man loves the world as much as he loves himself, he will find security therein. [25]

91 Humility forms the basis of honour, just as the low

ground forms the foundation of a high elevation. Wherefore, the sovereigns are content to call themselves "The Virtueless" and "The Unworthy." Does not this show that they regard humility as a matter of utmost importance? [84]

92 Man dislike to be called "The Virtueless" or "The Unworty." But these are the names with which the sovereigns style themselves. Hence, a thing may seem diminished when it is actually diminished. [94]

93 A Sage once said: "He who can suffer humiliation for the sake of his country is qualified to rule over a State. He who can suffer calamities for the sake of his country is qualified to rule over an Empire." [174]

94 Hence, the most praiseworthy are indifferent about praise. It matters not to them whether they are admired as are beautiful jades, or despised as are rugged stones. [85]

95 The sage gives without reservation He offers all to others, and his life is more abundant. He holds all men alike, and his life is more exuberant. [179]

IX. Eliminate Desires

96 THE five colours blind the eyes of man. The five tones deafen the ears of man. The five flavours vitiate the palate of man. The pursuit of pleasures deranges the mind of man. The love for wealth perverts the conduct

of man. Wherefore the Sage attends to the inner self and not to the outward appearance. [23]

97 There is no error greater than that of having many desires. There is no calamity greater than the feeling of discontent. There is no fault greater than the desire for gain. Therefore, he who knows contentment is always contented. [103]

98 Stop up all the orifices of lust, shut out all forms of distraction,—then one's whole life will be free from harm.

Open all the orifices of lust, attend to the gratification of desires,—then one's whole life will be beyond salvation. [114]

99 Stop up all the orifices of lust, shut out all forms of distraction, repress all manner of cunning, unravel all causes of confusion, eliminate all opportunities for rivalry, remove all kinds of inquality,—then there is great harmony. [124]

100 The clear-sighted is he who can discern even the minute things. The strong is he who can abide by meekness. Following the light, reverting to the source of illumination, doing no harm to oneself,—these are the ways of attaining what is normal. [115]

101 When there is no cause for favour or disfavour, gain or loss, honour or disgrace, the world will become rectified. [125]

102 Truth abides by inaction, and yet nothing is left undone. If the rulers abide by Truth, all animate

creation will of their own accord come under their influence. When they of their own accord come under their influence, and if selfish desires arise, I would tranquillize them with the nameless simplicity(Truth). Once tranquillized by the nameless simplicity, they will again be free from selfish desires. Thus free from selfish desires, they will be calm, and the world will of its own accord become peaceful. [79]

103 As regards the things to this world, they are constantly alternating:—they lead, they follow; they inhale, they exhale; they are strong, they are weak; they rise, they fall. Wherefore, the Sage eschews that which is excessive, extravagent, or superfluous. [65]

104 Man begins with life, and ends with death. During the span of man's existence, three-tenths of it are passed in the processes of growth; three-tenths are passed in the processes of decay. That which is meant for the development of life but which is passed in the processes of decay also constitutes three-tenths. Why is this so? Because man overtaxes the life force. [108]

105 It has been said that he who knows how to preserve life avoids the rhinoceros and tigers when travelling by land; dodges arms and weapons when engaged in battle with a hostile army. He sees to it that the rhinoceros have no opportunity to use their horns; that tigers have no opportunity to use their claws; that enemies have no opportunity to use their weapons. Why is this so? Because man avoids the risks of death. [109]

106 These who raise themselves on tiptoe cannot stand firm; those who walk with long steps cannot travel far.

Those who are self-complacent are not enlightened. Those who are self-important are not illustrious. Those who are self-conceited are not successful. Those who are self-assertive are not supreme. [52]

107 Those who abide by Truth say, "When one has a surplus of food and an excess of clothing, he causes envy in other men. Therefore, the followers of Truth eschew these." [53]

108 The Court is very corrupt, the fields are much neglected, the granaries are much depleted; yet there are men who still don expensive dresses, carry sharp swords, gorge themselves with food and wine, and wallow in superfluous wealth. These men may be called the captains of robbers. [117]

X. Discard Learning

109 WHEN the great Truth is abandoned, the teachings of benevolence and righteousness become fashionable.

When wit and cunning are highly esteemed, the adepts in hypocrisy become fashionable.

When discord reigns in the family, the teachings of filial piety and fraternal love become fashionable.

When chaos prevails in the country, the loyal min isters become fashionable. [36]

110 Good conduct leaves behind no traces. Good words afford no room for criticism. Good mathematicians require no calculating apparatus. Good lids need no bolts, and they cannot be opened. Good fasteners need no cords, and they cannot be released. [58]

111 The Sage, by his abiding goodness, saves mankind because he spurns no one. He, by his abiding goodness, saves the inanimate creation because he spurns nothing. This is called mutual understanding. [59]

112 Wherefore, the good man should be the teacher of the bad man: the bad man should serve as a lesson for the good man. When one fails to esteem his teacher, or the other fails to value his lesson, each is under a great illusion, though each may possess erudition. This is called obscure conception. [60]

113 Abide by inaction. Do not crave for accomplishment. Discard learning. Regard great, small, much and little as the same. Deal with what is easy as though it were difficult; with what is trivial as thought it were important. [138]

114 The world's difficult tasks may appear easy in the beginning, just as the world's great achievements may appear small in the beginning. Because the Sage does not go about great undertakings, he is able to accomplish great things. [139]

115 Men often fail in their undertakings when they are on the verge of success. If the same care is exercised towards the end as at the beginning, they can never

fail. [144]

116 He who knows others is wise; he who knows himself is enlightened. He who overcomes others is powerful; he who overcomes himself is strong. He who feels selfcontentment is rich; he who practises self-cultivation is resolute. He who abides by his original nature endures; he who follows truth throughout life enjoys immortality. [73]

117 The Sage knows his own worth, but makes no selfdisplay. He has self-respect, but does not feel self-important. [161]

118 Those who know do not speak; those who speak do not know. [123]

119 Those who know, and yet do not think they know, belong to the highest type of men. Those who do not know, and yet think they know, are really at fault. When one knows that he is at fault, he can be free of faults. The Sage is free of faults because he knows when he is at fault. [159]

120 True words may not be specious, and specious words may not be true. Good words may not be convincing, and convincing words may not be good. Wise men may not be learned, and the learned may not be wise. [178]

121 The ancients who know Truth well did not make the people acquire learning, but kept them in the state of simplicity. The people become difficult to govern when they are full of wiles. Therefore, the ruler who relies on learning does harm to the State; the ruler who relies not

on learning does good to the State. These two ways are the ways of government. When one always follows the right course, he acts in accordance with the mysterious Nature. The mysterious Nature is profound and far-reaching. When things revert to it, there is great concord. [146]

XI. Avoid Violence

122 WHEN Truth prevails in this world, horses are employed to work on the farm. When Truth fails to prevail in this world, horses employed in war are bred on the outskirts of the metropolis. [102]

123 The weapons of war are implements of disaster, and they should not be employed by the rulers except when it is unavoidable. They should not show enthusiasm for their employment, and even when they are victorious, they should not glorify them. To glorify them means taking delight in the killing of men. Those who take delight in the killing of men cannot win the approval of the whole Empire. [68]

124 The weapons of war are the implements of disaster, and they are detestable. Therefore they are spurned by the followers of Truth. [65]

125 Ordinarily the ruler esteems the left hand, but in war he esteems the right hand. On joyful occasions, the lefthand side is the place of honour, but on mournful

occasions, the right-hand side is the place of honour. The general second in command is seated on the left-hand side, and the generalin-chief is seated on the right-hand side. All these indicate that war should be regarded as a mournful occasion. When many people are killed, it should be an occasion for the expression of bitter grief. Even when a victory is scored, the occasion should be regarded as lamentable. [70]

126 Those who use Truth in assisting the ruler do not resort to war for the conquest of an Empire. War is a most calamitous evil. Wherever armies are quartered, briars and thorns become rampant. Famines inevitably follow in the wake of great wars. [66]

127 The good rulers are satisfied when an attack is stopped, and they do not venture to pursue conquest for supremacy. Victories do not make them vainglorious, aggressive, arrogant, or anxious to pursue conquest for supremacy. It is contrary to Truth for the strong to do harm to the weak. Those who act contrary to Truth are sure to perish early. [67]

128 When one merely tries to allay anger, the feelings of resentment may always remain. Only by returning injury with kindness can there be goodwill. Wherefore, the Sage always gives without expecting gratitude. [175]

129 When one is daring to the point of recklessness, he will meet with violent death. When one's daring is tempered by caution, he will find his life secure. Of

these two types, one is beneficial and the other harmful. Who knows the cause of Heaven's preference? 〔162〕

130 Fame and life, —which is the more precious? Life and property, —which is the more important? Gain and loss, —which is the more to be preferred? 〔97〕

XII. Return to Nature

131 WHEN one has attained the utmost humility and abided in the state of extreme quiescence, he can observe the cycle of changes in the simultaneous growth of all animate creation. 〔32〕

132 Things appear multitudinous and varied, but eventually they all return to the common root. When they revert to the common root, there is quiescence. The state of quiescence is called the fulfilment of destiny. The fulfilment of destiny is called normalcy. The knowledge of normalcy is called enlightenment. The ignorance of normalcy causes haphazard action, and brings about calamities. Knowing normalcy, a man becomes perspicacious. Being perspicacious, he becomes altruistic, supreme, celestial, true, and everlasting. Throughout his life nothing can do him harm. 〔33〕

133 He who lightly makes promises will surely by found wanting in good faith. He who often underestimates difficult tasks will surely be beset with difficulties. Because the Sage is always aware of the existence of difficulties, he never encounters difficulties. 〔140〕

134 The more volubly one talks, the quicker will come his exhaustion. It is best to abide by the old traditions. [13]

135 Inordinate love will surely result inabandonment. Overhoarding will surely end in heavy loss. [98]

136 He who knows contentment will not suffer disgrace. He who knows when to stop will not incur danger. [99]

137 The Sage, though he is strict in his own conduct, does not require other men to conform; though he is honest, does not hurt other men; though he is glorious, does not condemn other men; though he is glorious, he does not dazzle other men. [130]

138 He who knows how to establish himself cannot be uprooted. He who knows how to hold fast cannot lose his grip. The descendants of such a man will worship him without cease. [118]

139 Those who follow the way of Truth will meet in Truth. Those who follow the way of virtue will meet in virtue. Those who follow the way of Heaven will meet in Heaven. [50]

140 Those who meet in Truth become one with Truth, and they rejoice in it. Those who meet in virtue become virtuous, and they rejoice in it. Those who meet in Heaven become heavenly, and they rejoice in it. [51]

141 When chaos has not yet appeared, it is easy to maintain peace. When portents have not yet appeared, it is easy to devise measures. When a thing is brittle, it can be easily broken. When a thing is minute, it can be

easily dispersed.

Measures should be adopted to forestall future emergencies. Action should be taken to safeguard against possible confusion. [141]

142 A giant tree whose trunk measures several feet in dimeter is grown from a tiny seed. A tall tower nine storeys high is built upon basketfuls of earth. A long journey of a thousand lii is covered step by step. [142]

143 That which is weighty has its source in that which is light. That which is tranquil can subdue that which is disquiet. Wherefore, the Sage always conducts himself gravely and tranquilly. Though he may be surrounded by splendour and comfort, he is always reposeful and disinterested.

When the ruler conducts himself lightly, he loses the respect of his ministers. When he conducts himself with disquietude, he loses the support of his people. [57]

144 When a man, though aware of his manly strngth, abides by a womanly meekness, he is content to occupy the most humble position in the world. When he is content to occupy the most humble position in the world, and when he always abides by his true nature, he becomes again like a new-born babe. [61]

145 When a man, though aware of his own purity, does not spurn the impure, he is content to dwell in the lowest place in the world. When he is content to dwell in the lowest place in the world, and when he always abides by his true nature, he reverts to the natural

simplicity. [62]

146 The original qualities are destroyed when a thing is turned into some useful vessel. The Sage, by preserving the original qualities, becomes the supreme ruler. Hence, the great institutions are those which do not violate the nature of man. [63]

147 The Sage wishes that all men in this world will soon return to simplicity. While people in general strain their ears and eyes, the Sage wishes to have them all sealed. [107]

148 Banish the witty and cunnig, and the people will be benefited a hundred-fold.

Cease the teaching of benevolence and righteousness, and the people will again become filial and fraternal.

Discard deceit and greed, and the people will cease to rob one another.

The above three are based on artifice, and are insufficient for good government. [37]

149 Hence the people should be asked to do the following: Cherish simplicity and honesty. Banish selfishness and desires. Discard learning and fears. [38]

XIII. The Way of Government

150 WHEN one desires to win over an Empire by action, I find that he will never have a moment of rest. The

possession of an Empire is something ordained by the gods. It cannot be gained by action, or held. Those who try to gain by action are sure to fail; those who try to hold are sure to lose. [64]

151 When one rules the State with uprightness, and uses stratagem in war, he cannot hope to win over a whole Empire.

How do I know that this is true? Because of the following: When there are many prohibitory statutes in the Empire, the people become the more impoverished. When the people possess numerous weapons of war, the State becomes more chaotic. When men possess much skill and cunning, there is an increase of fanciful goods. When there is a profusion of laws and regulations, banditry becomes rife. [126]

152 Therefore, one of the Sages said: "I abide by inaction, and the people reform themselves. I esteem quietude, and the people rectify themselves. I make no effort, and the people enrich themselves. I have no desires, and the people of their own accord practise simplicity." [127]

153 Fishes cannot survive after leaving deep waters. The State must not leave the weapons of war in the hands of the people. [78]

154 When the government is simple, the people are honest. When the government is complicate, the people are wily. [128]

155 The people suffer hunger because the rulers levy so many taxes. That is why they starve. The people

become difficult to govern because the rulers demand too much action. That is why they are difficult to govern. The people risk death because the rulers have too many desires. That is why they risk death. He who occupy himself with the preservation of his own his own body is superior to those who regard it as a matter of utmost importance. [167]

156 When the people are not afraid of death, why try to frighten them by capital punishment? If the people are really afraid of death and when the wrong-doers are promptly executed, who will dare to do wrong? [165]

157 There should be a certain authority to decide on the death of men. If the decision of death is given to other men than the qualified party, it is comparable to asking a novice to do the work of a master-craftsman. In so doing, the novice seldom escapes injuring his hands. [166]

158 When the people are not afraid of punishment, the exercise of authority will be hampered. Do not oppress the people; do not make them weary of life. When the ruler does not oppress the people, they will not be wear of life. [160]

159 Under the highest type of ruler, the subjects are hardly aware of his existence. Under the next type of ruler, the subjects love his government. Under the still next type of ruler, the subjects praise his government. Under the still next type of ruler, the subjects stand in awe of his government. Under the still next type of

ruler, the subjects despise his government. [34]

160 When one fails to inspire confidence, there must be cause for distrust. Be quiet! How can speech be of any avail! When there are successes and achievements, the people believe that these are the natural results. [35]

161 The Sage has no fixed prejudices, but always regards the hearts of all mankind as his own. Those who are good, he treats well; those who are not good, he also treats well. Thus he finds only good men. Those who are sincere, he believes; those who are not sincere, he also believes. Thus he finds only sincere man. [106]

162 When talents are not esteemed, men will not strive to excel one another. When wealth is not treasured, men will not attempt to rob one another. When the objects of sensual satisfaction disappear, men's minds are free from distraction and confusion. [8]

163 Wherefore the Sage, as regards government, wishes only that it will enable men to be humble at heart, wellfed in body, free from sensuous desires, and strong in physique. When the people are free of cunning, desires, and artifice, there must be good order. [9]

164 To govern a large State is as easy as frying small fishes. When one rules an Empire according to Truth, the spirits become powerless. Not only the spirits, but also the gods are powerless to do harm to men. Not only the gods, but also the Sages are powerless to do harm to men. When these do not do harm to one another, their nherent qualitios will enable them to

arrive at a common end. [132]

165 In order to govern a large State, one must practise humility. The father of an Empire should behave as though he were the mother. The female willing to occupy a subordinate position uses quietude to subjugate the male. Thus, when a large State is humble, it can win over the small States; when a small State is humble, it can win over the large States. In the case of the large States, humility makes them desirous of serving all men, and no more. In the case of the small States, humility makes them desirous of serving all men, and no more. These obtain what they desire because they practise humility. [133]

166 The State should be small, and its inhabitants should be few. Its ruler should teach the people to shun arms and weapons even though they are available. He should teach the people to avoid the risks of death, and to be reluctant to travel in distant countries. Thus though there might be ships and carriages, they would have no need to mount them. Though there might be arms and weapons, they would have no need to use them. He should make the people return to the state of pristine simplicity where the system on knotting threads was used. Then they would relish the food they eat; consider beautiful the clothes they wear; regard as comfortable the houses they dwell in; enjoy the customs they have. The States may be so closely situated that the barking of dogs and the crowing of cocks in one may be heard

in the other. Thus the people would be content to live in their own country from the time of their birth until their death without thinking of foreign intercourse. [177]

XIV. The Sage and The World

167 THE multitude seem to be busy and merry as though they were celebrating a religious festival or attending a spring picnic. I alone remain quiet and indifferent. I roam about in a wide expanse as though I could never find an anchorage. I am simple and ignorant like a newborn babe. I feel weary and desolate like a homeless solitaire. [41]

168 The multitude seem to have plenty. I alone seem to have an insufficiency. [42]

169 The multitude appear wise. I alone look foolish. [43]

170 The multitude appear bright. I alone look dull. I am like one tossed about on the wide sea or blown about in a high gale. [44]

171 The multitude appear useful. I alone look worthless. I am different from other men, because I alone esteem the attainment of Truth. [45]

172 The world thinks that Truth which I describe is so great that it seems unreal. It seems unreal because it is indeed so great. If it were considered real, then it must be small. [150]

173 There are three treasures which I cherish as the most precious. The first is compassion. The second is frugality. The third is humiliy. [151]

174 Because of compassion, there is courage. Because of frugality, there is liberality. Because of humility, there is supremacy. [152]

175 Perdition will be the lot of those who choose courage, and abandon compassion; who choose liberality, and abandon frugality; who choose supremacy, and abandon humility. [153]

176 When there is compassion, one can be victorious in an offensive war, and hold his position in a defensive war. Because of the compassion of such a man, Heaven will deliver and protect him. [154]

177 A man feels compelled to detest that which the multitude detest. [40]

178 What other men teach, I also teach. “The violent and overbearing men will die an unnatural death.” This will from the main theme of my teaching. [95]

179 If I am truly enlightened and travel the way of great Truth, I should always feel apprehensive lest I deviate from it. The way of great Truth is most easy to travel, yet men prefer the by-paths. [116]

180 My teaching is very easy to understand and very easy to practise. Yet the world does not understand or practise it! My teaching has its basis, and my conduct has its reason. Because the world is ignorant of them, I am misunderstood. There are few who understand me,

and those who abuse me are placed in positions of honour. Therefore the Sage must dress in coarse robes while hiding precious jewels within his breast! [158]

THE END

색 인

ㄱ

ㅁ

ㅂ

ㅌ

ㅍ

ㅎ

노 자(老子)

초판 인쇄 – 2024년 7월 5일
초판 발행 – 2024년 7월 10일

역　자 – 金 敬 琢
발행인 – 金 東 求
발행처 – 명 문 당(창립 1923년 10월 1일)
　　　　서울특별시 종로구 윤보선길 61(안국동)
　　　　우체국 010579-01-000682
　　　　전 화 (02) 733-3039, 734-4798
　　　　FAX (02) 734-9209
　　　　Homepage www.myungmundang.net
　　　　E-mail mmdbook1@hanmail.net
　　　　등록 1977.11.19. 제1-148호

　　　　　　　　■

* 낙장 및 파본은 교환해 드립니다.
* 복제 불허
* 정가 25,000원
ISBN 979-11-987863-4-0　93140